U1071404

本书编写组

编写单位：国家发展和改革委员会

主　　编：何立峰

副 主 编：胡祖才

编　　委：

陈亚军	吴越涛	周　南	张建民
胡朝晖	胡玉清	刘春雨	陈迪宇
叶　欠	王　政	胡亚昆	张金萍
闰浩楠	余　航	刘　炀	

编写人员：

耿　淼	刘　健	白树民	陈　建
翟东辉	姜　军	汤海涛	黄献军
封蕴珊	季文锋	李全军	林　有
陶　然	胡敬涛	田　凯	邬黎明
唐智宏	董文忠	殷　智	斯凤平
王　波	李　杰	吴令辉	温亚昌
徐田江	雍海宾	庞　伟	陈　兴
陈　创	李文妍	吴远明	汤　晋
赵　明	刘　骥	陈映春	巩传岩
李晓鑫	熊贵生	李翔宇	徐　颖
宋　健	罗　恒	梁洪力	王　勇
胡智超	曹　亮	李轶璠	龙茂乾
黄绳雄	姜逍辉	黄　跃	王志文
蔡翼飞	丁　宁		

National Report on
New Urbanization（2020—2021）

国家新型城镇化报告

（2020—2021）

国家发展和改革委员会◎编
何立峰◎主编
胡祖才◎副主编

人民出版社

统　　筹：李春生
责任编辑：郑海燕　张　燕　孟　雪　李甜甜　张　蕾
封面设计：林芝玉
责任校对：周晓东

图书在版编目（CIP）数据

国家新型城镇化报告．2020—2021/国家发展和改革委员会 编；
何立峰 主编；胡祖才 副主编．—北京：人民出版社，2022.1
ISBN 978－7－01－024378－8

Ⅰ．①国…　Ⅱ．①国…②何…③胡…　Ⅲ．①城市化-研究报告-中国-
2020—2021　Ⅳ．①F299.21

中国版本图书馆 CIP 数据核字（2021）第 263208 号

国家新型城镇化报告（2020—2021）
GUOJIA XINXING CHENGZHENHUA BAOGAO（2020—2021）

国家发展和改革委员会 编
何立峰 主编　胡祖才 副主编

人民出版社 出版发行
（100706　北京市东城区隆福寺街 99 号）

中煤（北京）印务有限公司印刷　新华书店经销

2022 年 1 月第 1 版　2022 年 1 月北京第 1 次印刷
开本：710 毫米×1000 毫米 1/16　印张：20.75
字数：300 千字

ISBN 978－7－01－024378－8　定价：90.00 元

邮购地址 100706　北京市东城区隆福寺街 99 号
人民东方图书销售中心　电话（010）65250042　65289539

版权所有・侵权必究
凡购买本社图书，如有印制质量问题，我社负责调换。
服务电话：（010）65250042

出版说明

党的十八大以来，在以习近平同志为核心的党中央坚强领导下，经过各方面共同努力，《国家新型城镇化规划（2014—2020 年）》确定的目标任务顺利完成，我国新型城镇化建设取得重大成就、迈上新的历史性台阶。《国家新型城镇化规划（2014—2020 年）》实施以来，国家发展改革委强化跟踪监测分析，持续组织编撰出版了《国家新型城镇化报告（2015）》《国家新型城镇化报告（2016）》《国家新型城镇化报告（2017）》《国家新型城镇化报告（2018）》《国家新型城镇化报告（2019）》。目前，新一轮国家新型城镇化规划正在编制出台过程中，国家发展改革委还将围绕规划实施情况，持续组织编撰出版年度报告。此次编撰出版的《国家新型城镇化报告（2020—2021）》，主要是对《国家新型城镇化规划（2014—2020 年）》实施情况和试点示范情况做了全面评估，并围绕提高农业转移人口市民化质量、完善城镇化空间布局、推进新型城市建设、健全城市治理体系、推进城乡融合发展五个方面，集中总结推出新型城镇化试点示范等地区的 140 项典型做法，供社会各界参考。

序 言 一

（代 序）

党的十八大以来，习近平总书记提出深入实施以人为核心的新型城镇化战略，2013 年召开改革开放以来第一次中央城镇化工作会议，2015 年召开中央城市工作会议，为新型城镇化工作指明了方向、提供了基本遵循。2014 年党中央、国务院印发《国家新型城镇化规划（2014—2020 年）》，2016 年国务院印发《关于深入推进新型城镇化建设的若干意见》，2019 年印发《中共中央 国务院关于建立健全城乡融合发展体制机制和政策体系的意见》，2020 年《国家新型城镇化规划（2014—2020 年）》实现圆满收官，2021 年编制新一轮新型城镇化规划。九年来，各地区各部门积极探索、开拓创新，持续推动新型城镇化向纵深发展。

第一，1 亿农业转移人口和其他常住人口在城镇落户目标顺利实现。农业转移人口市民化通道不断拓宽，印发《国务院关于进一步推进户籍制度改革的意见》《居住证暂行条例》，国务院办公厅印发《推动 1 亿非户籍人口在城市落户方案》。城区常住人口 300 万以下城市基本取消了落户限制，城区常住人口 300 万以上城市落户条件有序放宽。2020 年年底，常住人口城镇化率达到 63.89%、户籍人口城镇化率提高到 45.4%。城镇基本公共服务加快向未落户常住人口覆盖，农业转移人口享有更多更好的基本公共服务，86%的农民工随迁子女在流入地享受公办或政府购买学位的义务教育，年均培训农民工超过 2000 万人次。“人地钱挂钩”配套政策有序实施，“十三五”时期中央财政累计下达市民化奖励资金 1250 亿元，农业转移人口落户数量成为安排城镇新增建设用地规模的因子之一。

第二,“两横三纵”城镇化战略格局初步形成。城市群稳步发展壮大,一体化发展水平不断提高,对人口经济的集聚能力和承载能力显著增强。京津冀协同发展、粤港澳大湾区建设、长三角一体化发展等区域重大战略有序推进。城市规模结构持续改善,新生中小城市加快培育,城市数量增长到685个,以浙江省龙港镇为代表的特大镇探索了设市新模式。县城补短板强弱项工作启动实施,县城公共设施体系逐步健全。综合交通运输网络不断完善,普通铁路网和高速公路网基本覆盖20万以上人口城市,高速铁路基本覆盖100万以上人口城市,对新型城镇化的支撑作用不断增强。

第三,城市可持续发展能力不断提升。城市产业转型升级步伐加快,以北京市、上海市、深圳市等为代表的中心城市成为我国科技创新的主要策源地。城市居住条件稳步改善,住房租赁市场有序发展,24个人口净流入大城市新增租赁住房400余万套。保障性安居工程有序实施,2014—2020年城镇棚户区改造开工超过3470万套、1亿多城镇居民“出棚进楼”,城镇老旧小区改造开工超过10万个。绿色、智慧、人文城市建设有序推进,2020年地级及以上城市建成区黑臭水体消除比例超过98%、空气质量优良天数比率提高到87%,城市数字化管理能力有所提升,人文底蕴稳步累积。

第四,城乡融合发展迈出新步伐。城乡融合发展顶层设计基本完成,《关于建立健全城乡融合发展体制机制和政策体系的意见》对调整城乡关系作出系统部署,明确了推动城乡要素自由流动、平等交换和公共资源合理配置等制度安排。城乡基本公共服务向制度接轨、质量均衡、水平均等的方向迈进,统一的城乡居民基本养老保险、基本医疗保险、大病保险制度基本建立,2020年年底,城乡居民基本医疗保险覆盖13.6亿人、基本养老保险参保率提高到91%。城乡一体的基础设施建设取得显著成效,99%以上的行政村通光纤和4G网络,农村卫生厕所普及率提高到68%以上,农民生产生活条件得到极大改善。城乡居民生活水平差距持续缩小,2020年城乡居民人均可支配收入之比降至2.56。试点工作有序推进,在11个地区开展国家城乡融合发展试验区工作,围绕建立城乡有序流动的人口迁徙制度、探索实施农村集体经营性建设用地入市制度、建立城乡基础设施一体化和基本公共服务均等化发展体制机制等试验任务,探索实践、先行先试。

同时也要清醒地看到,城镇化发展不平衡不充分的问题依然存在。农业转移人口市民化质量有待提高,一些城市对普通劳动者的落户限制仍然较多,公共财力保障严重不足,未落户人口与户籍人口尚不能同等享有住房保障、教育等基本公共服务。大中小城市发展尚不协调,一些超大特大城市中心城区人口、功能和公共资源过度集中,一些省会城市在本省域内“一市独大”,部分城市盲目扩大单体规模,客观上造成“虹吸效应”,加剧了资源配置失衡;以地级市为主的大中城市功能品质尚待提升;很多县城及县级市城区综合承载能力和服务能力不足。城市公共设施存在短板,从领域看,公共卫生、排水防涝、污水垃圾收集处理等设施缺口较大;从区位看,相较于城市新区,一些老城区公共设施老旧落后。城市治理水平有待提升,一些城市规划不够科学严肃,部分城市空间治理效率不高,不少城市社会治理不够精细,街道社区等基层资源不足。城市政府债务风险不容忽视,有些城市存在大拆大建、贪大求洋现象,加重了公共财政支出负担;有些城市投融资仍过度依赖财政资金,市场力量参与不足。城乡融合发展还面临一些难题,城乡要素流动仍然存在障碍,农民持续增收面临挑战。

“十四五”时期是我国全面建成小康社会、实现第一个百年奋斗目标之后,乘势而上开启全面建设社会主义现代化国家新征程、向第二个百年奋斗目标进军的第一个五年。要以习近平新时代中国特色社会主义思想为指导,深入贯彻党的十九大和十九届二中、三中、四中、五中、六中全会精神,坚持稳中求进工作总基调,立足新发展阶段,完整、准确、全面贯彻新发展理念,构建新发展格局,按照《中华人民共和国国民经济和社会发展第十四个五年规划和2035年远景目标纲要》部署,深入推进以人为核心的新型城镇化战略,为基本实现社会主义现代化提供强劲动力和坚实支撑。

第一,促进农业转移人口全面融入城市。我国常住人口城镇化率已超过60%,下一阶段还将继续提高。要紧紧围绕人的城镇化,协同推进户籍制度改革和城镇基本公共服务常住人口全覆盖,提高农业转移人口市民化质量。一是放开放宽除超大城市外的落户限制。城区常住人口300万以下城市要落实全面取消落户限制政策,Ⅰ型大城市(城区常住人口300万—

500万)要全面放宽落户条件,超大特大城市要完善积分落户政策,确保社保缴纳年限和居住年限分数占主要比例。城市要整体谋划、周密设计,统筹做好放开放宽落户、人才引进和房地产调控工作。二是完善城镇基本公共服务提供机制。按照常住人口规模和服务半径统筹基本公共服务设施布局,提升农业转移人口职业技能培训、随迁子女基本公共教育、社会保险等保障水平。三是完善农业转移人口市民化配套政策。加大中央财政均衡性转移支付中非户籍常住人口因素权重,充分考虑人口规模因素特别是进城落户人口数量,合理安排城镇新增建设用地规模。

第二,提高城市群和都市圈承载能力。从国际经验看,人口向城市群和都市圈集聚是大趋势,要推动形成都市圈引领城市群、城市群带动区域高质量发展的空间动力系统。一是分类推动城市群发展,打造京津冀、长三角、珠三角等世界一流城市群,显著提升成渝地区双城经济圈经济实力和国际影响力,印发实施跨省区城市群实施方案,有序引导省内城市群发展。二是有序培育发展都市圈,支持有条件都市圈编制实施发展规划及重点领域专项规划,建立省级统筹、中心城市牵头、周边城市协同的同城化推进机制。同时,提高都市圈交通运输连通性、便利性,加快规划建设重点城市群城际铁路,建设城际铁路和市域(郊)铁路,构建高速公路环线系统,推动市内市外交通有效衔接和轨道交通“四网融合”。重点推进“轨道上的京津冀、长三角、粤港澳大湾区”建设。

第三,推动超大特大城市转变发展方式。超大特大城市是承载人口的重要平台、经济发展的重要引擎。但一些超大特大城市人口密度过大,既对城市健康安全发展产生隐患,也是交通拥堵等“大城市病”产生的重要根源。要从根本上解决这个问题,必须转变超大特大城市发展方式,引导从规模扩张向内涵提升转变,使城市更健康、更安全、更宜居。一是科学确定城市规模体量,合理控制开发强度和人口密度。二是优化提升中心城区功能,增强全球资源配置、科技创新策源、高端产业引领功能,有序疏解非核心功能。三是完善郊区新城功能,强化与中心城区快速交通连接,发展产城融合、职住平衡的卫星城,实现组团式发展。四是系统评估排查风险隐患,提高风险防控能力。五是审慎调整行政区划,严格控制涉及扩大省会城市管辖范围的行政区划调整,严格控制撤县(市)设区,防止竞相攀比经济和人口规模排名。

第四,加快建设现代化城市。顺应城市发展新理念新趋势,建设宜居、创新、智慧、绿色、人文、韧性城市,使城市成为人民高品质生活的空间,是实现高质量发展的必然要求。一是着力解决大城市住房突出问题,以人口净流入的大城市为重点,扩大保障性租赁住房供给,着力解决符合条件的新市民、青年人等群体住房困难问题。二是实施城市更新行动,重点在老城区推进老旧小区、老旧厂区、老旧街区、城中村等"三区一村"改造。三是增强城市发展韧性,加强公共卫生防控救治、防洪排涝、应急等设施建设。四是锚定碳达峰、碳中和目标,推动能源清洁低碳安全高效利用,促进工业、建筑、交通等领域节能低碳转型。五是落实适用、经济、绿色、美观的新时期建筑方针,治理"贪大、媚洋、求怪"等建筑乱象,严格限制新建超高层建筑,不得新建500米以上建筑。

第五,提升城市治理水平。树立全周期管理理念,完善治理结构、创新治理方式,推动城市治理体系和治理能力现代化。一是科学编制城市国土空间规划,划定落实永久基本农田、生态保护红线和城镇开发边界,优化功能空间布局,适当提高居住用地比例。二是提高建设用地利用效率,实行增量安排与消化存量挂钩,探索增加混合产业、复合功能用地供给。三是推动资源、管理、服务向街道社区下沉,构建源头防控、排查梳理、纠纷化解、应急处置的社会矛盾综合治理机制。四是健全城市投融资机制,提高收支平衡水平,引导社会资金参与城市开发建设运营、盘活国有存量优质资产。

第六,加快推进县城补短板强弱项。县城是我国城镇体系的重要组成部分,也是城乡融合发展的关键支撑,对促进新型城镇化建设、构建新型工农城乡关系具有重要意义。党的十九届五中全会提出推进以县城为重要载体的城镇化建设,《中华人民共和国国民经济和社会发展第十四个五年规划和2035年远景目标纲要》也作出了具体部署。2020年以来,国家发展改革委印发了《关于加快开展县城补短板强弱项工作的通知》以及若干配套文件,形成了"1+N+X"系列政策性文件体系,并统筹推进项目资金安排和建设示范。下一步要扎实推动文件落实、政策落地、项目见效。一是推进县城产业配套设施提质增效、市政公用设施提挡升级、公共服务设施提标扩面、环境基础设施提级扩能、县乡村功能衔接互补。二是引导120个县城建设示范地区做好示范工作,总结典型经验并加以推广。三是更好发挥财政性资金保障作用,并引导金融资金和央企等大型企业参与县城建设。

第七,促进特色小镇规范健康发展。2020年9月,《国务院办公厅转发国家发展改革委关于促进特色小镇规范健康发展意见的通知》印发;2021年9月,国家发展改革委等十部门《关于印发全国特色小镇规范健康发展导则的通知》(以下简称《导则》)出台。下一步重在指导督促各地区全面落实这两份文件提出的各项规范管理措施。一是全面施行"一张清单管到底",抓紧建成各省份特色小镇清单,持续跟踪清单内特色小镇建设进展,开展动态调整、优胜劣汰。二是坚决清理清单外"特色小镇",将有条件、有基础且符合《导则》要求的特色小镇纳入清单,对不符合的抓紧予以清理或更名。三是组织市县级政府加强监测、监督、监管,确保清单内特色小镇不触碰合规用地底线、生态环保底线、债务防控底线、房住不炒底线、安全生产底线。

第八,加快推动城乡融合发展。以11个国家城乡融合发展试验区为突破口,积极推动城乡融合发展各项体制机制改革和政策举措落地。一是推进城镇公共服务和基础设施向乡村覆盖,强化基本公共服务供给县乡村统筹,推动城乡基础设施统一规划、统一建设、统一管护。二是稳步推进农村土地制度改革,完善农村承包地所有权、承包权、经营权分置制度,稳慎推进农村宅基地制度改革,探索实施农村集体经营性建设用地入市制度。三是促进城乡产业协同发展,发展县域经济,构建以现代农业为基础、乡村新产业新业态为补充的多元化乡村经济。

新型城镇化和城乡融合发展工作事关全局和长远,任务艰巨、责任重大。我们要紧密团结在以习近平同志为核心的党中央周围,增强"四个意识"、坚定"四个自信"、做到"两个维护",切实增强使命感、责任感、紧迫感,努力开创新型城镇化和城乡融合发展新局面。积极稳妥、有序推进,既要尽力而为、真刀真枪抓好落实,又要量力而行、办一件成一件再办一件。强化协同、形成合力,要牢固树立系统观念,加强部门间沟通协调、通力协作,强化出台文件、政策、改革的统筹谋划和横向沟通。加强示范、典型引路，国家新型城镇化综合试点等试点示范任务已圆满结束，国家城乡融合发展试验区和县城建设示范地区正在加快改革探索；要持续总结推广典型经验，发挥好试点示范的带动作用，为其他地区提供借鉴。守住底线、防范风险，要统筹发展和安全，严守土地所有制性质不改变、永久基本农田和生态保护红线不突破、农民利益不受损底线，严控地方政府债务风险，防止资本无序扩张，防止房价大起大落。

2015 年以来，我们逐年组织编撰出版国家新型城镇化报告，今年再次组织编撰了《国家新型城镇化报告（2020—2021）》，对党的十八大以来的新型城镇化工作进行系统总结，既有全国面上情况的梳理分析，也有试点示范等地区的典型经验提炼。希望《国家新型城镇化报告（2020—2021）》的出版，能够帮助社会各界更深入地了解和研究新型城镇化工作，也欢迎各位有识之士积极参与，提供意见、建议，共同为我国新型城镇化工作贡献智慧和力量！

（摘录自国家发展改革委党组书记、主任何立峰在城镇化工作暨城乡融合发展工作部际联席会议第二次会议上的讲话）

序 言 二

习近平总书记高度重视新型城镇化特别是县城建设工作，多次作出重要批示指示。《中共中央关于制定国民经济和社会发展第十四个五年规划和2035年远景目标的建议》提出推进以县城为重要载体的城镇化建设，《中华人民共和国国民经济和社会发展第十四个五年规划和2035年远景目标纲要》提出县城建设的任务举措和政策措施。县城及县级市城区生产总值占全国的近1/4、人口占全国城镇常住人口的近30%，是我国城镇体系的重要组成部分，也是城乡融合发展的关键支撑，对促进新型城镇化建设、构建新型工农城乡关系具有重要意义。加快推进县城补短板强弱项，是一项既利当前又利长远的重大战略任务。

第一，有利于优化城镇化空间格局。以城市群为主体形态、促进大中小城市和小城镇协调发展，是我国新型城镇化一以贯之的方向。加快推进县城特别是城市群地区县城补短板强弱项，既能承接中心城市非核心功能疏解，助推形成同城化发展的都市圈，也能强化与邻近地级市城区的衔接配套，带动小城镇发展，正是优化城镇化空间格局的突破口。

第二，有利于推动城乡融合发展。未来较长时期内，农民进城仍是大趋势，城乡之间的土地、资金、技术、人才等要素流动也会越来越频繁。县城处于城市与乡村之间，是农民进城就业安家、城乡要素跨界配置和产业协同发展的天然载体。加快推进县城补短板强弱项，既能适应农民日益增加的到县城就业安家需求，又能为乡村振兴和农业农村现代化提供有力支撑。

第三，有利于实施扩大内需战略。坚定不移实施扩大内需战略，着力促进形成强大国内市场，是在新形势下推动经济社会高质量发展的战略选择。当前县城人均市政公用设施固定资产投资仅相当于地级及以上城市城区的1/2左右，若能缩小两者差距，新增投资消费的空间巨大。加快推进县城补短板强弱项，可以促进形成当期有效投资，产生较大的乘数效应。

第四，有利于提升人民群众获得感。完善县城产业配套设施，能够提升县城产业集群吸纳就业能力。健全市政公用设施，能够满足居民出行、居家等生活需求。健全公共服务设施，能够保障居民上学、就医、养老、育幼等需求。完善环境基础设施，能够提升县城生态环境和居民身体健康状况。加快推进县城补短板强弱项，既能保障基本民生需求，也能有效增加城乡居民收入，是提升人民群众幸福感、获得感、安全感的重要途径。

2020年以来，国家发展改革委会同各有关部门积极探索县城补短板强弱项工作实践，取得积极进展。一是制发县城建设"1+N+X"系列政策性文件。制发《国家发展改革委关于加快开展县城补短板强弱项工作的通知》，明确县城建设的总体要求、建设任务、政策保障和组织实施方式；制发11份规范性意见，围绕各项建设任务，细化提出目标任务、项目范畴和建设标准；制发配套政策文件，如《国家发展改革委办公厅关于印发县城建设专项企业债券发行指引的通知》、国家发展改革委等七单位《关于信贷支持县城补短板强弱项的通知》，为县城建设项目提供融资支持。二是启动县城建设试点示范。确定了120个县城建设示范地区，"一县一方案"，启动建设示范性项目，总结提炼典型经验并予以推广；从中选择10个县城建设直接联系点，密切跟踪、"解剖麻雀"。三是各有关方面积极推进落实工作。各省份基本制定了落实方案，明确了本省份县城建设的主要任务和组织实施方式。金融资金和央企等大型企业积极参与县城建设，产生了一批好经验、好做法。

同时也要清醒地看到，部分县城短板弱项依然突出、综合承载能力仍然不强。一方面，县城公共设施短板弱项较多，突出表现在产业配套设施、市政公用设施、公共服务设施、环境基础设施都存在或多或少的薄弱环节，与满足人民美好生活需要还有较大差距，如新冠肺炎疫情暴露出公共卫生防控救治设施严重缺失。另一方面，县级层面财力普遍不足，多数属于"吃饭财政”;县城公共设施经济效益不够高,工商资本进入意愿普遍偏低。此外,县城建设项目谋划设计有所不足,专业人才不多,研究机构和有实力的大企业较少,在项目谋划特别是吸引社会资金参与等方面,缺少深入研究和成熟实践。

“十四五”乃至未来一段时期,应抓紧补上县城短板弱项,推动县城产业配套设施提质增效、市政公用设施提挡升级、公共服务设施提标扩面、环境基础设施提级扩能、县乡村功能衔接互补,适应农民日益增加的到县城就业安家需求。

第一,遵循工作原则。一是坚持遵循规律、分类指导,顺应县城人口流动趋势和发展分化态势,立足县域主体功能定位、区位条件和产业基础,选择一批条件好的县城重点发展,防止人口流失县城盲目建设。二是坚持政府引导、市场主导,充分发挥市场在资源配置中的决定性作用,更好发挥政府在提供公共服务、加强生态环保、营造制度环境等方面作用。三是坚持以城带乡、协调联动,发挥县城对乡村的辐射带动作用,促进县城基础设施和公共服务向乡村延伸覆盖,并强化县城与邻近城市发展的衔接配合。四是坚持守住底线、防范风险,严格落实永久基本农田、生态保护红线、城镇开发边界,严防地方政府债务风险,严防大拆大建、贪大求洋。

第二,明确主要目标。到2025年,县城综合承载能力明显增强,农民进县城就业安家规模不断扩大,县城居民生活水平明显改善。一是产业发展基础更加坚实,产业平台功能和商贸流通体系更加完善,吸纳就业能力显著增强。二是市政公用设施基本完备,抵御洪涝灾害能力明显提升,每县(市)建成等级公路客运站,公共供水供气基本普及,北方地区县城集中供热比例明显提高。三是公共服务全面提升,更多县级医院达到三级医院设施条件和服务能力,普通高中“大班额”现象基本消除,养老机构护理型床位稳步增加。四是环境治理有效改善,生活污水处理基本实现“厂网配套、泥水并重”,生活垃圾焚烧处理能力持续增强。五是县域内城乡发展差距和居民生活水平差距缩小。

第三,聚焦重点任务。一是夯实县城产业发展基础,瞄准县城产业转型升级和居民消费升级需要,建设贯通生产流通消费环节的产业配套设施,促进居民就近就业和持续增收。二是完善县城市政公用设施,着眼保障县城基本功能和正常运行,强化市政公用设施建设改造管护,满足居民居家、出行、安全等生活需求。三是健全县城公共服务体系,按照国家基本公共服务标准,根据服务人口及半径优化县城公共服务设施布局,促进居民享有便利可及的基本公共服务。四是改善县城生态环境质量,着眼提升县城生态环境治理效能,健全集处理处置设施和监测监管能力于一体的环境基础设施,集中解决居民身边的生态环境突出问题。五是推进县乡村功能衔接互补,强化县乡村统筹,推进县域内公共设施统一规划、统一建设、统一管护,促进县域内基本公共服务标准统一、制度并轨。

第四,做好组织实施。根据区位条件、发展基础和水土等资源禀赋,坚持"一城一策",以县城为主、兼顾县级市城区和非县级政府驻地特大镇(镇区常住人口10万以上),科学编制建设规划或实施方案。位于城市群和都市圈范围内的县城,要主动做好与邻近大中城市发展的衔接,积极融入城市群和都市圈建设。坚持项目跟着规划走,按照"缺什么补什么"原则,有序谋划储备建设项目,精准补齐短板弱项、防止盲目重复建设。区分项目不同属性和收益,合理谋划无偿惠及群众及市场主体的公益性项目,以及有一定收益但难以商业化融资的公益性项目;科学谋划具备一定市场化运作条件的准公益性项目,以及不同收益建设内容合理搭配形成的经营性项目。

2021年是"十四五"规划开局之年,是中国共产党成立100周年,也是我国开启全面建设社会主义现代化国家新征程的第一年。我们要紧密团结在以习近平同志为核心的党中央周围,坚持和加强党对县城建设工作的全面领导,充分发挥党的各级组织的领导作用,建立中央指导、省负总责、市县抓落实的工作机制,为推动县城高质量发展提供根本保证。希望社会各界更深入地了解和研究新型城镇化特别是县城建设工作,积极参与、献计献策,共同推动新型城镇化各项工作迈上新台阶!

胡祖才

国家发展改革委党组成员、副主任

目　　录

第四篇　推进新型城市建设的典型做法

第七篇　专题研究报告

第 一 篇

总结评估报告

第一章 《国家新型城镇化规划(2014—2020年)》实施总结评估报告

国家发展改革委发展战略和规划司

实施以人为核心的新型城镇化战略,是党中央、国务院作出的重大战略决策。2013年党中央召开城镇化工作会议,习近平总书记对推进新型城镇化作出全面部署,为新时代推进城镇化指明了方向。2014年党中央、国务院印发实施《国家新型城镇化规划(2014—2020年)》(以下简称《规划》),提出走以人为本、四化同步、优化布局、生态文明、文化传承的中国特色新型城镇化道路,明确了到2020年推进新型城镇化的主要目标任务。在以习近平同志为核心的党中央坚强领导下,经过各方面共同努力,新型城镇化理念深入人心,城镇化发展方式明显转变,城镇化水平和质量大幅提升,为全面建成小康社会提供了强大动力和坚实支撑。

第一节 规划确定的目标任务全面完成

在新型城镇化战略的指引下,《规划》确立的目标任务顺利完成,各项政策举措落地生效,重点领域改革取得重大突破,规划实施取得显著成效,有效带动城乡要素配置效率提升和城乡居民收入增长。2014—2020年,城乡居民收入分别增长65.6%、81.7%,全社会劳动生产率由7.24万元/人提高到11.77万元/人,红利惠及亿万人民群众。

一、主要目标如期实现,多项指标提前完成

一是城镇化水平和质量显著提升,2020年年底户籍人口城镇化率提高到45.4%,约1.2亿农业转移人口和其他常住人口在城镇落户;常住人口城镇化率达到63.89%,更加接近世界中高收入国家平均水平,对同期全球城镇化进程的贡献率超过30%,城镇常住人口超过9亿人。二是城镇化空间格局持续优化,“两横三纵”城镇化战略格局基本形成,“19+2”的城市群布局总体确立,城市规模结构进一步优化。三是城市可持续发展能力不断增强,基础设施和公共服务设施大幅改善,智慧、绿色、人文等新型城市建设成效明显。四是城乡融合发展取得新进展,体制机制和政策体系加快建立。五是新型城镇化制度体系更加健全,人口、土地、投融资等重点领域、关键环节改革取得突破性进展。

二、农业转移人口市民化成效显著,1亿农业转移人口和其他常住人口在城镇落户目标顺利实现

农业转移人口市民化制度基本建立,户籍制度改革持续深化,城市落户条件大幅放宽,大大满足了人口迁移流动、在城市定居落户的需要。

一是户籍制度改革取得历史性突破。《国务院关于进一步推进户籍制度改革的意见》《推动1亿非户籍人口在城市落户方案》等一系列重要文件制定出台。城市落户门槛大幅降低,城区常住人口300万以下城市基本取消落户限制;城区常住人口300万以上城市的落户条件显著放宽,济南市、福州市、沈阳市、石家庄市、南宁市等省会城市取消了落户限制,重庆市、东莞市分别实施就业居住达3年、5年即可落户的政策。多地积极探索实施跨区域协同的落户政策,在宁波市申请落户可累计在长三角其他地区的社保缴纳年限,南京市、苏州市的居住和社保缴纳年限实现互认。“十三五”时期城镇新增落户人口数量,高于2004—2014年累计10年的增长。

二是居住证制度全面实施。《居住证暂行条例》于2016年1月1日起实施。全国所有城市和县均已发放居住证,截至2020年年底,累计向城镇非户籍常住人口发放居住证1.1亿张。居住证上附着的公共服务和办事便利项目不断增加,如武汉市达106项、深圳市达61项,居住证“含金量”明显提高。

三是城镇基本公共服务覆盖范围显著扩大。重点领域基本公共服务供给不断扩面提质,新市民融入城市的能力显著增强。“两为主、两纳入”等随迁子女入学保障政策落地实施,义务教育“两免一补”经费实现随学生流动可携带,惠及1400余万农民工随迁子女,85.8%的随迁子女在流入地公办学校或政府购买学位学校接受义务教育。农民工职业技能培训深入开展,2014年以来累计培训超过1亿人次。城乡统一的居民基本养老保险和医疗保险制度基本建立,住院费用和门诊费用跨省异地就医直接结算累计人数突破1000万人次,城镇基本公共卫生服务实现常住人口全覆盖。

四是“三挂钩一维护”配套政策体系基本建立。《国务院关于实施支持农业转移人口市民化若干财政政策的通知》、国土资源部等《关于建立城镇建设用地增加规模同吸纳农业转移人口落户数量挂钩机制的实施意见》制定出台,“人地钱挂钩”机制建立实施。2016年中央财政设立农业转移人口市民化奖励资金,5年来下达奖励资金1250亿元,广东省、河南省等配套了省级市民化奖励资金,为推动城市政府吸纳农业转移人口落户发挥了积极作用。农村“三权”维护和自愿有偿退出机制加快建立,2018年修订的《农村土地承包法》对“不得以退出土地承包经营权作为农户进城落户的条件”作出明确规定,多个地方稳妥开展农村“三权”依法自愿有偿退出工作。

三、城市群和都市圈加快发展,“两横三纵”城镇化战略格局基本形成

以城市群为主体的城镇化空间格局更加清晰,都市圈蓬勃发展,中心城市辐射带动功能进一步发挥,一批中小城市发展壮大,大中小城市和小城镇协调发展迈出坚实步伐,人口经济布局持续优化

一是城市群主体形态全面确立。京津冀、长三角、珠三角等城市群国际

竞争力显著增强,成渝地区双城经济圈建设开局良好,成为带动全国高质量发展的动力源。城市群一体化发展水平不断提高,除东部三大城市群外,长江中游、北部湾、关中平原、兰州—西宁等城市群都建立了省际间常态化协商推进机制,基础设施、统一市场、产业发展、生态环境、公共服务等重点领域合作水平迈上新台阶。

二是都市圈建设步伐加快。《国家发展改革委关于培育发展现代化都市圈的指导意见》印发实施,南京市、福州市等都市圈规划印发实施,多个都市圈建立城市间党政领导联席会议等协商推进机制。都市圈同城化水平稳步提升,重点都市圈内城际铁路、市域(郊)铁路等加快建设,便捷通勤网络逐渐形成,研发在中心、制造在周边的产业分工协作逐步深化,教育、医疗等公共服务共建共享水平稳步提高,政务服务跨城通办、跨界治理协作取得明显突破。

三是城镇规模结构持续优化。中心城市辐射带动能力逐步增强,北京市、上海市、广州市、深圳市等城市龙头作用进一步发挥、国际竞争力明显提升,重庆市、成都市、武汉市、郑州市、西安市等城市发展较快,成为所在区域经济增长的主引擎。县城补短板强弱项工作稳步推进,“1+N+X”系列文件体系初步形成,120 个县城建设示范地区启动一批示范性项目。新生中小城市加快培育,新设立 7 个地级市、47 个县级市,城市数量由 2014 年的 653 个增至 2020 年的 685 个,93 个设区市市辖区规模结构调整优化。浙江省苍南县龙港镇撤镇设市,实现了扁平化、大部门制的城市行政管理体制创新突破。

四是综合交通运输网络支撑作用不断增强。重点城市群综合交通规划印发实施,综合交通运输通道和区际交通骨干网络加快建设,为优化城镇化空间格局发挥了重要支撑作用。截至 2020 年年底,全国铁路网对 20 万人口以上城市覆盖率、高铁网对 50 万人口以上城市覆盖率分别达到 99%、92%,城市轨道交通运营里程超过 7000 公里。高速公路网覆盖约 99%的 20 万以上人口城市及地级行政中心,高等级公路网基本覆盖县城。运输机场直线 100 公里半径覆盖 91.7%的地级行政单元。

四、城市综合承载力稳步提高,可持续发展能力持续增强

城市发展模式更加科学高效,市政设施更加健全,公共服务质量显著提高,自然景观和文化特色保护更为有力,城市可持续发展水平和综合竞争力明显提升。

一是城市经济加快转型升级。城市传统产业改造提速,产业结构更加优化,三次产业比重由2014年的9.2∶42.6∶48.2调整到2020年的7.7∶37.8∶54.5。城镇就业比重由2014年的50.9%上升到2020年的61.6%,城镇新增就业年均超过1300万人。城市科技创新活力充分释放,以北京市、上海市、深圳市等为代表的中心城市成为科技创新的主要策源地,78个创新型城市汇聚了全国3/4的研发经费投入,培育产出了全国4/5的高新技术企业。

二是建设管理更加科学高效。城市空间结构持续优化,青岛市、大连市、杭州市、东莞市、乌鲁木齐市等市区面积较大城市有序推动多中心、多组团发展。城市存量低效建设用地加快盘活利用。城市管理体制改革深入推进,80%以上市县完成城市综合管理执法机构设置,建筑质量管理能力和水平稳步提升,城市体检工作有序开展。城市应急管理体系进一步完善,防洪排涝等防灾减灾能力建设逐步加强,60个重点城市易涝区段基本消除。

三是城市功能明显提升。城镇保障性安居工程建设成效显著,2014—2020年全国棚改开工超过3470万套。老旧小区改造全面推进,2019—2020年共安排中央预算内投资资金支持各地改造老旧小区5.9万个,惠及1088万户居民。市政公用设施不断完善,城市公共供水普及率和污水处理率均超过97%,生活垃圾无害化处理率超过99%;光网城市全面建成,5G基站初步覆盖地级以上城市;城市综合管廊累计开工建设5800多公里、形成廊体3800多公里。公共服务不断提标扩面,城镇义务教育学校学位供给稳步增加,大班额班级数从2014年的50.5万个减少到2020年的4.6万个;县域内就诊率达到94%,较2015年增长9.8个百分点;社区卫生服务中心(站)增至3.5万个,基本实现所有街道全覆盖;体育设施建设不断加强,

群众身边的体育健身场地设施逐步增加;老年人居家适老化改造工程加快实施。

四是新型城市建设成效显著。绿色城市建设扎实推进,地级及以上城市建成区黑臭水体消除比例达 98.2%,空气质量优良天数比率提高到87%,2019 年城市建成区绿地率比 2014 年提高 2.4 个百分点;城市废弃物回收和再生利用体系加快建立,46 个重点城市已基本建成生活垃圾分类处理系统,居民小区覆盖率达 96%;城镇新建建筑中绿色建筑比重达到 68%,可再生能源消费比例超过 13.6%。智慧城市建设加快推进,地级及以上城市全部建成数字化管理平台,80 个城市开展"互联网+政务服务"信息惠民试点,城管、交通、水利、环保等领域的数据融通应用持续深化。人文城市建设逐步深入,城市历史文化魅力不断彰显,截至 2020 年年底,已公布国家历史文化名城 135 个、名镇名村 799 个,划定历史文化街区 912 片,确定历史建筑 3.85 万处。

五是城市社会治理水平不断提升。基层党组织领导、多方参与的社区治理体系初步形成,社会工作服务站加快覆盖社区,线下线上相结合的社区服务格局加快构建。网格化服务管理更加完善,全国共划分网格 249.8 万个、专兼职网格员队伍 413.1 万人,28 个省(自治区、直辖市)网格化服务管理实现全覆盖。基层社会治理基础不断夯实,截至 2020 年年底,已建成各级综合治理中心 58.3 万余个,省、市、县三级综合治理中心建成率分别达100%、90.6%、94.7%。

五、城乡融合发展迈出新步伐,以城带乡效应持续显现

城乡融合发展体制机制和政策体系基本确立,城乡要素自由流动、平等交换和公共资源合理配置稳步推进,城乡居民收入比从 2014 年的 2.75 降至 2020 年的 2.56。

一是城乡融合发展体制机制和政策体系顶层设计完成。《中共中央 国务院关于建立健全城乡融合发展体制机制和政策体系的意见》印发实施,对调整城乡关系作出整体部署,明确了城乡融合发展体制机制改革的总

体方向和重点任务,夯实了推进乡村振兴和农业现代化的制度保障,新型城乡关系迈出关键一步。11个国家城乡融合发展试验区改革探索顺利起步。

二是农村一二三产业加快融合发展。农业供给侧结构性改革持续推进,截至2020年年底,农作物耕种收综合机械化率达到71%,建成7.2亿亩高标准农田,粮食年产量连续稳定在1.3万亿斤以上。农业适度规模经营和新型经营主体健康发展,家庭农场、农民合作社、农业产业化龙头企业等新型经营主体超过500万个,家庭承包耕地流转面积超过5.55亿亩。农村新产业、新业态不断涌现,电商进农村覆盖面不断扩大,2020年年底农村网商数量达1520万家。

三是公共资源加快向乡村配置。城乡一体的基本公共服务供给机制有序建立,城乡统一、重在农村的义务教育经费保障机制进一步巩固,农村义务教育薄弱学校基本办学条件逐步改善,乡村两级医疗机构和人员"空白点"基本消除,城乡社会救助体系进一步完善。城乡基础设施一体化发展取得积极成效,农村自来水普及率和集中供水率分别达到83%和88%,大电网覆盖范围内贫困村通动力电比例达到100%,99%以上的行政村通光纤和4G网络。农村人居环境明显改善,卫生厕所普及率提高到68%以上,生活垃圾进行收运处理的行政村比例超过90%。传统村落得到有效保护,6819个村落列入中国传统村落名录,形成了世界最大的农耕文明遗产保护群。

六、重点领域改革有序推进,助力城镇化健康发展的制度环境持续改善

统筹推进土地、投融资、住房等领域改革,一些重点领域、关键环节改革取得重大进展,国家新型城镇化综合试点工作取得积极成效。

一是土地管理制度改革稳步推进。农村承包地确权登记颁证工作基本完成,累计颁发证书2亿本,颁证率超过96%,创造性开展农村土地所有权、承包权、经营权分置,促进了农村土地的流转和规模经营。农村宅基地使用

权确权登记率达83.8%,新一轮农村宅基地制度改革试点在全国104个县(市、区)和3个地级市启动,闲置宅基地和闲置农房盘活利用工作稳妥开展。农村集体资产清产核资基本完成,集体经营性资产股份合作制改革稳步推进,确认集体成员9亿人。农村集体经营性建设用地入市改革试点完成,跨省域补充耕地国家统筹机制建立实施,城乡建设用地增减挂钩规模和范围有所扩大,允许"三区三州"及其他深度贫困县增减挂钩节余指标跨省域调剂使用。

二是城镇化投融资机制不断创新。城市建设融资渠道有所拓宽,允许地方政府发行地方政府债券。地方政府债务全部纳入预算管理,存量债务置换工作稳步推进。政府和社会资金合作(PPP)模式有序推进。开发性、政策性和商业性金融对新型城镇化建设的支持机制不断改进、支持规模持续扩大,截至2020年年底,开发银行和农业发展银行支持新型城镇化建设贷款余额分别为1万亿元、0.75万亿元。

三是城镇住房制度不断健全。坚持房子是用来住的、不是用来炒的定位,稳妥实施房地产市场平稳健康发展长效机制方案,加快构建多主体供给、多渠道保障、租购并举的住房制度。住房保障工作取得显著成效,公租房和廉租房并轨运行,实物配租和租赁补贴并行推进,截至2020年年底,3800余万困难群众住进公租房,累计2200余万困难群众领取了租赁补贴。住房租赁市场快速发展,2019年以来在24个人口净流入大城市开展中央财政支持住房租赁市场发展试点。

四是国家新型城镇化综合试点任务顺利完成。分三批将2个省和246个城市(镇)列为国家新型城镇化综合试点地区。坚持统筹指导与分类指导相结合,对每个试点地区进行全面评估,推动试点地区在农业转移人口市民化成本分担机制、多元化可持续的城镇化投融资机制、创新行政管理和降低行政成本的设市模式、改革完善农村宅基地制度等重点领域探索创新。在持续总结提炼的基础上,印发三份推广经验文件、推出180条典型做法,从中凝练出30项政策举措纳入政策性文件,成为全国性制度安排和政策设计。

第二节 积累形成一系列宝贵经验

从我国推进新型城镇化建设的成功实践中,可总结出一系列宝贵经验和重要启示,应在未来推进新型城镇化进程中予以继承发扬深化。

一、坚持党对新型城镇化工作的集中统一领导

习近平总书记强调,城镇化是现代化的必由之路,并先后主持召开中央城镇化工作会议、中央城市工作会议作重要讲话,多次围绕新型城镇化有关问题作出重要批示指示,既从战略和全局上对新型城镇化作出系统部署,又针对一系列重大问题“把脉开方”,为推进新型城镇化战略实施、走出一条中国特色新型城镇化道路掌舵领航。李克强总理指出,城镇化是我国最大的内需潜力和发展动能所在,并多次研究部署新型城镇化建设,主持召开推进新型城镇化建设试点工作座谈会,提出明确工作要求。韩正副总理等领导同志多次对推进新型城镇化作出批示指示。党中央的坚强领导和正确指引为新型城镇化战略深入实施提供了根本政治保证。各部门各地区认真学习领会贯彻党中央、国务院决策部署精神,充分调动社会各界力量,高质量推进新型城镇化各项工作,《规划》各项目标任务得以落实落地。

二、坚持走以人为核心的新型城镇化道路

坚持以人的城镇化为核心,推动城镇化转型发展,扭转“土地城镇化”“重物轻人”“重速度轻质量”等传统惯性思维,建立起一整套新型城镇化体制机制。如将推进农业转移人口市民化作为推进新型城镇化的首要任务,聚焦农民工及其随迁家属的实际需求,统筹推进户籍制度改革和城镇基本

公共服务均等化,推动长期居住和生活在城市的农业转移人口更好融入城市、共享城市发展红利。又如将城市功能品质提升作为推进新型城镇化的重要任务,针对人民群众普遍关心、反映强烈的突出问题,引导各地区坚持人民城市人民建、人民城市为人民,统筹规划建设管理、生产生活生态,把让人民宜居安居放在城市发展建设首位。

三、坚持遵循规律与立足国情相统一

城镇化进程也是经济社会发展过程,涉及全局、影响深远。既充分认识城镇化发展规律、顺应城镇化发展趋势,又深刻把握我国人口多、资源相对短缺、生态环境比较脆弱、城乡区域发展不平衡的基本国情,正确处理市场和政府的关系,才能确保城镇化进程的科学稳妥有序。在推进农业转移人口市民化进程中,既顺应农村人口进城的大趋势,不断提升城市功能品质,又坚持以工补农、以城带乡,持续推动城乡融合发展、促进乡村振兴。在优化城镇化空间布局和形态过程中,既充分发挥中心城市和城市群等经济发展优势区域的作用,提高资源配置效率和经济总体效率,又着力培育发展中小城市和小城镇,促进人口均衡分布和国家安全。

四、坚持顶层设计与基层探索良性互动

推进新型城镇化既需要来自顶层的宏观政策指导,也需要源自基层的实践探索创新。充分发挥《规划》统领作用,建立健全纵横联动、点面结合的推进新型城镇化工作机制,统筹各部门各渠道政策和资源,统筹推进人口管理、土地管理、财税金融、城镇住房等重点领域和关键环节体制机制改革,保证政策制定"最先一公里"科学管用。通过加大督促指导力度,压紧压实各级各部门责任,及时发现和解决苗头性、倾向性问题,推动新型城镇化各项重点任务落地生根,实现政策实施"最后一公里"扎实有效。同时充分发挥各类试点试验示范的先行先导作用,及时将基层行之有效的经验做法转化为施之长远的改革政策举措,实现实践探索与政策指引的紧密互动与持续创新。

第三节　城镇化质量有待进一步提升

尽管《规划》着力解决的突出矛盾问题多数得到缓解,但也要清醒地看到,符合新型城镇化方向和要求的体制机制尚未全面确立,城镇化实现全面转型、质量全面提升任重道远。

一、农业转移人口融入城市水平有待提高

一是户籍制度改革有待深化,东部发达地区一些城区常住人口300万以下的城市尚未取消落户限制,普通劳动者在一些大城市落户仍有困难。二是教育、住房、社保等基本公共服务尚未覆盖全部常住人口。一些随迁子女无法在流入地接受义务教育,一些城市公租房保障对象仅限当地户籍人口。三是新生代农民工扎根城市存在困难。大量新生代农民工生在城市、长在城市,不熟悉农业生产、难以回农村定居,但因教育水平不高或专业技能不足,也难以在城市长期稳定就业,面临"回不去""留不下"的双重困境。

二、大中小城市协调发展有待进一步优化

一是"大城市病"尚未有效破解。一些超大特大城市中心城区人口、功能和优质公共服务资源过度集中,房价高企、交通拥堵等问题仍然存在;一些省会城市对周边的辐射带动作用不足,中西部地区一些省份"一市独大"。二是中小城市人口集聚能力不足。部分中等城市产业基础较弱、公共服务供给质量不高、城市功能不完善。县城在垃圾污水处理、市政设施建设、公共服务设施等方面存在短板弱项。一些边境地区和东北地区中小城市面临人口流失和经济衰退。同时,一些镇区常住人口超过10万的小城镇

已具备小城市规模体量,但受设市模式限制,发展动能难以进一步发挥。

三、城市建设治理短板弱项明显

一是城市发展理念和方式有待转变。一些城市盲目追求城市规模体量,积极寻求县改区、市改区等行政区划调整;一些城市重开发建设、轻管理服务,生产生活生态、老城新城、地上地下等空间开发管理缺乏统筹;一些城市数字政府建设较为滞后,智慧治理水平有待提高。二是建设用地使用效率有待提升。2009—2019 年,全国人均城镇建设用地面积从 113 平方米增至 117.9 平方米,仍有不少低效闲置建设用地。三是基层社会治理普遍薄弱,社区资源配置不足、服务群众能力有限,群众参与社会治理渠道不畅。四是防范应对风险能力不强,在公共卫生防控救治、防洪排涝、安全生产等方面存在薄弱环节,对人民群众生命财产安全的保障有待加强。

四、公共资源分配方式和城镇化投融资机制不健全

一是人员编制、财政转移支付等主要按照城市户籍人口数量和行政等级配置,且缺乏定期调整机制,使得公共资源配置滞后于人口分布和经济发展进程,人口流入地和流出地的公共资源与实际需求不匹配。二是传统依赖“土地财政”的城市开发模式尚未完全转型。通过多元化市场化融资手段开展城市建设的长效机制仍在探索,地方税体系不健全,城市政府自有财政资金和发行政府债券融资仍是城市建设的主要资金来源,融资产品短期性与市政建设长期性不匹配,城市政府财政压力加大,政府债务风险不容忽视。

五、城乡融合发展体制机制作用尚未充分发挥

一是城乡要素流动仍然存在障碍。城乡统一的建设用地市场尚未健

全,城乡金融资源配置仍需进一步优化,人才和资金等要素更多流入城市,乡村发展缺乏要素支撑。二是城乡公共资源配置仍不够合理。一些欠发达省份及地区农村基础设施和公共服务设施的历史欠账仍然较多、短板依旧突出,农村污水处理率和生活垃圾无害化处理率分别仅为25.5%、75%,农村清洁取暖率也远低于城市。

第四节 推动基本实现新型城镇化

站在全面建成小康社会、开启全面建设社会主义现代化国家新征程的崭新起点,要以习近平新时代中国特色社会主义思想为指导,全面贯彻党的十九大和十九届二中、三中、四中、五中、六中全会精神,深入推进以人为核心的新型城镇化,按照党中央、国务院明确的发展路径和目标任务,推动到2035年基本实现新型城镇化,为全面建设社会主义现代化国家提供坚实有力支撑。

一、提高市民化质量,促进农业转移人口全面融入城市

坚持尊重意愿、存量优先、循序渐进的原则,深化户籍制度改革,完善全国公开统一的户籍管理政务服务平台,推动全面建立以经常居住地登记户口制度,依法保障进城落户农民农村土地承包权、宅基地使用权、集体收益分配权。完善城镇基本公共服务提供机制,推进城镇基本公共服务由常住地供给、覆盖全部常住人口,强化农业转移人口享有的就业、教育、社保、住房等领域基本公共服务保障,努力实现同城居民享有均等的基本公共服务。提升农业转移人口技能素质,塑造开放包容的城市文化,增强农业转移人口的城市认同感和归属感。完善财政转移支付、财政性建设资金安排、城镇新增建设用地规模与农业转移人口市民化挂钩的政策体系。

二、完善城镇化空间格局,促进大中小城市和小城镇协调发展

巩固完善“两横三纵”城镇化战略格局,分类推进城市群一体化发展,促进基础设施互联互通、公共服务共建共享、生态环境共保共治、产业与科技创新协作,加快形成多中心、多层级、多节点的网络型城市群结构。培育发展同城化程度高的现代化都市圈,以城际铁路和市域(郊)铁路等轨道交通为骨干,提高都市圈基础设施连接性、贯通性,促进产业梯次分布和链式配套,统筹优化公共服务功能布局。优化超大特大城市中心城区功能,合理降低中心城区开发强度和人口密度,加强城市治理中的风险防控。提升大中城市功能,推动制造业规模化集群化发展,优化市政公用设施布局和功能,提升城市品质。推进以县城为重要载体的城镇化建设,推进县城公共服务、环境卫生、市政公用、产业配套等设施提级扩能,分类引导小城镇发展。

三、推进新型城市建设,打造人民高品质生活空间

加快转变城市发展方式,建设宜居、韧性、创新、智慧、绿色、人文城市。科学配置城市公共资源,提高公共服务能力和市政公用设施水平,完善城市住房体系,有序推进城市更新,打造舒适便捷的城市生活环境。提高城市防灾减灾、公共卫生防控救治和防洪排涝能力,保障城市正常运转和人民安全。增强城市创新能力,优化创新创业生态,建设创新创业载体,培育壮大创新产业,大幅提升城市产业核心竞争力和吸纳就业能力。强化城市新一代信息基础设施建设,深化城市数据共享开放,丰富智慧城市应用场景,提升城市运行效能。修护城市生态空间,加强城市环境保护,推进生产生活低碳化,显著提高城市人居环境质量。保护延续城市历史文脉,建设特色文化生态,丰富城市居民精神文化生活。

四、健全城市治理体系,提升城市治理水平

树立全周期管理理念,协同发挥政府、市场、社会等各方力量,推进城市治理体系和治理能力现代化。强化城市规划在空间治理中的引领和约束作用,优化城市空间结构,促进土地节约集约利用,推动城市发展方式由规模扩张向内涵提升转变。推动城市治理重心和配套资源向基层下沉,健全城市基层社会治理机制,提高社区服务能力,有效化解社会矛盾,建设人人有责、人人尽责、人人享有的社会治理共同体。推进政府机构设置科学、职能优化、权责协同,强化数字政府建设,优化行政区划设置,不断提高行政管理服务质量和效率。创新城市发展资金保障机制,深化财税体制改革,健全地方税体系,建立期限匹配、渠道多元、财务可持续的城市投融资机制。

五、推进城乡融合发展,实现城乡共同繁荣

坚持以工补农、以城带乡,统筹推进新型城镇化战略和乡村振兴战略,以县域为基本单元推动城乡融合发展。促进城乡要素双向自由流动,深化改革农村土地制度,完善乡村发展投融资机制,建立人才入乡激励机制,以国家城乡融合发展试验区为突破口,促进要素更多向乡村流动。促进城乡公共资源均衡配置,推进城乡空间规划一体化,推进城乡基本公共服务普惠共享、城乡基础设施一体化发展。促进城乡产业协同发展,完善农业支持保护制度,培育乡村新产业新业态,深入推进农村一二三产业融合发展。统筹拓展农民工资性收入、经营性收入、财产性收入、转移性收入渠道,促进农民收入持续稳定增长。

六、建立健全新型城镇化战略实施机制,确保各项政策落地生效

切实加强党对新型城镇化工作的集中统一领导,确保党中央重大决策部署贯彻落实到位,充分发挥党的各级组织的领导作用和战斗堡垒作用,为

规划实施提供坚强组织保障。建立中央指导、省负总责、市县抓落实的新型城镇化战略实施机制,强化部门间政策制定和实施的协调配合,推动各级政府把推进新型城镇化战略纳入发展规划。加强城镇化统计工作,规范统计口径、标准和方法,开展新型城镇化战略实施情况动态监测与分析。激发全社会参与新型城镇化工作的积极性,加强城镇化智库建设。

第二章　新型城镇化试点示范等地区典型做法总结评估报告

国家发展改革委发展战略和规划司

为贯彻落实党中央、国务院印发的《国家新型城镇化规划（2014—2020年）》，2014 年起国家发展改革委会同有关部门陆续设立三批国家新型城镇化综合试点，2020 年年底试点示范任务结束。其间，试点示范地区解放思想、大胆探索，产生了不少可复制可推广的好经验、好做法，为新型城镇化和城乡融合发展领域的面上改革提供了有力支撑。国家发展改革委持续总结提炼三批国家新型城镇化综合试点等地区的好经验好做法，2018 年、2019 年、2021 年分别公布《国家发展改革委办公厅关于印发第一批国家新型城镇化综合试点经验的通知》《国家发展改革委办公厅关于推广第二批国家新型城镇化综合试点等地区经验的通知》《国家发展改革委办公厅关于推广第三批国家新型城镇化综合试点等地区经验的通知》，并凝练出 30 项政策举措纳入政策性文件（见附表 2-1）。现推出试点示范等地区的 140 项典型做法，供各有关方面参考借鉴。

第一节　提高农业转移人口市民化质量

坚持存量优先、带动增量，稳妥有序推进户籍制度改革，推动城镇基本公共服务覆盖全部常住人口,健全配套政策体系,提高农业转移人口市民化质量。

一、全面推进农业转移人口落户城市

山东省济南市取消城区落户限制,有产权房屋的非户籍常住人口在房屋处落户,无产权房屋的在租赁房屋处或单位集体户、社区集体户、人才集体户等落户。云南省昆明市取消城区落户限制,实施以经常居住地登记户口的制度,年度财政预算及建设用地规模向吸引人口较多的城区倾斜。黑龙江省哈尔滨市放开主城区二环以外区域落户限制,逐步取消各种与户籍相挂钩的城镇基本公共服务差别化政策,2010—2020 年城区常住人口增加 50 余万人。重庆市不设落户名额控制、不作积分排队,外来人口在主城区就业及参加城镇社保满 3 年或投资创业满 1 年即可直接办理落户,永川区和璧山区取消就业年限等城区落户限制,城区常住人口从净流出转变为净流入。广东省深圳市将人才落户条件降至大专、“中专+中级职称”或紧缺急需工种高级工,2017—2018 年落户达 70 万人。安徽省合肥市将城区落户条件放宽为就业满 2 年、参加城镇社保满 1 年。广东省广州市 7 个市辖区实施与中心城区差别化落户政策,降低学历等落户门槛,允许符合条件的全日制大专学历直接落户,针对特殊技能人员及特殊艰苦行业一线从业人员给予专项指标保障。江苏省南京市取消城区年度落户指标限制,降低 4 个市辖区落户门槛。广东省东莞市取消积分落户政策,参加城镇社保满 5 年且办理居住证满 5 年即可落户,2018 年至今城区户籍人口增加 65 万人。四川省成都市实施“居住引导、就业引导、落户区域引导”举措,引导积分落户向郊区新城转移。辽宁省鞍山市快速落实城区常住人口 300 万以下城市取消落户限制的要求,并开通户籍业务“全城通办”,大幅提高户籍迁移便利度。四川省泸州市、福建省晋江市等城市设立公共集体户口,解决有落户意愿但无产权住房的常住人口落户问题。重庆市健全城镇建设用地增加规模与吸纳农业转移人口落户数量挂钩机制,鼓励吸纳农业转移人口落户。

二、加快城镇基本公共服务均等化

广东省深圳市允许持有居住证、连续居住且参加城镇社保满1年的外来人口随迁子女接受义务教育，将59%的义务教育学位、41%的公办学位提供给随迁子女。浙江省义乌市在城区不同区位建设中小学校，每年为外来人口随迁子女增加3000个义务教育阶段学位，并将符合条件的随迁子女全部安排在就近公办学校就读。黑龙江省哈尔滨市以公办中小学校接收为主，按照相对就近原则安排随迁子女就学，并对家庭经济特别困难的随迁子女每年给予助学金补助。江苏省南通市海门区对中小学校施行集团化管理，建立"抱团发展"的集团管理机制，有力促进义务教育均衡发展。湖北省武汉市对随迁子女与户籍子女义务教育一视同仁，将随迁子女人数纳入适龄中小学生基数，按相同标准开展招生、教育经费划拨、基础教育设施建设等安排。福建省晋江市发展综合高中、促进普职融通、办好乡镇高中，向随迁子女免费提供普通高中教育。山东省诸城市建成由三级乙等综合医院、三级甲等中医院、妇幼保健机构、疾控中心、二级医院、一级医院、800多家社区卫生服务机构、综合门诊部等组成的医疗卫生服务体系，市域内就诊率达98%。福建省上杭县将乡镇敬老院统一打包，实行社会化连锁经营，以公建民营方式发展普惠养老。重庆市提供大规模公共租赁住房，在公租房分配中不设户籍要求，分配公租房55万户，保障住房困难人员140余万人。黑龙江省哈尔滨市为农民工、个体工商户、自由职业者等灵活就业人员提供住房公积金缴存通道，城镇社保开户后即可申请建立住房公积金账户。安徽省芜湖市农业转移人口缴存住房公积金人数近6000人，发放购房贷款近10亿元。四川省眉山市施行农业转移人口住房公积金制度，将有进城购房愿望的农业转移人口纳入住房公积金制度覆盖范围，允许缴满半年后申请住房公积金贷款，为近5000户农业转移人口发放住房公积金贷款近12亿元。贵州省"十三五"期间在城镇集中安置182万易地扶贫搬迁人口，并做好社保参保衔接，实现基本医疗保险和养老保险全覆盖。江苏省实行居住证在省域内"一证通用"，实现居住证制度全覆盖、居住证申换补领免费。广东省佛山市南海区鼓励外来常住人口选举进入村（社区）"两委"，近50

名非户籍党员骨干担任村（社区）党组织兼职委员。吉林省公主岭市范家屯镇将原有5个社区居委会调整优化为12个社区居委会，每个社区设立公共服务中心提供"一站式"服务。

三、提升农业转移人口融入城市能力

北京市延庆区结合世园会和冬奥会开展职业技能培训，构建"政府发单、群众点单、机构接单、企业收单"全培训链，开展各类培训约9.7万人次，培训后就业7000人。河北省涉县在农民家门口开展职业技能培训，完成培训6000人次。吉林省梅河口市通过校企联动开展职业技能培训，培训农业转移人口超过1万人次，开展在岗职工培训4000余人次。贵州省清镇市开展大规模职业教育，每年为贵州省各产业园区和大型企业培养输送职业技能人才3万余人。广西壮族自治区荔浦市建立农民工就业需求数据库和企业用工需求清单，与职业院校及大型企业合作，2020年培训合格技工近3000人，直接为1100余名农民提供就业岗位。

第二节　完善城镇化空间布局

建立中心城市带动都市圈、都市圈引领城市群、城市群支撑区域协调发展的空间动力机制，发展壮大城市群和都市圈，促进大中小城市和小城镇协调发展，形成疏密有致、分工协作、功能完善的城镇化空间格局。

一、促进城市群一体化发展

成渝地区双城经济圈建立两省市党政联席会议机制，共同制订汽车产业、电子信息产业高质量协同发展实施方案，谋划建设万（州）达（州）开

(州)川渝统筹发展示范区、川南渝西融合发展试验区及川渝高竹新区、遂(宁)潼(南)一体化发展先行区等合作平台,选派逾百名优秀年轻干部到两省市相关部门、重要平台、重点市县挂职交流。长江中游城市群成立三省协同发展联合办公室,共同实施省际公路联网工程,签署湖泊湿地保护与生态修复联合宣言,武汉港发展集团发起组建首个长江中游航运企业联盟,深入推进“一次申报、一次查验、一次放行”沿江通关协作。北部湾城市群建立“三级运作+专题合作”的协同机制,桂琼、粤桂分别签订深化开放合作框架协议和交通运输互联互通合作备忘录,推动西江流域重点河流水质100%达标。关中平原城市群成立合作办公室,陕甘界—陇县高速、陕甘界—旬邑高速、侯禹高速黄河大桥、风陵渡黄河大桥等建成通车,陇东南地区25家医疗机构加入陕西省儿童医疗联合体。

二、推动都市圈同城化发展

南京都市圈深化公共服务共建共享,南京外国语学校、琅琊路小学分别在淮安市和滁州市设立分校,建成运营都市圈统一预约挂号服务平台和远程医疗服务系统;推动省际毗邻区域协同发展先行突破,南京江宁—马鞍山博望、南京顶山—滁州汊河、南京浦口—滁州南谯3个跨界一体化发展示范区均合作成立专门机构,共同编制发展规划、探索合作发展机制。福州都市圈推动交通一体化发展,建成莆炎高速、长平高速、福平铁路、平潭海峡公铁大桥,协同推进疫情防控,福州市派出近300名医疗卫生人员支援莆田疫情防控。成都都市圈健全轨道交通体系,开工建设市域铁路成资S3线,都市圈日开行城际动车104对,稳定开行10条跨市公交;发布住房公积金同城化贷款异地使用政策。西安都市圈优化西咸新区管辖范围,理顺西咸新区管理机制,加强西安市、咸阳市和西咸新区发展战略统筹。杭州都市圈共建产业合作平台,桐乡融杭经济区挂牌成立,诸暨临杭产业园、江干·安吉合作产业园、滨江“诸暨岛”等平台加快建设;深化水资源和生态环境保护合作,杭州市余杭区与湖州市德清县签订杭湖运河(苕溪)流域共治框架协议。武汉都市圈推进医疗卫生服务共享,开通城镇职工医保异地门诊即时结算,推动武汉药品带量采购成果共享,15种药品25个品规议价成功、平均降幅40%、最高降幅63%;推进政务服务互通,启用都市圈通办综合窗口,实现106项涉及住房公积金、民政、医保等领域的高频事项跨市通办。

三、推进以县城为重要载体的城镇化建设

河北省固安县坚持规划引领,编制产业布局、城乡路网、环卫设施、教育设施、地下空间利用等县城建设专项规划,优化县城公共设施建设和空间布局。江苏省溧阳市推动市政公用设施开放共享,投入财政资金1亿余元,推动24个政府部门和单位开放停车资源,新增停车位1100个、开放停车位2600个,满足周边居民及办事群众停车需求。浙江省乐清市加强项目谋划设计,创新采用"肥瘦搭配"方式,将公益性项目与准公益性、经营性项目打包,发行地方政府专项债券近30亿元,申请政策性信贷超过100亿元。福建省闽侯县推进义务教育均衡发展,在县城、福州大学城、东南汽车城等区位,通过集团化办学方式带动薄弱学校发展,缩小校际教育质量差距。山东省诸城市按照企业需求,建设共用共享的智能标准厂房,降低企业投产成本、缩短产品上市周期,保障企业直接拎包入住。河南省兰考县探索老旧小区改造多元融资模式,建立"政府投资、银行融资、企业参与、居民捐资"的多元化投入机制,推动老旧小区改造成本由各方共担。湖北省阳新县引进大型企业参与县城建设,与长江生态环保集团签署合作协议,实施投资30亿元的县城水环境综合治理PPP项目,推进污水处理厂及管网提标改造、马蹄湖等水体治理,解决居民身边的生态环境突出问题。湖南省浏阳市依托湘雅医院等优质医疗资源,提升县级医院医疗技术水平,与湘赣边市县公立医院开展跨省就医医保互认,服务半径覆盖周边12个县市400余万人。广东省博罗县强化县城建设的要素支撑,盘活闲置建设用地8000亩,用于补短板强弱项项目建设。四川省金堂县强化县城建设的人才保障,建设成都国际职教学院、成都工业职业技术学院、四川冶金地质技师学院等职业院校,现有师生1.6万人,带动就业1200余人,每年可为县城400余家企业提供技能人才6000人。

第三节　推进新型城市建设

坚持人民城市人民建、人民城市为人民，顺应城市发展新理念新趋势，加快转变城市发展方式，建设宜居、韧性、创新、智慧、绿色、人文城市。

一、建设舒适便利的宜居城市

四川省江安县通过财政出资并撬动社会资金投入，改造老旧小区100余个，改善1万余人居住条件。宁夏回族自治区银川市兴庆区推动老旧小区改造市场化运作，引入供水、供电、供气、通信等企业，按不同比例分担改造资金。四川省南江县以党建引领老旧小区改造全过程，组织党员和居民共同参与改造项目实施监管。江苏省南京市利用老旧厂区土地及建筑，培育技术创新服务平台及经营性项目。江苏省扬州市统筹改造老旧小区、老旧厂区、老旧街区及老宿舍、老宅子、老市场。北京市密云区免费开放城区10余所公办学校体育场馆，满足市民健身锻炼需求。吉林省梅河口市引入东北师范大学、吉林师范大学、吉林大学白求恩第一医院等高端教育医疗资源，打造先进教育科技和医疗康养基地。重庆市潼南区改造盘活零星边角地等“碎片化”土地，建设文化体育公园等市民公共空间。北京市大兴区利用农村集体建设用地建设保障性住房，在外来人口集中区加强住房保障。北京市通州区台湖镇将29个村级工业大院土地统一还耕，将建设用地指标集中置换到条件较好区域，引导各村以建设用地使用权入股联合成立镇级土地联营公司，再由联营公司与投资方共同组建项目公司，作为开发建设运营主体和融资主体。

二、建设安全灵敏的韧性城市

广东省英德市响应新冠肺炎疫情防控要求,结合医院改造升级,购置大型医疗设备,建设核酸检测 PCR 实验室。四川省金堂县统筹增强筑堤、拓卡、清障、疏浚等防洪能力,适度超前建设排水管网,全面消除严重易涝积水区段。四川省遂宁市健全雨水花园、下凹绿地和透水铺装等海绵设施,增强“渗、滞、蓄、净、用、排”功能,并利用物联网技术布设监测设备及平台,实现“小雨不积水、大雨不内涝”。

三、建设富有活力的创新城市

江苏省溧阳市与中关村科技园区合建溧阳高新技术产业开发区,吸引中国科学院物理所等科研机构入驻。浙江省海盐县与发达国家相关机构共建北欧(丹麦)工业园、欧洲(德国)工业园等产业技术合作平台,加强核电关联产业招商,向欧洲核能大企业推介海盐核电关联产业,引进欧洲先进技术,改造提升传统产业。

四、建设运行高效的智慧城市

湖北省老河口市建设数据中心“政务云”,施行智慧查违、智慧环卫、智慧城管,实现 90 余个政务事项“一事联办”、800 余个政务事项“一窗通办”。云南省腾冲市推动主要公共场所 5G 网络全覆盖,建设智慧公安、智慧旅游、智慧消防、智慧停车场、智慧书吧等服务平台和应用场景。重庆市璧山区打造社区服务“城市生活网”,引入线上商户 3000 余家,为居民提供线上社区服务 200 余项。河南省新密市建设智慧停车平台,接入平台的政府和商业停车场 6 个,接入停车位达 3000 余个,交通管理服务水平大幅提升。

五、建设清洁低碳的绿色城市

北京市顺义区将主要污染物排放总量作为建设项目审批要求,严控高耗能高排放项目发展，引导低耗能低污染企业入驻产业园区。江苏省镇江市实施固定资产投资项目碳排放影响评估制度，完成园区循环化改造，每年减少碳排放约2万吨。浙江省杭州市富阳区关停腾退造纸类企业千余家，削减产能800万吨，减少废水排放9000万吨，腾出产业空间约2万亩。河北省卢龙县新建保障性住房和大型公共建筑采用装配式建筑和绿色低碳建材。河南省鹤壁市新建建筑全面执行绿色建筑标准。江西省抚州市对绿色出行、绿色消费、垃圾分类、参与植树等发放“碳币”，居民可直接用于生活消费。

第四节　健全城市治理体系

树立全周期管理理念，聚焦行政管理、投融资、空间治理、社会治理等领域，提高城市治理科学化精细化智能化水平，推进城市治理体系和治理能力现代化。

一、提升行政管理效能

浙江省龙港市统筹推进大部制改革和扁平化管理，经国务院批准撤销龙港镇、设立县级龙港市，形成行政管理创新和行政成本降低的设市模式。黑龙江省伊春市15个市辖区整合为4区4县，实现人口和公共资源向城区合理集中。吉林省长春市奢岭镇、合隆镇、卡伦街道建立镇区一体行政管理新模式。上海市松江区牵头打造G60科创走廊，推进涉企事项跨区域“一网通办”。四川省泸州市设置综合政务服务窗口，推行政务服务事项“一窗受理”，实现150余项行政许可事项“只跑一次”，企业名称预先核准等20项“一次都不用跑”。浙江省宁波市全面优化政务办事流程，实现高频事项“全城通办、一网通办、就近能办、异地可办、上门代办”，让群众办事从“最多跑一次”升级为“就近跑一次”。贵州省贵安新区实行行政许可事项“一表申请、一窗受理、多证联办、一证经营”,提升为企业和居民服务的效率。吉林省延吉市以授权或委托的方式,将200余项行政审批事项下放朝阳川镇。

二、创新资金保障机制

江苏省江阴市设立中小企业转贷资金平台,为企业提供约160亿元转贷资金。山东省德州市组建政策性融资担保平台,引导银行贷款向实体经济倾斜,企业获得信贷资金超过100亿元。湖北省宜城市建设线下金融服务中心,分设金融咨询窗口、洽谈窗口、办理窗口和监督窗口,提供“一站式”线下服务。贵州省都匀市与上海股权交易中心合作,建立企业挂牌上市孵化基地,打通中小企业与资本市场的对接平台。江苏省苏州市引入保险资金参与城市建设项目,有效防控地方政府债务风险。福建省永安市在4个园区设立“园区贷”,为园区内企业贷款提供担保,帮助企业办理长期贷款超过10亿元。浙江省台州市提供300多项个性化金融产品,缓解小微企业融资难题。浙江省义乌市以政府债务清理甄别结果为基础,把存量债务置换为地方政府债券,纳入财政预算管理。湖南省浏阳市为花炮产业量身打造融资产品,有效地解决花炮生产企业融资问题。河北省石家庄市与14家银行签订小微企业贷款风险补偿业务合作协议。天津市蓟州区统筹国有资产和行政事业单位优质资产,整合形成蓟州城投公司,授予其供排水、供热、污水等特许经营权,以及部分市政公用设施建设运营管理等职能。

第五节　推进城乡融合发展

坚持以工补农、以城带乡,以县域为基本单元、以国家城乡融合发展试验区为突破口,促进城乡要素自由流动和公共资源合理配置,逐步健全城乡融合发展体制机制和政策体系,缩小城乡发展差距和居民生活水平差距。

一、促进城乡要素双向自由流动

重庆市潼南区建设柠檬产业研究院,研发柠檬精深加工技术约300项。上海市金山区枫泾镇联合江浙沪皖等省市农科院的农业专家,打造"长三角农创路演中心"品牌,举办农创项目路演40余场。河南省长葛市引入中国农科院等科研机构和种业企业,共建现代种业研发平台。山东省淄博市组织农担公司和银行支持数字农业发展,新型农业经营主体以信用为基础提出申请、农担公司提供担保、银行提供贷款,发放数字农业类贷款约4亿余元。河南省兰考县为农户提供小额扶贫贴息贷款、产业发展信用贷款和新型农业经营主体贷款,投放贷款约200亿元。浙江省湖州市建立政策性农业保险制度,探索出长兴县杨梅采摘期降雨指数保险、安吉县毛竹收购价格指数保险等险种。福建省仙游县探索"农地+农户+合作社+征信"的担保融资模式,土地承包经营权抵押贷款余额达3000余万元。河南省长葛市实行"农村承包地经营权抵押+贷款保证保险+政府风险补偿资金"方式,投放贷款约4.5亿元。广东省广州市花都区推进生猪抵押融资,投放贷款约2.3亿元。黑龙江省齐齐哈尔市推行土地承包经营权、农村集体资源使用权、预期收益权、大中型农机具和不动产产权"四权"抵押,投放贷款近100亿元。江苏省常州市武进区建立农村集体经营性建设用地交易平台,与城市国有建设用地使用权网上交易系统同网运行、同网竞价、同网交易。重庆市大足区推进农村集体经营性建设用地入市,交易100余宗、3000余亩,交易金额11亿元,为休闲农业、乡村旅游、农产品加工等产业发展提供用地保障。江西省鹰潭市探索实施农村集体经营性建设用地入市制度,制定入市办法、储备办法、交易办法和基准地价等制度,入市交易30余宗、面积500余亩。黑龙江省安达市在城市基准地价管理实践基础上,对入市主体、入市方式、审批程序、价款支付、使用年期等作出具体规定。贵州省湄潭县探索农户承包权退出路径,退出农村承包地近400亩,为200多名农户支付1000余万元补偿费用。江苏省常州市武进区引导1500余户农民依法自愿有偿转让宅基地,并整合利用腾退宅基地和碎片化集体建设用地,新增农用地1.4万余亩。安徽省金寨县引导贫困户、移民户和居住在土坯房等的农户,自愿有偿退出宅基地并易地搬迁,退出4.4万余户,新增耕地4万余亩,2.5万户、8万余人搬迁到中心村、镇区和县城。重庆市制定“地票”管理办法,交易地票35万余亩、近700亿元,有效缓解城乡建设用地供需失衡问题。重庆市巴南区探索农户自愿有偿退出土地承包经营权、林地承包经营权、宅基地使用权、集体收益分配权等“四权”,并建立利益沟通、社会保障和风险防范机制,加强事中事后监管。辽宁省海城市成立农村综合产权交易市场,承担权属审核、资产处置、交易鉴证、抵押登记等职能,举办大型交易会40余次,成交标的1800余个、交易金额11亿元。陕西省西安市高陵区在网络平台上交易土地承包经营权,在农村产权权属确认、信息发布、政策咨询、产权登记、产权交易、抵押贷款、资产拍卖、合同鉴证、纠纷仲裁等环节,施行无缝衔接、环环相扣的“一站式”办理程序。四川省富顺县成立返乡创业协会,开展农民工及家庭实名制全覆盖调查登记,搭建“返乡创业人才项目汇”“农民工大讲堂”等活动平台。重庆市开展规划师、建筑师、工程师、艺术家“三师一家”入乡服务行动,为乡村发展与建设提供技术支撑。四川省成都市郫都区建立城市人才加入乡村制度,制定申请、初审、表决、公示、颁证等新村民引进程序,吸引乡村旅游等紧缺人才约100名,带动2000名专业人才进村到户。贵州省湄潭县金花村成立股份经济合作社,允许外来人才与本村户籍人口享受同等待遇分红。

二、促进城乡公共资源均衡配置

浙江省嘉善县完善县域医共体,建设影像诊断中心、临床检验中心、心电会诊中心、病理诊断中心、消毒供应中心等诊断共享平台及13个基层“云诊室”平台。江西省芦溪县设立县域医共体影像中心,增设乡镇卫生院“健康E站”,推动优质医疗资源下沉重心。河南省登封市按照二级综合医院标准建成5个县域医疗次中心，把优质医疗资源引入基层。浙江省德清县推动城乡福利并轨，梳理出30余项依附于户口、城乡有别的居民福利政策，投入财政资金消除福利差距。福建省漳州市长泰区推行“户分类、村收集、镇转运、区处理”的乡村生活垃圾处理模式，乡村生活垃圾收集率达95%。湖南省湘潭市推进乡村生活垃圾处理付费制度全覆盖，既减少垃圾总量，又减少财政支出。河北省涉县推进村村通油（水泥）路，公交化客运服务覆盖约300个行政村。四川省达州市建设城乡物流配送信息平台和专线网络，降低企业及商户等待时间，保证货物及时快捷送达。

三、促进城乡产业协同发展

四川省成都市战旗村成立村集体资产管理公司，推进经营性资产股份合作制改革，促进农村一二三产业融合发展，打造形成美丽乡村。广西壮族自治区平果市在镇区创办农民工创业园，引导农村贫困人口就业创业。浙江省义乌市鼓励8家国企投资建设美丽乡村，引导村民入股并参与经营，打造10条精品旅游线路，形成国有资本引领社会资金共建的局面。浙江省德清县莫干山镇建成200多家高端民宿，年旅游收入达20余亿元。

四、缩小城乡居民收入差距

吉林省吉林市昌邑区孤店子镇大荒地村依托有合作意愿的大型企业，流转土地13平方公里，利用500台（套）大型农业机械实行全程机械化耕种，建成了31栋农民新居和2栋老年公寓，吸纳全村95%的劳动力在企业就业。安徽省天长市将集体资产全部折股量化到人，当年收益的70%用于成员分红、30%作为公益金用于发展生产。吉林省梨树县通过收回被占用集体资源、出租村级闲置资源、折股项目资源等方式，推动各类村集体资源变成村集体资产。山东省威海市在40余个涉农乡镇（街道）设立镇级农业社会化综合服务中心，由村党组织领办农民合作社，组织劳务输出、自主经营土地，承包地流转率超过60%。

国家新型城镇化综合试点等试点示范任务顺利完成,试点示范工作到此结束,相关文件同时废止(见附表2-2)。各地区要认真学习借鉴并应用典型经验,不断推动新型城镇化和城乡融合发展工作取得新突破。鼓励各地区继续探索,围绕新型城镇化和城乡融合发展领域的重点难点问题,加强体制机制创新和政策突破,不断创造实践经验和改革成果。

附表2-1　新型城镇化试点示范等地区典型做法形成的政策举措(30项)

	政策举措	纳入政策文件
1	超大特大城市要调整完善积分落户政策,大幅增加落户规模、精简积分项目,确保社保缴纳年限和居住年限分数占主要比例	《国家发展改革委关于印发〈2019年新型城镇化建设重点任务〉的通知》
2	鼓励超大特大城市取消郊区新区落户限制	《国家发展改革委关于印发〈2020年新型城镇化建设和城乡融合发展重点任务〉的通知》
3	完善城区常住人口500万以上的超大特大城市积分落户政策,鼓励超大特大城市取消年度落户数量限制	《中华人民共和国国民经济和社会发展第十四个五年规划和2035年远景目标纲要》
4	鼓励有条件的Ⅰ型大城市全面取消落户限制	《国家发展改革委关于印发〈2020年新型城镇化建设和城乡融合发展重点任务〉的通知》
5	允许租房常住人口在公共户口落户	《国家发展改革委关于印发〈2021年新型城镇化和城乡融合发展重点任务〉的通知》
6	鼓励各城市政府简化户籍迁移手续,开通线上申请审核系统	《国家发展改革委关于印发〈2020年新型城镇化建设和城乡融合发展重点任务〉的通知》
7	将符合条件的常住人口纳入公租房保障范围和住房公积金制度覆盖范围	《国家发展改革委关于实施2018年推进新型城镇化建设重点任务的通知》
8	扩大职业院校面向农业转移人口的招生规模	《国家发展改革委关于印发〈2021年新型城镇化和城乡融合发展重点任务〉的通知》
9	在老城区推进以老旧小区、老旧厂区、老旧街区、城中村等"三区一村"改造为主要内容的城市更新行动	《国家发展改革委关于印发〈2021年新型城镇化和城乡融合发展重点任务〉的通知》

续表

	政策举措	纳入政策文件
10	以市场不能有效配置资源、需要政府支持引导的县城产业平台公共配套设施建设为抓手，完善智能标准生产设施、技术研发转化设施、检验检测认证设施、职业技能培训设施、仓储集散回收设施、便企政务服务设施	《国家发展改革委办公厅关于推进县城产业平台公共配套设施补短板强弱项的通知》
11	全面推进地方融资平台公司市场化转型，打造竞争力强的地方基础设施和公共服务投资运营主体	《国家发展改革委关于印发〈2019年新型城镇化建设重点任务〉的通知》
12	有条件市县可成立政策性风险补偿基金或担保公司，为借款人融资提供增信服务	《国家发展改革委　国家开发银行　中国农业发展银行　中国工商银行　中国农业银行　中国建设银行　中国光大银行关于信贷支持县城补短板强弱项的通知》
13	推动城市群及国家新型城镇化综合试点地区范围内符合条件的县和非县级政府驻地特大镇率先设市	《国家发展改革委关于实施2018年推进新型城镇化建设重点任务的通知》
14	稳妥调减收缩型城市市辖区，审慎研究调整收缩型县（市）	《国家发展改革委关于印发〈2020年新型城镇化建设和城乡融合发展重点任务〉的通知》
15	探索市辖经济功能区和行政区合署办公	《国家发展改革委关于实施2018年推进新型城镇化建设重点任务的通知》
16	允许特色小镇稳妥探索综合体项目整体立项、子项目灵活布局的可行做法	《国务院办公厅转发国家发展改革委关于促进特色小镇规范健康发展意见的通知》
17	建设农村产权流转交易平台	《国家发展改革委关于实施2018年推进新型城镇化建设重点任务的通知》
18	探索对增量宅基地实行集约有奖、对存量宅基地实行退出有偿	《中共中央　国务院关于建立健全城乡融合发展体制机制和政策体系的意见》
19	引导县级土地储备公司和融资平台公司参与相关农村产权流转及抵押	《国家发展改革委关于印发〈2020年新型城镇化建设和城乡融合发展重点任务〉的通知》
20	允许村集体在农民自愿前提下，依法把有偿收回的闲置宅基地、废弃的集体公益性建设用地转变为集体经营性建设用地入市	《中共中央　国务院关于建立健全城乡融合发展体制机制和政策体系的意见》
21	实现已入市集体土地与国有土地在资本市场同地同权	《中共中央　国务院关于建立健全城乡融合发展体制机制和政策体系的意见》

续表

	政策举措	纳入政策文件
22	推进集体经营性建设用地使用权和地上建筑物所有权房地一体、分割转让	《中共中央　国务院关于建立健全城乡融合发展体制机制和政策体系的意见》
23	依法合规开展农村集体经营性建设用地使用权、农民房屋财产权、集体林权抵押融资，以及承包地经营权、集体资产股权等担保融资	《中共中央　国务院关于建立健全城乡融合发展体制机制和政策体系的意见》
24	建立健全农业信贷担保体系，鼓励有条件有需求的地区按市场化方式设立担保机构	《中共中央　国务院关于建立健全城乡融合发展体制机制和政策体系的意见》
25	建立科研人员入乡兼职和离岗创业制度，探索其在涉农企业技术入股、兼职兼薪机制	《国家发展改革委关于印发〈2021年新型城镇化和城乡融合发展重点任务〉的通知》
26	鼓励各地制定人才加入乡村制度细则，允许入乡就业创业人员在原籍地或就业创业地落户并享有相关权益	《国家发展改革委关于印发〈2021年新型城镇化和城乡融合发展重点任务〉的通知》
27	引导规划、建筑、园林等设计人员入乡	《中共中央　国务院关于建立健全城乡融合发展体制机制和政策体系的意见》
28	引导工商资本入乡发展，培育一批城乡融合典型项目	《国家发展改革委关于印发〈2021年新型城镇化和城乡融合发展重点任务〉的通知》
29	推进实施城乡统筹的污水垃圾收集处理、城乡联结的冷链物流、城乡农贸市场一体化改造、城乡道路客运一体化发展、城乡公共文化设施一体化布局、市政供水供气供热向城郊村延伸、乡村旅游路产业路等城乡联动建设项目	《国家发展改革委关于印发〈2020年新型城镇化建设和城乡融合发展重点任务〉的通知》
30	加快发展城乡教育联合体和县域医共体	《国家发展改革委关于印发〈2020年新型城镇化建设和城乡融合发展重点任务〉的通知》

附表 2-2　同时废止的新型城镇化相关试点示范文件

	试点示范文件	试点示范期限
1	《国家发展改革委　中央编办　公安部　民政部　财政部　人力资源社会保障部　住房城乡建设部　农业部　人民银行　银监会　国家标准委关于开展国家新型城镇化综合试点工作的通知》	—

续表

	试点示范文件	试点示范期限
2	《国家发展改革委　中央编办　公安部　民政部　财政部　人力资源社会保障部　住房城乡建设部　农业部　人民银行　银监会　国家标准委关于印发国家新型城镇化综合试点方案的通知》	2014—2020年
3	《国家发展改革委关于扩大国家新型城镇化综合试点范围的通知》	—
4	《国家发展改革委　中央编办　公安部　民政部　财政部　人力资源社会保障部　国土资源部　住房城乡建设部　农业部　中国人民银行　中国银监会关于公布第二批国家新型城镇化综合试点地区名单的通知》	2015—2020年
5	《国家发展改革委办公厅关于开展第三批国家新型城镇化综合试点工作的通知》	—
6	《国家发展改革委　中央编办　公安部　民政部　财政部　人力资源社会保障部　国土资源部　住房城乡建设部　农业部　中国人民银行　中国银监会关于公布第三批国家新型城镇化综合试点地区名单的通知》	2016—2020年
7	《国家发展改革委关于设立贵州山地特色新型城镇化示范区有关问题的复函》	2015—2020年
8	《国家发展改革委关于设立镇江市生态城镇化示范区的批复》	2016—2020年
9	《国家发展改革委关于设立海盐县中欧城镇化合作示范区的复函》	2016—2020年
10	《国家发展改革委　国家开发银行关于推进开发性金融支持国家新型城镇化综合试点有关工作的通知》	—
11	《国家发展改革委　中国农业发展银行关于农业政策性金融支持国家新型城镇化综合试点有关工作的通知》	—
12	《国家发展改革委　中国农业银行关于加大支持国家新型城镇化综合试点的通知》	—
13	《国家发展改革委办公厅关于公布第一批全国发展改革试点小城镇的通知》	—
14	《国家发展改革委办公厅关于公布第二批全国发展改革试点小城镇名单的通知》	—
15	《国家发展改革委办公厅关于公布第三批全国发展改革试点城镇名单的通知》	—

第二篇

提高农业转移人口市民化质量的典型做法

第三章　推进农业转移人口落户城市

第一节　山东省济南市深入推进户籍制度改革

山东省济南市人民政府

济南市国土面积1.0万平方公里，2020年，常住人口城镇化率73.5%，城区常住人口588万人，地区生产总值1.0万亿元，一般公共预算收入906亿元。

一、必要性

济南市早期户籍制度对农业转移人口重点群体和外来普通劳动者，还存在落户条件偏高、普惠性不强问题。2020年取消城区落户限制，推动有能力在城镇稳定就业生活的常住人口市民化，为普通劳动者提供人人均等的落户机会，实现“愿落尽落、有处可落”，让其安心就业创业，有利于创造更加公平正义的社会环境，使广大人民共享改革发展成果。

二、主要做法

一是尊重落户意愿。凡有意愿来济南市就业居住生活的非户籍人口，均可申报登记常住户口。二是突出有序畅通。遵循居住地或工作地有序落户规则,提供“人才、在校大学生、居住、就业、亲属投靠和其他情形”六大途径,有合法产权房屋的在产权房屋处落户,无产权房屋的可选择在租赁住房处、单位集体户、社区集体户、人才集体户落户。三是彰显以人为本。扩大亲属投靠及随迁范围,允许在近亲属产权房屋处落户,探索实施证明事项告知承诺制。

三、主要成效

一是城市对人口的吸引力持续提升。户改首月,落户 1.5 万人,截至 2020 年年底落户 7.3 万人,人口集聚效应明显增强。二是迁入人口“年轻化”带来发展红利。18—50 岁青壮年 5.0 万人,占比 68%;18 岁以下 1.6 万人,占比 21%,城市人口年龄结构不断优化,为城市经济发展注入动能。三是迁入人口“高学历”巩固人才集聚优势。大专以上学历 2.2 万人,占比 30%,城市人口素质持续提升。

第二节 云南省昆明市深入推进户籍制度改革

云南省昆明市人民政府

昆明市国土面积 2.1 万平方公里,2020 年,常住人口城镇化率 79.7%,城区常住人口 534 万人,地区生产总值 6734 亿元,一般公共预算收入 651 亿元。

一、主要做法

一是 2020 年印发促进农业转移人口落户城镇文件,提出取消城区落户限制、实施以经常居住地登记户口的制度。二是提高各城区吸纳农业转移人口落户的积极性，年度财政预算及建设用地规模向吸引人口较多的城区倾斜，并按照常住人口配置教育、医疗等公共服务资源。

二、主要成效

昆明市城区人口集聚程度不断提高，2021 年前三季度，迁入昆明市城区的人口近 10 万人，城区户籍人口增至 587 万人，占常住人口的 70%。

第三节　黑龙江省哈尔滨市深入推进户籍制度改革

黑龙江省哈尔滨市人民政府

哈尔滨市国土面积 5.3 万平方公里，2020 年，常住人口城镇化率 70.6%，城区常住人口 550 万人，地区生产总值 5184 亿元，一般公共预算收入 340 亿元。

一、主要做法

一是深入推进户籍制度改革，2016 年起，放开了主城区二环以外区域落户限制，外来人口只要有合法稳定住所（含租赁）即可落户。二是加强对外来人口的城镇基本公共服务供给，全面梳理并逐步取消各种与户籍相挂钩的城镇基本公共服务差别化政策。

二、主要成效

哈尔滨市城区人口集聚程度得到提高，2010—2020 年，城区常住人口增加了 50 余万人。

第四节　重庆市深入推进户籍制度改革

重庆市发展改革委

重庆市国土面积8.2万平方公里,2020年,常住人口城镇化率69.5%,城区常住人口1634万人,地区生产总值2.5万亿元,一般公共预算收入2095亿元。

一、必要性

重庆市集大城市、大农村、大山区、大库区于一体,城乡居民收入差距仍然较大。亟须加快农业转移人口市民化,统筹推进户籍制度改革和城镇基本公共服务均等化。

二、主要做法

一是不设年度落户名额控制、不作积分排队,自2020年起,实行在主城区就业及参加社保满3年或投资创业满1年即可直接办理落户。二是在部分市辖区实行与主城区有差异的落户政策,取消永川区、璧山区等地区的就业年限要求。三是将具有高级工程师以上职称或相应职业技能等级人才纳入落户范围,允许其配偶、未成年子女、父母随迁落户。

三、主要成效

"十三五"期间,重庆市户籍人口城镇化率由45%提高到50%,城区新落户农业转移人口120余万人,其中45万人落户在主城区、33万人落户在新区,永川、璧山、江津等17个区县常住人口从净流出转变为净流入。

第五节　广东省深圳市深入推进户籍制度改革

广东省深圳市人民政府

深圳市国土面积1998平方公里，2020年，城区常住人口1744万人，地区生产总值2.8万亿元，一般公共预算收入3857亿元。

一、主要做法

一是完善积分入户政策。自2017年起，将稳定就业、稳定住所（含租赁）、诚信守法作为指标，不再将受教育程度、技术技能等作为约束指标。二是降低人才落户门槛。实行人才引进落户条件制，将学历型人才落户条件降至大专，将技术技能型人才落户条件降至“中专+中级职称”或紧缺急需工种高级工，对其他特殊人才设立“绿色通道”。三是实行更加人性化的投靠落户政策。将夫妻分居随迁政策的分居时间由3年减至2年，取消拥有多子女的老人投靠落户条件限制。

二、主要成效

2017年、2018年，深圳市城区户籍人口分别增加了50.2万、20.0万人。

第六节　安徽省合肥市深入推进户籍制度改革

安徽省合肥市人民政府

合肥市国土面积1.1万平方公里,2020年,常住人口城镇化率82.3%,城区常住人口378万人,地区生产总值1.0万亿元,一般公共预算收入763亿元。

一、主要做法

一是自2018年起,将城区落户条件放宽为就业满2年、参加城镇社保满1年,放宽随迁人员户口迁移限制,取消对高端人才和技能型人才落户的时限要求。二是分类设置单位集体户、学生集体户和社区集体户,保障租赁房屋人员可在就业地公共集体户登记落户。

二、主要成效

2013—2020年,合肥市户籍人口城镇化率从37.6%提高到55.2%,城乡居民收入比缩小至1.99。

第七节　广东省广州市深入推进户籍制度改革

广东省广州市人民政府

广州市国土面积7434平方公里,2020年,常住人口城镇化率86.2%,城区常住人口1488万人,地区生产总值2.5万亿元,一般公共预算收入1722亿元。

一、主要做法

一是自2020年起，在7个市辖区实施差别化落户政策，进一步降低学历门槛，允许符合条件的全日制大专学历直接落户，促进工匠实用型人才向新区郊区集聚。二是放开放宽重点群体落户限制，拓宽积分落户覆盖面。在年度落户计划中，对从事文化、体育、公安、消防、环卫、公共交通、教育、医疗卫生、养老、残疾人照料等工作的特殊技能人员及特殊艰苦行业一线从业人员，给予专项指标保障，并将托育照护、老人护理、殡仪服务、网格化服务等纳入特殊艰苦行业。三是为解决无产权住房等人员的落户地址问题，设立了约180个公共集体户。

二、主要成效

广州市人口规模较快增长，吸引了大量外来务工人员和大学毕业生等人群。“十三五”时期，9万余人积分落户，其中有4000名特殊技能人员和特殊艰苦行业一线从业人员。公共集体户兜底作用得到充分发挥，解决了10万人落户地址问题。

第八节　江苏省南京市深入推进户籍制度改革

江苏省南京市人民政府

南京市国土面积6587平方公里，2020年，常住人口城镇化率86.8%，城区常住人口791万人，地区生产总值1.5万亿元，一般公共预算收入1638亿元。

一、主要做法

2021年制定了浦口、六合、溧水、高淳四区落户政策暂行办法,除居住证和社保要求外,没有其他硬性落户要求,对申请人在江苏省内其他城市的社保年限实行累计认可。取消了南京市年度落户指标限制。

二、主要成效

2015年以来,每年迁入南京市城区的户籍人口均超过10万人,南京市城区户籍人口增至731万人。

第九节　广东省东莞市深入推进户籍制度改革

广东省东莞市人民政府

东莞市国土面积2460平方公里,2020年,常住人口城镇化率92.2%,城区常住人口956万人,地区生产总值9650亿元,一般公共预算收入695亿元。

一、主要做法

自2018年起,实行参加城镇社会保险满5年且办理居住证满5年即可落户的政策(简称为“两个5年”落户政策)。将新生代农民工、技术工人、在城镇就业居住5年以上人口列为落户重点人群。取消直系亲属投靠限制。

二、主要成效

2018年至今,东莞市城区户籍人口增加了65.2万人。其中,通过“两个5年”落户政策实现落户的达14.9万人。

第十节　四川省成都市深入推进户籍制度改革

四川省成都市人民政府

成都市国土面积 1.4 万平方公里，2020 年，常住人口城镇化率 74.4%，城区常住人口 1334 万人，地区生产总值 1.8 万亿元，一般公共预算收入 1520 亿元。

一、主要做法

一是引导积分落户向郊区新城转移。自 2020 年起，实施“居住引导、就业引导、落户区域引导”举措，常住人口就业地或居住地从主城区转移到其他区域的予以加分。二是创新积分申报方式。采用“随到随积”模式，常态化受理群众申报、公布积分结果、办理入户手续。

二、主要成效

成都市人口布局更加均衡，落户区域由高密度中心城区逐步转向相对低密度城区，郫都、双流、温江等市辖区吸纳较多人口落户，与此前集中在成华、青羊、金牛等中心城区的情况相比，出现较大改观。

第十一节　辽宁省鞍山市提高户籍迁移便利度

辽宁省鞍山市人民政府

鞍山市国土面积 9252 平方公里，2020 年，常住人口城镇化率 74.6%，城区常住人口146万人,地区生产总值1739亿元,一般公共预算收入157亿元。

一、主要做法

一是快速落实城区常住人口300万以下城市取消落户限制的要求,居民凭户口簿和居民身份证等材料,即可向落户地派出所申请落户,还可随迁配偶、子女、双方父母的户口。二是开通户籍业务“全城通办服务”,打通系统数据和技术壁垒,107个派出所全部开通户口申报、注销、迁入、迁出、变更等40项户籍服务。居民可到任一派出所户籍窗口办理户籍业务,解决了只能在户籍地或迁入地派出所办理户籍业务的限制。

二、主要成效

鞍山市申办户口方式更加多样、办理渠道更加广泛、流程更加简便。截至2021年11月,4000余名居民通过“全城通办服务”异地办理户籍业务。

第十二节　四川省泸州市为农业转移人口提供公共集体户口

四川省泸州市人民政府

泸州市国土面积1.2万平方公里,2020年,常住人口城镇化率50.2%,城区常住人口100万人,地区生产总值2157亿元,一般公共预算收入170亿元。

一、主要做法

对在城区有合法稳定住所和职业、生活有保障但无产权住房的常住人口,以乡镇(街道)为单位设立公共集体户口,制发家庭户口簿。同时,建立农业转移人口市民化建档立卡平台,加强对农业转移人口的信息化服务管理。

二、主要成效

截至2021年9月,在泸州市公共集体户口落户了10万余人,解决了一大批在城区就业生活但无房人员的落户问题。

第十三节　福建省晋江市为农业转移人口提供公共集体户口

福建省晋江市人民政府

晋江市国土面积649平方公里,2020年,常住人口城镇化率68.7%,城区常住人口101万人,地区生产总值2616亿元,一般公共预算收入139亿元。

一、主要做法

在各乡镇(街道)、村(社区)、规模以上企业,设立流动人口综合服务中心,形成覆盖市、镇、村、企的流动人口服务管理网络。在19个镇(街道)、397个村(社区)和300多家规模以上企业设立公共集体户口。

二、主要成效

截至2021年11月,5200多名有落户意愿但无产权住房的常住人口实现顺利落户。

第十四节　重庆市"人地挂钩"鼓励吸纳农业转移人口落户

重庆市发展改革委

重庆市国土面积8.2万平方公里,2020年,常住人口城镇化率69.5%,城区常住人口1634万人,地区生产总值2.5万亿元,一般公共预算收入2095亿元。

一、主要做法

一是健全城镇建设用地增加规模与吸纳农业转移人口落户数量挂钩机制,制定"人地挂钩"相关制度性文件,确保有章可循。二是部门协同推进,由发展改革和公安等部门对各区县常住人口数量进行核实,并根据各区县上一年度进城落户人口规模,协调推动安排进城落户人口相应的新增建设用地计划指标。

二、主要成效

截至2021年11月,重庆市发展新区获得"人地挂钩"建设用地指标超过75平方公里。其中,人口转移承接地区增配建设用地20平方公里,主城区新增建设用地计划指标近55平方公里。

第四章　加快城镇基本公共服务均等化

第一节　广东省深圳市将大部分义务教育学位提供给随迁子女

广东省深圳市人民政府

深圳市国土面积1998平方公里，2020年，城区常住人口1744万人，地区生产总值2.8万亿元，一般公共预算收入3857亿元。

一、主要做法

一是允许持有居住证、在深圳市连续居住且参加社保满1年的外来人口随迁子女在深圳市接受义务教育，实行免试就近入学和积分入学制度。二是对符合深圳市义务教育公办学校申请资格但未在公办学校就读的随迁子女，按照小学每人每年7000元、初中每人每年9000元的标准，发放民办学校义务教育学位补贴。

二、主要成效

截至2020年年底，深圳市外来人口随迁子女达86万人（其中在公办学校就读39万人),深圳市将59%的义务教育学位、41%的公办学位提供给了外来人口随迁子女。

第二节　浙江省义乌市向随迁子女扩大义务教育学位供给

浙江省义乌市人民政府

2020年,义乌市国土面积1105平方公里,市域常住人口186万人,常住人口城镇化率79.7%,地区生产总值1486亿元,一般公共预算收入106亿元。

一、主要做法

一是在城区不同区位建设中小学校,每年为外来人口随迁子女增加3000个义务教育阶段学位。二是建立随迁子女教育经费保障机制,将公办中小学校接收随迁子女就学的经费列入年度教育经费预算,由市财政统一安排。三是将符合条件的随迁子女全部安排在就近公办学校就读,规范程序、优化服务,实现招生入学全程网上办、报名入学"最多跑一次"。

二、主要成效

"十三五"期间,建成投用了27所中小学校,较好地满足了随迁子女在公办学校入学需求。

第三节　黑龙江省哈尔滨市帮扶随迁子女接受义务教育

黑龙江省哈尔滨市人民政府

2020年，哈尔滨市国土面积5.3万平方公里，常住人口城镇化率70.6%，城区常住人口550万人，地区生产总值5184亿元，一般公共预算收入340亿元。

一、主要做法

一是以流入地公办中小学校接收为主，按照相对就近原则安排随迁子女就学，做到就学无障碍、教育无区别、收费无差异。二是对家庭经济特别困难的随迁子女，每年给予助学金补助；部分学校成立学校助学基金，通过学校教职员工爱心捐助、社会爱心人士捐赠等方式筹措资金予以帮扶。三是允许随迁子女报考普通高中和职业高中。

二、主要成效

截至2021年7月，在哈尔滨市城区中小学校就读的随迁子女达5.7万名，占中小学校学生总数的14%，其中，小学和初中分别为3.2万名、2.5万名。

第四节　江苏省南通市海门区集团化办学促进义务教育均衡发展

江苏省南通市海门区人民政府

2020 年,海门区国土面积 1144 平方公里,辖区内常住人口 99 万人,常住人口城镇化率 63.9%,地区生产总值 1443 亿元,一般公共预算收入 74 亿元。

一、主要做法

一是对中小学校施行集团化管理,以 1 所城区学校带动 5 所左右镇乡村学校的模式,组建 5 个初中教育、7 个小学教育管理集团。二是海门区教育部门将人事裁量权下放至集团,拨付活动经费,实现集团组织到位、人员到位、经费到位。二是建立"抱团发展"的集团管理机制,在集团内统一管理制度、统一干部任免、统一师资配备、统一教学计划、统一质量要求、统一考核奖惩,实行教师编制独立、学籍管理独立、财务记账独立。

二、主要成效

"十三五"期间,实现校长和教师流动 2800 多人次,其中骨干教师流动近 600 人次,有力地促进了师资队伍均衡配置和有序流动。

第五节　湖北省武汉市随迁子女与户籍子女义务教育一视同仁

湖北省武汉市人民政府

2020年，武汉市国土面积8569平方公里，常住人口城镇化率84.3%，城区常住人口995万人，地区生产总值1.6万亿元，一般公共预算收入1230亿元。

一、主要做法

一是将随迁子女人数纳入武汉市适龄中小学生基数，按相同标准开展招生、教育经费划拨、基础教育设施建设等安排。二是加大学位供给力度，支持接收农民工随迁子女学校建设。三是将随迁子女列入财政经费保障范围，按户籍子女标准提供财政经费保障，家庭经济困难的随迁子女与户籍子女同等享受"两免一补"政策。四是实行学籍动态管理，只要班级有学位、学生符合入学条件，允许随时插班。五是统一教学管理、活动安排和考核评价，对随迁子女与户籍子女一视同仁。六是探索"异地高考"，允许在武汉市就读且取得学籍满3年的随迁子女在湖北省参加高考。

二、主要成效

2020年，武汉市中小学生人均公用经费标准超出国家标准800元，基本实现了随迁子女"进得来""读得起"，与户籍子女享受同等待遇；随迁子女接受义务教育人数近14万人，其中在公办学校就读的比例超过97%。

第六节　福建省晋江市向随迁子女免费提供普通高中教育

福建省晋江市人民政府

2020年,晋江市国土面积649平方公里,市域常住人口206万人,常住人口城镇化率68.7%,地区生产总值2616亿元,一般公共预算收入139亿元。

一、必要性

近年来,外来人口随迁子女在晋江市高中就读的人数不断增加,2021年增至1.5万余人。对随迁子女实施普通高中教育免学费政策,有利于降低外来人口工作生活压力,显著增强其获得感、幸福感、安全感。

二、主要做法

一是优化教育资源配置,发展综合高中,促进普职融通,为随迁子女提供更多选择;扶持民办教育,多渠道扩大学位供给;优化学校布局,办好乡镇高中,促进随迁子女就近便利入学。二是拓宽教育经费筹措渠道,通过税费减免政策,引导社会力量加大资金投入。

三、主要成效

晋江市高中阶段毛入学率大幅提升,本科上线率从2017年的26%提高到2021年的78%。

第七节　山东省诸城市优化城镇医疗卫生服务

山东省诸城市人民政府

2020年,诸城市国土面积2151平方公里,市域常住人口108万人,常住人口城镇化率63.2%,地区生产总值653亿元,一般公共预算收入61亿元。

一、主要做法

一是建立以1家三级乙等综合医院为龙头,1家三级甲等中医院、1家三级乙等妇幼保健机构、1家疾控中心为支撑,8家二级医院、40家一级医院为枢纽,800多家社区卫生服务机构、综合门诊部等为网底,公立民营互为补充的医疗卫生服务体系。二是实行多元化投入,安排财政资金1.0亿元、地方政府专项债券资金10.6亿元、抗疫特别国债资金0.6亿元,争取中央预算内投资0.2亿元。

二、主要成效

2020年,诸城市域内就诊率达98%,建立城乡居民电子健康档案90万份,家庭医生签约43万人。

第八节　福建省上杭县以公建民营方式发展普惠养老

福建省上杭县人民政府

2020年,上杭县国土面积2855平方公里,县域常住人口38万人,常住人口城镇化率51.5%,地区生产总值432亿元,一般公共预算收入28亿元。

一、必要性

上杭县基本养老服务供给存在较多短板,乡镇敬老院管理服务水平不高,难以满足正常养老需要;县城民办养老机构收费较高,普通家庭难以负担。

二、主要做法

一是实行社会化连锁经营,将17个乡镇敬老院统一打包,公开招标确定承包运营方,要求承包运营方须提供不少于50%的床位用于公益需要。二是合理确定养老服务价格,统筹考虑财政收支、民办养老机构收费标准及周边市县养老机构收费标准,设定养老服务价格浮动上限;由财政兜底,解决政府集中供养特困人员救助标准与实际价格间的差价。

三、主要成效

上杭县养老服务质量明显提升,显著提高了在院老年人的幸福指数,收住对象由原政府集中供养特困人员向普通老年群体扩大。2021年11月,17所乡镇敬老院入住老年人490名,其中失能老人360人,床位使用率提高到70%。

第九节　重庆市提供大规模公共租赁住房

重庆市发展改革委

2020年,重庆市国土面积8.2万平方公里,常住人口城镇化率69.5%,城区常住人口1634万人,地区生产总值2.5万亿元,一般公共预算收入2095亿元。

一、主要做法

一是按照“均衡布局、交通方便、配套完善、环境宜居”思路,在主城区公租房选址时,须邻近交通站点,并按1∶3比例与周边商品房“插花式”分布,力争使公租房小区品质与周边商品房小区品质基本一致。二是在公租房分配过程中,不设户籍要求,重点保障在主城区有稳定工作的住房困难家庭、外来务工的无住房人员、大中专院校毕业的新就业无住房人员。

二、主要成效

截至2021年11月,重庆市分配公租房55万户,保障了住房困难人员140余万人。

第十节　黑龙江省哈尔滨市支持农业转移人口缴存住房公积金

黑龙江省哈尔滨市人民政府

2020年,哈尔滨市国土面积5.3万平方公里,常住人口城镇化率

70.6%,城区常住人口550万人,地区生产总值5184亿元,一般公共预算收入340亿元。

一、必要性

随着哈尔滨市建筑业、旅游业和互联网行业快速发展,大量农民工和灵活就业者等进入城区就业生活,亟须缓解其居住难的问题。

二、主要做法

一是为农民工、个体工商户、自由职业者等灵活就业人员提供住房公积金缴存通道,社保开户后即可申请建立住房公积金账户。二是将获得住房公积金贷款资格时间,从连续缴存24个月减至12个月,使这些人群能够更快享受到住房公积金相对较低的贷款利率。

三、主要成效

截至2021年8月末,哈尔滨市共为个体工商户、灵活就业者等重点外来人群6700余人建立公积金账户,累计缴存住房公积金1.6亿元;为近1700个家庭发放住房公积金贷款,贷款总额5.6亿元。

第十一节　安徽省芜湖市支持农业转移人口缴存住房公积金

安徽省芜湖市人民政府

2020年,芜湖市国土面积6026平方公里,常住人口城镇化率72.3%,城区常住人口132万人,地区生产总值3753亿元,一般公共预算收入331亿元。

一、主要做法

一是扩大缴存范围，符合条件的农业转移人口均可申请缴存住房公积金。二是实行灵活缴存方式，农业转移人口可本人或通过务工单位缴存住房公积金。三是配套提供组合贷款，若住房公积金贷款不足以支付购房款，可申请组合贷款。四是实行财政贴息，缴存人申请购房贷款可享受购房所在区县政府的财政贴息。五是严格控制风险，购房所在区县政府按照一定比例建立贷款风险准备金，协助做好逾期贷款催收等工作。

二、主要成效

截至 2021 年 8 月，农业转移人口缴存住房公积金的人数近 6000 人、金额 4 亿余元；发放购房贷款近 10 亿元，4000 多户家庭通过财政贴息政策购买住房，节省利息近 1000 万元，有效地满足了农业转移人口居住需求。

第十二节　四川省眉山市支持农业转移人口缴存住房公积金

四川省眉山市人民政府

2020 年，眉山市国土面积 7186 平方公里，市域常住人口 296 万人，常住人口城镇化率 50.1%，地区生产总值 1424 亿元，一般公共预算收入 122 亿元。

一、主要做法

一是出台鼓励引导农业转移人口购房落户的制度细则，施行农业转移人口住房公积金制度。二是将有进城购房愿望的农业转移人口（男未满 60 周岁、女未满 50 周岁），全部纳入住房公积金制度覆盖范围，缴存 6 个月以上,即可在购房时申请住房公积金贷款。

二、主要成效

截至2021年9月,为近5000户农业转移人口发放住房公积金贷款近12亿元,节约利息2.4亿元,农业转移人口居住成本明显降低。

第十三节　贵州省向易地扶贫搬迁人口提供城镇基本公共服务

贵州省发展改革委

2020年,贵州省国土面积17.6万平方公里,省域常住人口3856万人,常住人口城镇化率53.2%,地区生产总值1.8万亿元,一般公共预算收入1787亿元。

一、必要性

贵州省易地扶贫搬迁人口多达190万人,其中绝大部分须搬迁至城镇。亟须增强城镇基本公共服务供给,解决易地扶贫搬迁人口上学、看病和住房等民生问题。

二、主要做法

一是建成易地扶贫搬迁安置点949个、住房近47万套,实现182万易地扶贫搬迁人口在城镇集中安置。二是在各安置点周边,新改扩建近700个配套义务教育项目,解决了38万易地扶贫搬迁人口的子女就学问题。三是为易地扶贫搬迁人口做好社保参保衔接,实现基本医疗保险和养老保险全覆盖。

三、主要成效

“十三五”期间，贵州省通过推动易地扶贫搬迁人口向城镇转移，并增强城镇基本公共服务供给，新增了近200万新市民，常住人口城镇化率提高了约5个百分点。

第十四节　江苏省推行居住证在全省范围内“一证通用”

江苏省发展改革委

2020年，江苏省国土面积10.7万平方公里，省域常住人口8475万人，常住人口城镇化率73.4%，地区生产总值10.3万亿元，一般公共预算收入8909亿元。

一、必要性

江苏省特别是苏南地区农业转移人口规模较大、流动性较强，以居住证为载体提供城镇基本公共服务、推动居住证在省域内通用，有利于保障农业转移人口享有更充分、更便捷的城镇基本公共服务。

二、主要做法

一是制定覆盖10个领域、86个项目的基本公共服务清单，保障居住证持有人在居住地享有各项权利，鼓励各市县进一步拓展居住证服务内容、增加居住证“含金量”。二是实行居住证在省域内“一证通用”，13个设区的市先后制定实施办法,实现居住证制度全覆盖、居住证申换补领免费。

三、主要成效

截至2021年11月,制发居住证3000余万张,涵盖务工、就学、投资经商、探亲访友、投靠亲属、随迁子女等各类群体,居住证持有人与户籍人口享有城镇基本公共服务的差距持续缩小。

第十五节　广东省佛山市南海区鼓励外来常住人口进入村(社区)“两委”

广东省佛山市南海区人民政府

2020年,南海区国土面积1072平方公里,辖区内常住人口367万人,常住人口城镇化率95.2%,地区生产总值3178亿元,一般公共预算收入248亿元。

一、必要性

南海区户籍人口与非户籍外来常住人口比例“倒挂”,基层社会治理难度日益增加,全部由户籍干部组成的村(社区)“两委”,在管理上面临融入群众难、信息不对称等问题。鼓励非户籍人口进入村(社区)“两委”,有利于优化“两委”人员结构,拓宽外来常住人口参与基层治理渠道,完善社会基层治理体系。

二、主要做法

一是把好非户籍委员入口关,把思想政治素质作为人选考察的第一因素，通过与候选人原户籍地对接、开展部门联审、“一对一”沟通等方式进行考察。二是完善配套制度，制定村（社区）“两委”非户籍委员工作职责、管理、待遇等细则。三是定期开展专题培训，加强党性教育、乡情教育和纪律教育，重点提高非户籍委员在公共服务、群众工作和基层党建等方面能力。

三、主要成效

一是非户籍人员更多参与基层治理，近4000名非户籍党员纳入属地化管理，近50名非户籍党员骨干担任村（社区）党组织兼职委员，800多名非户籍人员进入群团组织。二是“两委”人员结构得到优化，非户籍委员大多从事过企业管理、社会组织、教育文化等工作，综合能力较强，平均年龄35岁。

第十六节　吉林省公主岭市范家屯镇设立社区公共服务中心

吉林省公主岭市人民政府

2020年，范家屯镇国土面积172平方公里，镇域常住人口14万人，常住人口城镇化率77.7%，地区生产总值174亿元，一般公共预算收入6亿元。

一、必要性

范家屯镇常住人口持续增加，社会管理、维护稳定、提供服务任务越来越重，工作人员不够、权责界限不清、局部管理空白等问题日益突出。

二、主要做法

一是将原有5个社区居委会调整优化为12个社区居委会，充实管理服务人员,由 25 人增至 84 人,平均年龄 39 岁,大专以上学历人员占比达 95%,将管理经费直接下拨到社区。二是每个社区设立一个公共服务中心,设立集公共卫生、社会保障、法律服务等于一体的“一站式”服务大厅。

三、主要成效

范家屯镇群众反映强烈的基本民生问题得到更好更及时的解决,社区公共服务中心几年来为群众解决各类问题近千件。政策传递执行反馈更加畅通,各项工作通知可直达社区,群众诉求也可通过社区直接反馈到主管部门。

第五章　提升农业转移人口融入城市能力

第一节　北京市延庆区结合重大赛事开展职业技能培训

北京市延庆区人民政府

2020年，延庆区国土面积1994平方公里，辖区内常住人口35万人，常住人口城镇化率59.5%，地区生产总值195亿元，一般公共预算收入23亿元。

一、必要性

延庆区是2019年北京世界园艺博览会举办地、北京2022年冬奥会和冬残奥会三大赛区之一。为推动冬奥会延庆赛区、世园会园区场馆等项目落地与农业转移人口就近城镇化相结合，2018年5月启动了“服务冬奥世园、促进绿色发展”培训行动，提高城乡各类劳动者职业技能和综合素质。

二、主要做法

一是聚焦培训就业建立工作机制，在发挥本地培训机构优势的基础上，面向国内外公开招募100多家合作培训机构，建立培训就业一体化工作机制。二是聚焦重点领域精准培训,围绕服务保障冬奥会、世园会及劳动力就业实际需求,制作培训工种菜单供自主选择,将延庆镇、康庄镇、张山营镇等作为重点区域,联合有关企业开展精准"订单式"培训。三是聚焦新职业(工种)制定培训标准,率先探索制定无人机驾驶员等83个新职业(工种)的培训标准和补贴标准,促进劳动力在新兴行业内就业增收。

三、主要成效

构建起"政府发单、群众点单、机构接单、企业收单"全培训链,保障了冬奥会和世园会用工需求。截至2021年11月,围绕餐饮、交通等冬奥会和世园会保障领域,以及滑雪志愿者、应急救护志愿者、滑雪教练员、无人机驾驶员等职业,开展各类培训9.7万人次,培训后就业7000人。

第二节　河北省涉县在农民家门口开展职业技能培训

河北省涉县人民政府

2020年,涉县国土面积1499平方公里,县域常住人口38万人,常住人口城镇化率63.2%,地区生产总值173亿元,一般公共预算收入15亿元。

一、主要做法

一是送教下乡,尽可能把教学场所设立在农民家门口,确保有培训意愿的农民就地就近参加培训,保障其学技、顾家"两不误"。二是健全体系,增加培训机构和专兼职教师,扩充培训工种,形成以涉县职教中心为龙头、民办培训机构为补充的培训体系。三是灵活培训,通过"线上培训与线下培训相结合、校内培训与送技下乡相结合、长班培训与短班培训相结合、单独培训与联合培训相结合、集中培训与分散学习相结合”等方式，为农民培训创造便利条件。

二、主要成效

截至2021年11月，涉县在农民家门口办班数占办班总数的70%以上，80%以上的学员能够全程参加培训；完成培训0.6万人次，90%以上的学员通过鉴定取得职业资格证书，学员就业率超过30%；常年在外务工人员达6万余人，年均劳务收入超过12亿元。

第三节　吉林省梅河口市校企联动开展职业技能培训

吉林省梅河口市人民政府

2020年，梅河口市国土面积2179平方公里，市域常住人口70万人，常住人口城镇化率60%，地区生产总值217亿元，一般公共预算收入20亿元。

一、主要做法

一是建立政府部门、乡镇（街道）、职业技能培训机构联动模式，政府部门牵头管理，乡镇（街道）组织监督，职业技能培训机构具体实施。二是鼓励大型企业与技工院校、职业院校等职业技能培训机构合作，推行“招工即招生、入企即入校、企校双师联合培养”的新型学徒制培训。

二、主要成效

依托11家职业技能培训机构，开展了育婴员、养老护理员、电工、烘焙工、营养配餐员等160期培训,培训农业转移人口超过1万人次;依托大型企业,开展了在岗职工培训4000多人次。

第四节　贵州省清镇市开展大规模职业教育

贵州省清镇市人民政府

2020年,清镇市国土面积1383平方公里,市域常住人口63万人,常住人口城镇化率55.7%,地区生产总值281亿元,一般公共预算收入19亿元。

一、主要做法

一是扩大职业院校面向农业转移人口的招生规模,建立精准招生、培养、就业的订单化培育方式,构建"职教—实训(培训)—就业(创业)"的服务体系。二是通过"引企入校""引校进企""前店后校"等方式,与100余家大型企业开展校企合作,提高职业院校课程设置与市场需求的契合度。三是鼓励职业院校开展农村富余劳动力转移培训。

二、主要成效

截至2021年11月,清镇市建成职业院校19所、开设专业300多个,在校师生近15万人,每年为贵州省各产业园区和大型企业培养输送职业技能人才3万余人。

第五节　广西壮族自治区荔浦市加强农民工就业公共服务

广西壮族自治区荔浦市人民政府

2020年,荔浦市国土面积1759平方公里,市域常住人口33万人,常住人口城镇化率43.9%,地区生产总值149亿元,一般公共预算收入5亿元。

一、主要做法

一是建立农民工就业需求数据库、企业用工需求清单,全面掌握农村富余劳动力信息和企业用工需求。二是与职业院校及大型企业合作,聘请职业院校教师及企业技术管理人员担任创业讲师和职业辅导员。三是对农民工创业贷款提供担保,施行房租水电补贴、企业新招录人员社保补贴、员工培训费用补贴、税费减免等扶持政策。

二、主要成效

2020年,荔浦市为农民工推送了15万余条招聘信息,联合企业培训合格技工近3000人,直接为1100多名农民提供了就业岗位,协助为农民工提供创业贷款2600余万元。

第三篇

完善城镇化
空间布局的典型做法

第六章　促进城市群一体化发展

第一节　成渝地区双城经济圈建设取得新进展

重庆市发展改革委　四川省发展改革委

国家发展改革委会同重庆市、四川省和国务院有关部门，扎实实施《成渝地区双城经济圈建设规划纲要》，各项工作进展顺利、势头良好。川渝合作共建 67 个重大项目开工了 64 个，完成投资 1867 亿元，重点领域和重点区域一体化发展步伐加快，取得了一批阶段性成果。

一、交通互联互通加力提速

成渝中线高铁作为重庆、成都双城发展主轴上的“大动脉”，2021 年 8 月获国家发展改革委批复、9 月启动建设。渝西高铁前期工作有序推进，成都至达州至万州铁路、渝昆高铁项目完成投资近 100 亿元，成渝双城直达动车客运班列日均运行超过 200 列次。成都天府国际机场高质量建成投运，2021 年 6 月成功首飞，助推开启“两场一体”运营新时代。重庆新机场选址初步明确，成渝地区“干支结合”机场布局进一步优化。成渝、成遂渝、成安渝、成资渝 4 条双城直连高速通道全部形成，成渝高速扩容、遂渝高速扩容、渝邻高速扩容前期工作加快推进，川渝省际高速公路通道达 13 条。川渝合资共建港口万州新田港二期工程开工，助力完善川东北出海通道。

二、现代产业体系加快构建

两省市政府共同印发成渝双城经济圈汽车产业高质量协同发展、电子信息产业高质量协同发展实施方案,引导汽车、电子信息两大主导产业错位发展。成渝地区工业互联网一体化发展示范区建设工作方案获得批复,共建全国一体化算力网络成渝国家枢纽节点。联合选定20个产业园区作为首批产业合作示范园区,遂潼环氧乙烷产业合作园、遂潼天然气产业园等建成投产。国家级重庆(荣昌)生猪大数据中心自贡运营中心挂牌成立,重庆市猪八戒知识产权大数据服务运营中心项目公共服务平台建成。渝威国际农批冷链项目一期工程、华蓥高兴站货场、潼安特色农业产业项目基本建成。成渝双城经济圈发展基金完成战略性新兴产业投资40亿元。共同举办成渝双城经济圈全球投资推介活动,面向100余家中外知名企业、协会商会和机构推介投资项目。

三、协同创新能力稳步提升

推动以"一城多园"模式高标准共建西部科学城,共建具有全国影响力的科技创新中心,2021年举办重大项目集中开工活动。北京大学重庆大数据研究院、中科院成都天府新区科技创新交叉研究平台、中国(绵阳)科技城激光产业基地等40个重大项目投资1055亿元。川渝科技资源共享服务平台建成上线,电子科技大学重庆微电子产业技术研究院、长江上游种质创制大科学中心等项目加快推进。联合实施2021年川渝重点研发项目,集中发布41项产学研创新成果。

四、生态环境保护扎实推进

联合编制"六江"(长江、嘉陵江、乌江、岷江、沱江、涪江)生态廊道建设规划,协商划定两省市生态保护红线,推进"两岸青山·千里林带"生态治理,筑牢长江上游重要生态屏障。重庆市广阳岛片区开展长江经济带绿色发展示范，大熊猫国家公园及龙泉山城市森林公园等建设有序推进。制定琼江流域水生态环境保护川渝联防联治三年行动计划，共同开展跨界河流联防联治现场会及联合暗访、大气污染防控交流等活动，建立联手打击整治破坏环境保护违法犯罪的协作机制。实施成渝双城经济圈“无废城市”共建，创立危险废弃物跨省市转移“白名单”制度，提高审批效率、实现资源共享。成立生态环境联合执法协调小组，开展跨界联合执法。

五、改革开放持续拓展深化

两省市以川渝毗邻地区一体化高质量发展为突破，积极探索经济区与行政区适度分离的制度改革。联合印发川渝高竹新区总体方案，探索建立“存量各自分享、增量五五分成”的合作共建机制。全面落实政务服务川渝通办事项清单，推动跨省通办事项线上“全网通办”或线下“异地可办”，截至 2021 年 9 月底，实现 206 项事项川渝通办，办件量超过 390 万件，日均办理 1.5 万件。建立两省市市场准入异地同标、市场监管案件线索移送等机制，开设“两江天府合作办事窗口”，实现异地申办营业执照、“红黑名单”互认。共同制定川渝自由贸易试验区协同开放示范区总体方案。2021 年 1—8 月，重庆、成都西部陆海新通道铁海联运班列开行 1737 列，东盟公路班车开行 1665 车次，中欧班列（成渝）开行 3595 列，促进成渝地区从内陆腹地向门户枢纽和开放高地加快转变。

六、公共服务共建共享多点突破

联合开展交通通信、就业社保、医疗卫生等六大便捷生活行动，实施 16 项便民举措，让公共服务有温度、政策保障有力度。所有市、区、县实现户口迁移迁入地“一站式”办理。截至 2021 年 9 月，3500 家定点医疗机构实现住院费用跨省直接结算，2.5 万家医疗机构实现普通门诊费用跨省直接结算，两省市医保参保人员住院 11 万人次，门诊就医购药跨省直接结算达 62 万人次。住房公积金异地转移接续要件简化为 1 张表，办理时间从 1 个月缩短至3个工作日以内。成渝城际动车日均开行78.5对、发送8.6万人,重庆、成都区主城公共交通实现“一卡通”“一码通乘”。共同印发川渝跨界毗邻地区“120”应急救援服务范围、川渝两地卫生技术人才“双百”项目等实施方案。共同举办首届川渝住房城乡建设博览会、首届川渝妇幼健康事业高质量发展论坛等活动。

七、重点区域交流合作日益密切

两省市党委、政府联合出台《加强重庆成都双核联动引领带动成渝地区双城经济圈建设行动方案》,加强重庆市主城区和成都市双核联动发展。以毗邻地区联动发展为突破口,一体谋划和推动建设万(州)达(州)开(州)川渝统筹发展示范区、川南渝西融合发展试验区及川渝高竹新区、遂(宁)潼(南)一体化发展先行区等区域合作共建功能平台。两批次选派超过100名优秀年轻干部到两省市职能部门、重要开放平台、重点合作市县挂职交流,推动两省市职能部门和市县建立密切合作机制。

第二节　长江中游城市群建设取得新进展

湖北省发展改革委　湖南省发展改革委　江西省发展改革委

长江中游城市群包括湖北省、湖南省、江西省部分市县,承东启西、连南接北,是推动长江经济带发展、促进中部地区崛起、巩固“两横三纵”城镇化战略格局的重要区域,在我国经济社会发展格局中具有重要地位。

一、主要成效

2015年《长江中游城市群发展规划》实施以来,省际协商合作机制、省会城市会商机制不断健全,产业协作、污染共治、公共服务共享等取得积极进展，城市群经济增速位居全国前列，发展动能持续增强，综合实力显著提升。2020 年常住人口超过 1.3 亿人，地区生产总值达 9.4 万亿元、占全国的 9.3%，对国民经济发展的支撑带动作用大幅提升。一是空间格局逐步优化。武汉、长沙、南昌等城市综合实力和发展能级不断提升，都市圈形态初步显现，武汉都市圈同城化发展格局加快形成，同城化发展办公室挂牌运行；长株潭都市圈同城化建设加快推进，竞争力和经济实力显著增强；南昌都市圈加快培育。省会城市合作及毗邻地区合作持续加强，洞庭湖生态经济区布局推进生态环保、现代农业和新能源等领域绿色技术创新，助推洞庭湖生态环境改善；龙（山）（来）凤经济协作示范区、“通平修”次区域合作示范区等建设开局起步。二是综合立体交通运输网基本形成。沿江高铁项目前期工作正在加速推进，铁路网总规模突破 1 万公里，建成以武汉市、长沙市、南昌市为中心的“三角形、放射状”城际交通网络，实现省会城市之间 2 小时、省会城市与周边城市之间 1—2 小时通达。高速公路网主骨架全面形成，省际公路联网工程稳步实施，长江中游三省公路总里程超过 73 万公里。三省合计港口吞吐量近 7 亿吨，武汉长江中游航运中心建设取得积极进展，一批航道整治工程加快推进。武汉市、长沙市、南昌市全国综合交通枢纽功能增强。三是产业基础不断夯实。形成了以装备制造、汽车航空、有色冶金、石油化工、生物医药、电子信息等产业集群。三省围绕承接产业转移、优化产业布局，加强统筹谋划和产业协作，着力提升区域产业整体竞争力。各类创新载体创新能力持续增强，科技创新成果持续涌现，创新链、产业链加快融合。四是绿色发展起势见效。长江协同治理、国家生态文明试验区和“两型”社会建设取得明显成效，环境基础设施逐步完善，污水处理厂集中处理率、生活垃圾无害化处理率高于长江经济带平均水平，单位 GDP 用电量低于长江经济带平均水平，生态环境质量总体改善。三省政府共同签署长江中游湖泊湿地保护与生态修复联合宣言，合力抓好湖泊湿地管理保护、生态修复和科学利用。环保部门签订跨界环境污染纠纷处置和应急联动框架协议，水利部门初步建立水利执法合作机制、水事纠纷调处合作机制。五是对外开放格局稳步优化。对外开放水平进一步提高，自由贸易试验区、全国内陆开放型经济试验区等开放平台集成效应初步发挥，与东盟等共建

“一带一路”国家和地区经贸合作日益密切。湖北自贸区总体方案170项改革试验任务实施率达100%，21项制度创新成果在全国推广，新增企业超过6万家。湖南自贸区总体方案和实施方案加快落实，一年新设企业6000家，2021年1—8月对非洲进出口额达249亿元、同比增长44%。江西内陆开放型经济试验区探索“赣深组合港”运营模式，实现“跨关区、跨陆海港”通关，实施促进跨境贸易便利化24项改革创新措施，通关效率稳居全国前列。

二、存在问题

长江中游城市群整体实力和一体化发展水平与沿海发达地区相比仍存在不小差距。一是综合实力有待提升。人均GDP分别仅为长三角和粤港澳大湾区的57%、53%，每万人发明专利拥有量分别仅为长三角和粤港澳大湾区的60%、40%。2020年年底常住人口城镇化率为63.3%，仍低于全国平均水平。开放水平有待提高，平台枢纽联动效应有待发挥，在全国进出口额前20名的综合保税区中，长江中游城市群仅有1个。二是中心城市辐射带动作用总体不强。与东部地区三大城市群不同，长江中游城市群主要城市仍处于集聚大于辐射的阶段，对周边城市的“虹吸效应”较强，如武汉都市圈除武汉市外的8市经济总量之和不到武汉市的70%。医疗卫生、教育文化等优质公共服务资源布局集中在省会城市，次级城市公共服务能力存在级差，如南昌市三甲医院有18家，与之相邻、常住人口超过其60%的抚州市三甲医院仅有1家。从城际人员联系强度看，武汉市与周边城际铁路日均运输量仅为1.3万人次，与广佛城际的60万人次差距明显。三是创新水平和产业协同程度不高。尽管城市群高等教育和科技研发资源不少，但高端科研机构与创新平台不足，研发经费投入占GDP比重仅为1.8%，其中企业研发经费占比不足一半。2020年中国制造业500强企业中，城市群入围企业不足5%；中国民营企业500强中，城市群入围企业仅29家，不到浙江的1/3。沿江产业结构不优、重化企业密布，转型升级任务依然艰巨，“腾笼换鸟”仍需久久为功。城市群内电子信息、装备制造、汽车等支柱产业尚未形成上下游较为完备、相互间密切协作的产业链。四是生态环境短板仍未补齐。在共抓大保护理念的统领下，针对长江生态环境突出问题的全面排查和系统治理取得明显成效，但生态环境治理任务依然严峻，污染治理、生态修复、资源保护等问题矛盾交织，环境风险仍然突出。据生态环境部监测数据，2020 年 1—9 月，湖北省有 2 个断面水质严重恶化，湖南省部分饮用水水源地出现水质不达标情况。五是一体化发展机制有待健全。省际协商协调机制虽已建立，但模式较为松散，针对城市群发展事项的专项机制尚未做到常态化、制度化，落实重大决策、推进重大项目的功能还不完善。省际合作覆盖领域相对较少，除产业园区共建等个别领域外，尚未在跨界环境共治等合作领域建立起有效的利益共享和成本共担机制，统一市场建设总体滞后，推动一体化发展的内生动力不强。

三、下一步考虑

优化提升长江中游城市群，有利于优化我国城镇化空间布局、全面推动长江经济带发展、开创中部地区崛起新局面。“十四五”时期，要按照《中华人民共和国国民经济和社会发展第十四个五年规划和 2035 年远景目标纲要》关于推动长江中游城市群协同发展的要求，健全协商合作机制，强化中心城市辐射带动功能，加快补齐短板弱项，努力提高发展质量。一是聚焦先进制造和科技创新，提升改革开放水平。增强科技创新策源功能，引导劳动力要素合理畅通、有序流动，深化要素市场化配置改革，加快发展技术要素市场、培育数据要素市场，推进各类产业分工协作、互利共赢，加快培育具有国际竞争力的先进制造业集群和科技创新高地，积极服务和融入新发展格局。更好发挥承东启西、连南接北的区位优势，加快建设现代化基础设施体系和现代流通体系，构建畅通国内大循环的重要空间枢纽。二是依托省会城市培育发展都市圈，优化城市群空间格局。推动武汉、长沙、南昌等城市加快转变发展理念，形成内涵提升型发展方式，优化城市空间结构，合理降低中心城区人口密度。鼓励中心城市辐射带动周边中小城市，培育形成现代化都市圈。依托京广通道推动武汉都市圈、长株潭都市圈协同发展，依托沿江—京九通道推动武汉都市圈、南昌都市圈互动发展,依托沪昆通道推动长株潭都市圈、南昌都市圈联动发展。支持有关省份提升大中城市功能品质,加快推进县城补短板强弱项,构筑城市间生态和安全屏障,形成多中心、多层级、多节点的网络型城市群格局。三是强化交通基础设施先导作用,提高城际互联互通程度。完善通达外部的干线铁路和服务内部的城际铁路网络,重点贯通成都、重庆至上海沿江高铁、厦渝高铁、呼南高铁等干线铁路,构建多向立体的综合交通运输大通道。优化多层次轨道交通体系,提升城际铁路运营效益,支持利用既有铁路富余能力开行市域(郊)列车。强化国道省道干线跨省路段提质改造,实施打通省际市际待贯通路段专项行动。加强武汉长江中游航运中心建设,促进其他沿江港口协同发展。提升武汉市、长沙市、南昌市区域航空枢纽功能,完善国际航线网络,建设鄂州市专业性货运枢纽机场。四是统筹推进长江生态环境保护,促进实现绿色发展。着眼生态系统整体性和长江流域系统性,以幕阜山和罗霄山为主体打造城市群"绿心",强化鄱阳湖和洞庭湖保护,深化长江及汉江、湘江、赣江治理,筑牢大别山、大巴山、雪峰山、怀玉山、武夷山生态屏障。加强生态环境联防联控,完善突出问题整改常态化机制,扎实推进污染治理工程,实施好长江十年禁渔。制定负面清单,有序推进落后污染产能退出。深化研究生态产品价值实现机制,积极探索长江干流横向生态补偿机制,畅通绿水青山转化为金山银山的通道。积极落实碳达峰碳中和目标,促进经济社会发展全面绿色低碳转型,实现人与自然和谐共生。五是健全协同发展机制,提升城市群一体化发展水平。支持长江中游城市群有关省份及市县健全多层次常态化协商合作机制,完善党政负责人定期会商机制,研究推动重大事项,组建长江中游城市群协同发展联合办公室。探索建立成本共担和利益共享机制,鼓励教育医疗资源共享、产业园区和科研平台共建,共同承接沿海地区产业转移。支持长江中游城市群强化与长三角城市群、成渝地区双城经济圈等上下游联动,打造区域协调发展新样板。

第三节　北部湾城市群建设取得新进展

广西壮族自治区发展改革委
广东省发展改革委　海南省发展改革委

北部湾城市群包括广西壮族自治区、广东省、海南省部分市县，既是我国西部地区唯一的沿海城市群，也是唯一与东盟国家既有海上通道，又有陆地接壤的区域，区位优势明显、战略地位突出。2017 年 2 月，国务院批复同意《北部湾城市群发展规划》。规划实施以来，三省（自治区）立足“一湾相挽十一国，良性互动东中西”的独特区位优势，深化以面向东盟为重点的全方位开放合作。2020 年年底，城市群常住人口超过 4400 万人，地区生产总值达 2.2 万亿元，综合实力显著增强。

一、主要做法

一是建立协同发展机制。三省（自治区）分别印发北部湾城市群发展规划的省（自治区）内实施方案。共同出台《推进实施〈北部湾城市群发展规划〉合作机制》，明确“三级运作+专题合作”的协同机制，制定 2018—2019 年推进北部湾城市群发展规划实施合作重点工作，明确具体合作事项。桂琼、粤桂分别签订关于深化开放合作框架协议和加强交通运输互联互通合作备忘录。城市群内市际合作走实走深，广西壮族自治区着力推进北钦防一体化，广东省湛江市、茂名市分别与广西壮族自治区玉林市签订合作框架协议，广东省湛江市出台加强与海南省相向而行的意见，广东省茂名市与广西壮族自治区北部湾经济区六市签署共建中国滨海度假旅游目的地合作框架协议，与南宁市、钦州市等市签署农业合作协议。二是以生态共建为重点探索建立利益协调机制。加强生态环境联防联控，粤桂两省（自治区）加强鹤地水库、黄华江、罗江等省际跨界河流水库的环境综合整治，初步建立跨界流域污染防控、联合监测预警、突发环境事件应急联动、环境污染纠纷协调处理、工作会商交流等机制。印发《广西北部湾经济区生态环境建设与保护一体化规划》,明确推进九洲江流域上下游横向生态保护补偿机制,研究建立重点生态功能区、生态保护红线区、自然保护区等生态保护补偿机制。签署《粤桂危险废物跨省非法转移联防联控合作协议》,共同加强对危险废物各环节、全过程精细监管。三是加快市场一体化建设步伐。重点区域市场一体化建设成效显著,跨市县户籍办理流程得到有效简化,南宁市、北海市、防城港市、钦州市、玉林市、崇左市六市实现户籍同城化受理,跨区域信用信息互联共享初步实现。推动北海市、钦州市、防城港市一体化发展,印发北钦防一体化发展规划、产业协同发展会商制度和清单,推进产业一体化发展先行先试。推进跨区域合作共建园区,湛江—北海粤桂北部湾经济合作区、龙港新区玉港合作园、湛茂空港经济区有序推进。四是推动完善公共服务协同发展机制。南宁市、北海市、防城港市、钦州市、玉林市、崇左市六市实现统一中考,教育合作交流制度、联动教研活动持续开展。部分城市实现社保参保人员信息互联共享、定点医疗机构互认和异地就医直接结算。医疗卫生资源共享加速推进,成立广西海上紧急医学救援中心。共同签署北部湾城市合作组织成员突发公共卫生事件联防联控合作框架协议,完善突发卫生事件区域联防联控合作机制。湛江市国际邮轮港项目与粤港澳大湾区邮轮母港、海南邮轮母港加快对接,共享旅游资源。

二、主要成效

北部湾城市群紧紧抓住国家实施粤港澳大湾区、海南自贸港建设、西部大开发、共建"一带一路"和西部陆海新通道建设等重大战略机遇,发挥区位优势,深化以面向东盟为重点的全方位开放合作,持续推进改革创新,城市群建设取得显著成效。一是产业发展基础不断夯实。依托粤桂合作特别试验区等跨省(自治区)重大合作平台,推进区域间产业协作。现代产业体系逐步构建,初步形成以石油化工、冶金、能源、粮油加工为支柱的临港产业集群,以电子信息、高端装备、生物医药、海洋产业为重点的新兴产业集群,以跨境商务商贸、现代金融、现代物流、国际会展、健康养生为特色的现代服务业集群和特色农海产品加工集群。二是蓝色海湾格局基本确立。生态安全格局总体稳固,陆地生态空间占比超过43%,国家级自然保护区得到有效保护,水系生态廊道建设初见成效,生物多样性、水源涵养等生态功能逐步优化。环境治理中期目标基本完成,西江流域重点河流水质100%达标,清理整治入海排污口114个。近海环境明显改善,大气质量优良天数比率超过90%,近岸海域水质优良比例稳定在91%左右。三是城镇体系进一步健全。南宁市常住人口达到874万人,海口市、湛江市集聚能力不断增强,三市生产总值占北部湾城市群生产总值比重由2016年的42.7%提高到2020年的44.3%。钦州市、北海市、防城港市、玉林市、崇左市、茂名市、阳江市、儋州市等节点城市加快发展,博白县、合浦县、浦北县、兴业县、澄迈县、东方县等中小城市逐步形成,东兴市、凭祥市等口岸城市作用凸显。四是基础设施体系不断完善。以北部湾港口群为起点的海上运输大通道不断完善,西部陆海新通道建设取得明显成效,港口规模快速提升,"三南"地区重要出海口作用不断增强。湛江徐闻港至海口新海港、海安新港至海口秀英港等航线加快建设,琼州海峡港航一体化有序推进。完成湛江港30万吨级航道改扩建工程,粤琼两省港口集装箱业务及冷链物流合作不断深化。综合能源储备基地、沿海核电基地等加快建设,能源应急保供能力不断提升。五是对内对外双向开放格局初步形成。积极对接融入粤港澳大湾区,"两湾"联动发展不断深入,以深度参与西部陆海新通道为契机,与成渝等地区联系持续加强。海南自由贸易港、中国(广西)自由贸易试验区获批,中国(湛江、茂名)跨境电子商务综合试验区设立,防城港国际医学开放试验区加快建设,中马"两国双园"、中越"两国两园"等国际合作园区建成,东兴、凭祥等重点开发开放试验区体制机制改革顺利推进,钦州保税港区、凭祥综合保税区等贸易额超过千亿元。建立首个东盟货币服务平台、跨境保险服务中心、国检试验区,三省(自治区)与东盟进出口贸易总额占全国近三成比例。成功举办中国—东盟博览会文化展、中国—东盟文化论坛、中国—东盟(南宁)戏剧周等系列文化交流展会活动,建成南宁东盟文化博览园、北部湾海洋文化博物馆和北部湾海上丝绸之路文化博物馆。

三、存在问题

北部湾城市群总体仍处于培育阶段,整体经济发展水平偏低,常住人口城镇化率低于全国平均水平。一是基础设施互联互通不足,30万吨级及以上的深水码头及航道尚未实施,港口配套基础设施较为薄弱,陆路通道有待畅通,亟须建设高标准港航设施、打通对外货运断头路。二是产业集群化发展水平不足,沿海城市产业发展结构雷同,临港工业亟须绿色化改造,战略性新兴产业规模较小,区域协同创新能力和全社会研发投入亟须加强。三是对外开放水平有待提升,与东盟特别是环北部湾主要港口城市在海洋产业、海洋科技合作尚未形成有效的协同机制。四是一体化发展水平仍然偏低,高效协同的发展机制有待健全。

四、下一步考虑

《中华人民共和国国民经济和社会发展第十四个五年规划和2035年远景目标纲要》明确提出发展壮大北部湾等城市群。北部湾城市群将依托西部陆海新通道,深度对接长江经济带、粤港澳大湾区和海南自由贸易港,融入共建"一带一路",积极拓展全方位开放合作,建立健全城市群一体化发展体制机制和成本共担、利益共享机制,加快建设蓝色海湾城市群。一是优化城市群空间格局。进一步强化空间分区管控,构建陆海统筹的国土空间开发保护格局,维护海湾良好生态环境。依托西部陆海新通道、沿海综合运输通道建设,强化南北钦防城镇发展轴、湛茂阳城镇发展轴。加快形成以都市圈为主体形态的人口产业集聚格局,着力打造南宁都市圈,发展湛茂和海口组团,促进人口和产业向重点地区集聚。二是加强基础设施互联互通。以港口分工优化和航运服务现代化为牵引,加快完善港航基础设施,打造北部湾现代化港口群。推进陆上交通互联互通和空中走廊建设,开工建设平陆运河,构筑西部地区陆海衔接、内外联通的综合交通枢纽。三是大力发展向海经济。培育壮大临港优势产业集群,积极培育向海新兴产业和关联服务业,开发"蓝色粮仓""海洋牧场",积极探索深海开发,加快建设国家海洋经济示范区，合作共建向海经济先行区。建立利益分享机制，积极承接产业转移，推进跨行政区合作园区共建，发展“飞地经济”。建设面向东盟的科技创新合作区，打造北部湾创新共同体。四是守护北部湾蓝色海湾。坚持全域保护，继续完善跨区域环境污染联防联治体系，推进临港产业绿色化循环化改造，发展多元化清洁能源，探索碳汇核算交易标准和机制，建立生态产品价值实现机制。提高北部湾涉海事务管理服务一体化水平，建设南海资源开发利用和安全保障综合服务基地，提升一体化海上行动综合保障和重点海区联合搜救能力。五是深化拓展海陆双向开放。积极参与建设更为紧密的中国—东盟共同体，推动成立多式联运联盟，主动融入共建“一带一路”。高标准高质量建设海南自贸港、广西自贸区等开放平台，推动中马“两国双园”等国际合作平台和中国—东盟博览会、中国国际消费品博览会等国际展会升级发展。主动对接粤港澳大湾区建设等区域重大战略，推动与东南亚国家合作共建跨境产业链供应链。六是提升公共服务共建共享水平。优化城市群内公共资源配置，打造中国—东盟职业教育开放合作试验区，高质量建设防城港国际医学开放试验区，加强区域养老服务资源对接联动，提升公共服务质量和便捷化水平，共同打造幸福北部湾。

第四节　关中平原城市群建设取得新进展

陕西省发展改革委　山西省发展改革委　甘肃省发展改革委

2018 年 1 月，国务院批复同意《关中平原城市群发展规划》，为关中平原城市群建设提供了基本遵循。规划实施以来，陕西、山西、甘肃三省共同围绕“向西开放的战略支点、引领西北地区发展的重要增长极、以军民融合为特色的国家创新高地、传承中华文明的世界级旅游目的地、内陆生态文明建设先行区”五大战略定位，不断细化落实各项任务举措，城市群建设取得了积极进展。2020 年年底，城市群常住人口达 3887 万，地区生产总值达 2.2 万亿元，人均 GDP 达 5.7 万元、年均增速近 10%，城市群综合能级和一体化发展水平再上新台阶。

一、主要做法

一是制定总体实施方案。2018 年 12 月,陕西省印发《关中平原城市群发展规划实施方案》,明确陕西推进关中平原城市群建设的 8 项主要任务 42 条具体举措,并列出基础设施能力提升、创新引领现代产业培育、生态环境保护、文化传承创新、民生改善与服务共享等七大类 152 个重大工程项目,总投资过万亿元,以高质量的项目支撑规划有效实施。山西、甘肃两省也制定印发了《〈关中平原城市群发展规划〉实施方案》,明确推动规划落地见效的具体路径和保障措施。二是加强组织领导和跨省协调。陕西省政府成立了由常务副省长任组长、西安市政府主要负责同志任副组长、有关部门和市(区)政府主要负责同志为成员的推动关中平原城市群发展规划领导小组,领导小组办公室设在省发展改革委,及时研究协调解决规划实施中存在的问题。西安市等也成立了相应机构。2018 年,关中平原城市群三省 12 市 2 区共同发布了《关中宣言》,2020 年三省协商制定《推动关中平原城市群发展规划实施联席会议制度》《2020 年关中平原城市群跨省合作重点推进事项》,建立关中平原城市群跨省协作机制,提出共同推动交通基础设施互联互通等 13 个方面具体工作。西安市牵头成立的城市群区域合作办公室正式进入实体化运营阶段。三是坚持年度重点推进。把长期规划与年度计划结合起来,明确每年工作目标和重点任务。2019 年印发实施了《推进关中平原城市群建设行动计划》,加快推进交通互联、产业互动、资源开放、服务共享、污染共治等七大行动,制定 21 项重点项目工程清单,安排 2000 万元专项资金支持重大平台建设。2020 年、2021 年连续印发《推动关中平原城市群和新型城镇化发展重点工作任务》,从陕晋甘务实合作、重大基础设施建设、产业互动和协同创新、生态共治和服务共享等多个方面部署了年度重点工作。作为重点任务之一,陕西省委、省政府印发《关于建设西安国家中心城市的意见》,积极开展《西安都市圈发展规划》编制工作,推动西安与周边城市同城化发展,充分发挥对关中平原城市群发展的引领作用。四是狠抓重大项目建设。

加快推进规划确定的重大基础设施、生态环境等项目建设，火烧寨（陕甘界）至陇县、湫坡头（陕甘界）至旬邑高速公路建成通车；侯禹高速黄河大桥、吴王浮桥、风陵渡黄河大桥建成通车，108 国道禹门口黄河公路大桥引道工程实现双幅通车；西安至银川高铁通车运行；西安至延安、西安至安康高铁加快建设，西十高铁即将开工建设，平阳至庆阳铁路、宝中线中卫至平凉段扩能改造前期工作有序推进；西安咸阳国际机场三期扩建工程、引汉济渭二期工程全面推进建设。规划研究兰州—定西—平凉—庆阳—延安高铁。

二、主要成效

一是城镇体系有所优化。西安市人口和经济承载能力显著增强，现代产业体系逐步壮大，6 大支柱产业总产值突破 4000 亿元。宝鸡市聚焦提升制造业影响力，坚持转型升级，产业体系更加优化。运城市全力夯实发展底盘，抢先布局新兴产业和未来产业，发展后劲蓬勃坚实。天水市推进“工业强市”，调结构促转型和特色优势产业提质增效成果明显。咸阳市、渭南市、铜川市、商洛市、杨凌、临汾市、平凉市等综合承载能力持续增强。二是基础设施支撑能力明显增强。以高速铁路为重点的城市群对外运输通道加快拓展延伸，以西安市为中心、以宝鸡市为次中心，以渭南市、商洛市、运城市、临汾市、天水市、平凉市等为节点的城市群综合交通枢纽体系日趋完善。“米”字型高铁网不断完善，西安市至郑州市、兰州市、太原市、成都市高铁相继开通运营。西安北至机场城际铁路通车运营，西安外环高速（南段）等 4 条重点公路开工建设，沿黄公路全线建成通车。智慧城市和通信基础设施建设进展明显，陕西省工业互联网标识解析国家二级节点（综合型服务平台）建成运营，西安市、宝鸡市工业互联网平台落地实施，西安市成功开通国际互联网数据专用通道。三是产业协同和资源共享水平不断提升。装备制造、电子信息、航空航天等重点产业集聚度不断提升，单晶硅产品产量位居全球第一。中国科学院西安科学园加快建设，国家增材制造创新中心揭牌，秦创原创新驱动平台加快建设。西安高新区与宝鸡、杨凌、渭南、咸阳国家级高新区签署了协同发展协议，“飞地园区”建设不断深化。城市间资源共享不断深化,西安市教育资源共享平台向咸阳市开放,天水市与西安交通大学等高等院校开展科技合作,西北农林科技大学在庆阳市建立了苹果实验基地和庆城苹果试验示范站。陇东南地区25家医疗机构加入陕西省儿童医疗联合体,全面启动双向转诊绿色通道。签订实施区域旅游城市合作行动计划、共同开发周边旅游市场合作协议,整合旅游资源、对接旅游线路、开展整体宣传。四是对外开放新格局基本形成。中欧班列(西安)集结中心建设成绩显著,15条干线通道覆盖了欧亚大陆全境,15条集结线路辐射长三角、珠三角、京津冀、晋陕豫黄河三角洲等主要货源地,2020年开行量、重载率、货运量等核心指标稳居全国前列。开通"首尔—西安—洛杉矶"3条第五航权政策客货运航线,开通国际航线92条,通达全球36个国家74个主要枢纽和城市。五是区域改革创新能力不断提升。西咸新区发展体制机制全面理顺,西安—咸阳一体化发展步伐不断加快。陕西自贸试验区21项典型经验在全国复制推广,营商环境明显改善。国家城乡融合发展试验区西咸接合片区扎实推进五项试验任务,取得初步成效。

三、存在问题

一是跨区域合作机制仍不完善。三省虽建立了联席会议制度并实现常态化运行,但从运行效果看,联席会议对于切实解决区域一体化发展关键问题的作用有限,特别是在跨省交通设施、产业协作等重点领域合作项目推进过程中,隐性行政壁垒仍然存在,城市群协同发展机制仍存在较大障碍。城市间合作仍不够紧密,协作有待进一步加强。二是产业结构同质化程度较高。各城市产业结构相似度偏高,使各城市在经济发展时不能充分发挥比较优势,不利于形成协作联动的专业化产业分工。三是基础设施联通水平还需提升。城市群对外运输大通道建设进展良好,但城市群内部单中心放射状公路网格局尚未转变为多节点网络化格局,宝鸡市、天水市、平凉市、华山等民用支线机场项目前期工作进展较慢。城市群政务信息共享和业务协同机制尚未建立,统一的地理信息公开服务平台尚未起步,高速共享的信息网络建设亟须加速推动。

四、下一步考虑

城市群和都市圈建设方兴未艾，关中平原城市群尚处于发展初期，未来可重点把握以下几个方向。一是切实推动区域基础设施一体化。区域基础设施一体化是推动城市群整体高质量发展的前提和基础。要着力构建区域一体化的交通、电力、信息网络等基础设施体系。积极推进城市群跨省合作重点事项，积极谋划重大项目、重大工程、重大平台、重大政策、重大改革举措。加快打通省际“断头路”，有效串联区域内各城市，规划建设一批联通省际间的综合交通枢纽项目，促进城市群内基础设施无缝联通、物流通关全面对接。共同推进对外通道建设，统筹推进城市群内云数据、信息港等通信基础设施建设。二是加强区域协同发展平台建设。推动重大科技基础设施平台、产业发展创新平台等共建共用。支持城市群范围内跨省重大产业化项目建设。推动陕西自贸试验区、中欧班列西安集结中心、上合组织农业技术交流培训示范基地、西安临空经济试验区等开放发展平台向城市群外溢辐射。促进高新区、经开区等园区建立“飞地园区”，实现利益共享、协同发展。营造市场化、法治化、国际化营商环境，吸引各类高端要素向城市群加速聚集。不断深化务实合作，围绕重点领域和重点区域进行突破，推动城市群建设迈上新的台阶、取得更大成效。三是积极构建产业协作共同体。关中平原城市群现代产业体系完备、产业集聚度高，是全国重要的装备制造基地、高新技术产业基地、国防科技工业基地。各城市应结合各自优势领域，针对航空、航天、新材料、新一代信息技术等产业深化分工合作，进一步扩大整体市场份额，提升产业竞争力。结合城市群富集的文化旅游资源，探索区域旅游“一卡通”，联手推出精品旅游线路。四是支持重点合作区域先行发展。制定西安都市圈发展规划，推进西咸一体化、富阎一体化发展，推进西铜、西渭融合发展。以韩城—河津合作试验区为试点，推进医疗、教育、社保等区域公共服务一体化，深化公共卫生、应急管理、社会治理等领域合作。推动关中平原城市群社会治理协同发展，形成全覆盖的社会管理服务网络。健全重大突发事件防范预警、应急救援、应急管理联动机制。

第七章　推动都市圈同城化发展

第一节　南京都市圈同城化蔚然成势

江苏省发展改革委　安徽省发展改革委

南京都市圈是我国最早启动建设的跨省都市圈。2021 年 4 月，江苏省、安徽省人民政府联合印发《南京都市圈发展规划》。规划明确都市圈主要范围包括南京市，镇江市市区、句容市，扬州市市区、仪征市，淮安市盱眙县，芜湖市市区，马鞍山市市区、和县、当涂县，滁州市市区、来安县、天长市，宣城市市区，面积 2.7 万平方公里。都市圈有关市县深入贯彻国家关于培育发展现代化都市圈的部署精神，强化规划编制实施，创新完善协作机制，推动重点领域取得突破，沿着同城化发展的轨道稳步前行。

一、聚焦规划引领重实施

江苏省、安徽省人民政府联合印发规划，联合召开新闻发布会，开展多种形式宣传解读，最大限度汇聚规划实施的强大合力。围绕推动规划落实落地，专门建立规划省际协调机制，两省发展改革委部门、都市圈秘书处、17 个专委会分别制定 2021 年度工作要点，推动规划目标任务年度化、清单化、项目化。都市圈三级协调运作机制持续完善，南京市积极牵头筹建都市圈建设办公室，为规划实施提供机制保障。

二、聚焦重点领域求突破

一是交通基础设施互联互通先行。南京至淮安城际铁路加快建设，南京至句容城际铁路2021年年底通车，宁扬、宁马、宁滁等市域（郊）铁路有望年内开工，日益畅达的交通网有力地支撑了“1小时通勤圈”形成。二是产业和科技创新分工协作不断深化。城市间转移专利近千件，南京市多所高等院校在周边设立研究院或实训基地，3000余家南京市企业在都市圈其他城市投资兴业。三是公共服务共建共享水平提高。南京外国语学校、琅琊路小学在淮安市和滁州市设立分校，都市圈统一预约挂号服务平台及远程医疗服务系统建成运营，非南京市居民预约挂号超过100万人次，中心城市优质教育医疗服务正在惠及越来越多的都市圈内居民。

三、聚焦毗邻区域做示范

以点带面推动省际毗邻区域协同发展先行突破，南京江宁—马鞍山博望、南京顶山—滁州汊河、南京浦口—滁州南谯3个跨界一体化发展示范区均合作成立专门领导机构，共同编制发展规划，积极探索同城化发展机制。南京市江北新区与滁州市来安县合作打造汊河轨道交通装备产业园，集聚相关配套企业超过100家。南京市浦口区与滁州市南谯区在南谯经开区共建合作园区，首个产业合作项目即将竣工投产。南京市江宁区与马鞍山市博望区共建“两省一街警务室”，探索跨界社会治理新模式。

第二节　福州都市圈同城化步伐加快

福建省发展改革委

建设福州都市圈是福建省落实习近平总书记关于深化山海协作要求的

重大举措。2021年7月印发实施的《福州都市圈发展规划》,明确福州都市圈主要范围包括福州市、莆田市全域,宁德市、南平市部分地区及平潭综合实验区,陆域面积2.6万平方公里。规划印发后,福州市印发实施《福州都市圈高质量发展实施方案》,细化任务举措,为福州都市圈建设按下了“加速键”。

一、共促基础设施互联互通

合肥—福州、横峰—福州、温州—福州、衢州—宁德等多条经福州出省铁路通道陆续建成。加快推动高铁进机场,以福州长乐国际机场为中心,3条城际铁路、2条高速公路“五线齐发”。莆炎高速、长平高速、福平铁路、平潭海峡公铁大桥建成通车,都市圈干线公路网络成为激活各类要素自由高效流动的“动脉血管”,带动效应日益显现。福州至平潭半小时生活圈和经济圈日臻成熟。

二、共建现代产业体系

建设一流大学城,高标准建设中国东南(福建)科学城,加快打造科创走廊,构建福建省创新策源地和高端人才“蓄水池”。加强都市圈创新链与产业链深度融合,重点推进新能源汽车、电子信息、冶金新材料、纺织化纤、化工新材料、高端装备、电工电器等产业集群发展。依托闽侯青口汽车工业园区、莆田涵江高新区、宁德蕉城三屿工业区、南平高新技术产业园区,组织东南汽车、奔驰、云度、上汽集团(宁德)、福耀玻璃、万润新能源、宁德时代电机等龙头企业抱团发展,合力打造千亿级乘用车产业集群。推动永辉集团、春伦集团等在各地建设农业基地,带动农户增产增收,如春伦集团建设4.2万亩茶园,以“公司+基地+农户”方式解决3万多户农户的就业问题,带动每户年增收3万多元。

三、共建同城优质生活圈

推进疫情防控协同协作,及时通报疫情信息,协同追踪密切接触者,福州派出六批次近300名医疗卫生人员支援莆田、厦门,完成核酸采样55万余例、检验逾370万例。海丝国际旅游中心建成开业,发挥智慧旅游集散中心功能,结合古厝游、暑期游等活动,开通数十条直通车线路。搭建高校毕业生供需见面会网上招聘、"榕博汇"高校毕业生对接会等人才服务平台,提供优质岗位,共享人才资源。举办"2021年高校毕业生线上专场招聘会"和"好年华、聚福州"人才线上双选会,提供3.2万多个就业岗位。推动各地学校签署"姊妹合作"等帮扶共建协议。组织优秀骨干教师开设云课堂,通过电视、手机等终端共享优质教育资源。

四、共营绿色美丽生态环境

协同开展重点流域上下游水生态环境保护和水污染联防联控,完善流域污染应急响应联动机制。合力推进闽江流域山水林田湖草生态保护修复,优化考核指标,加强实施监管。健全空气质量联合监测、数据共享和联合会商机制,完善环湄洲湾区域大气污染联控、环罗源湾—三都澳联防联控综合管理长效机制。

第三节 成都都市圈同城化开局起势

四川省发展改革委

成都都市圈由以成都市为中心、联系紧密的周边城镇共同组成。2021年12月,四川省人民政府印发《成都都市圈发展规划》。规划明确都市圈主要范围包括成都市,德阳市市区、什邡市、广汉市、中江县,眉山市市区、仁寿县、青神县,资阳市雁江区、乐至县,面积2.64万平方公里。四川省全面贯彻落实党中央、国务院关于推动成渝地区双城经济圈建设的决策部署,促进成都发展由外延扩张向内涵提升转变,带动德阳市、眉山市、资阳市同城化发展,都市圈建设开局良好。

一、完善同城化推进机制

“1+1+N”规划政策体系加快构建,四川省委、省政府印发《关于推动成德眉资同城化发展的指导意见》,编制完成《成都都市圈发展规划》,公共服务、产业协同、综合交通、生态环境等领域实施方案和毗邻地区融合发展实施方案印发实施。成立以四川省委常委、成都市委书记任组长,一位副省长和成都市市长、德眉资三市市委书记任副组长的四川省推进成德眉资同城化发展领导小组。设立办公室承担日常工作,从四市抽调干部集中办公,德眉资三市分别设立同城化发展工作(协同)局,实现实体化运作、常态化运行。

二、构建1小时快捷通勤圈

“两环三射”轨道交通体系加快建设,市域铁路成资S3线开工,成都市外环铁路通过预可研审查,天府大道北延线、成都东西城市轴线、金简仁等城际干道加快建设,区域通达水平显著提升。成都至德眉资动车用时缩短至23分钟,都市圈日开行动车104对、日均客流量2.4万人次,稳定开行10条跨市公交、日均客流量2.2万人次。成都天府国际机场正式投运,在国内率先实现“两场一体”零换乘。

三、打造产业协同生态圈

成立电子信息、先进材料、医药健康等产业生态圈联盟,成德高端能源装备产业集群入选国家先进制造业集群。印发成德临港经济、成眉高新技术、成资临空经济产业带建设方案,实施建设项目408个,2021年上半年完成投资超过400亿元。建设四川区域协同发展总部基地,健全“总部在成都、基地在其他市州”的深度合作机制和利益共享机制。成都市512户企业为德阳东汽、东电、国机重装提供产业配套,眉山阿格瑞、资阳百威啤酒等167户企业与成都京东方等企业建立产业协作关系。

四、畅通区域内要素流动

联合发布《共同打造成都都市圈稳定公平可及营商环境宣言》，制定专项行动方案，100 项政务服务事项实现同城无差别受理。统筹推进跨市域耕地占补平衡，加快建设成德眉资人力资源协同发展示范区，打造成德眉资大数据平台。成都市公共资源交易中心首次完成德阳地块竞拍。

五、共建共享高品质生活

联合发布《成德眉资同城便捷生活十大行动》，实现婚姻登记跨市通办、养老机构等级互认、图书通借通还。川大眉山校区、川音资阳校区、成都师范学院德阳校区等签约落地，成德眉资学校结对共建，优质教育资源服务范围不断扩大。25 家三甲医院实现 74 项医疗检查检验结果互认，423 家医疗卫生机构实现电子健康卡（码）互认互用。率先实现职工医保参保关系异地转移"一站式"通办，开通异地就医联网结算定点医药机构约 2 万家。发布成德眉资住房公积金同城化贷款异地使用政策，率先探索破解住房公积金跨城市融通的制度障碍。

六、强化生态环境共保共治

"一心一屏三网三环多片"生态空间格局加快构筑，茂林修竹、美田弥望的大美城市形态加快重塑。毗河供水一期工程通水，龙泉山城市森林公园旅游环线建成 60 公里，龙门山大熊猫栖息地保护修复 2.5 万亩，空气质量联合预测预报系统建成投用，都市圈空气优良天数率提高到 82%。

第四节　杭州都市圈同城化携手共富

浙江省发展改革委

近年来,杭州市带动周边城镇探索培育发展现代化都市圈,杭湖嘉绍四市携手推进高质量同城化发展,同城化效应日益显现,综合实力迈上新台阶,共同参与浙江高质量发展建设共同富裕示范区取得新成效。

一、顶层设计不断完善

共同建立杭州都市圈合作发展协调会,杭州市与嘉兴市、湖州市、绍兴市签订“1+4”系列合作协议,构建市长联席会议决策、秘书长工作会议协商、协调会办公室议事、专业委员会项目合作执行四级合作协调机制框架,形成杭州市引领、城市高层紧密互动、部门常态化联动落实、社会各界积极参与的全域全方位协同推进格局。2007 年以来,已成功召开 11 次都市圈市长联席会议。

二、交通联接更加便捷

加快建设轨道上的都市圈,商合杭高铁全线通车,湖杭铁路全面开工。沪乍杭铁路、嘉湖城际、水乡旅游线等项目前期工作加快推进。杭绍、杭海市域(郊)铁路建成通车,与杭州市地铁一票换乘、无缝衔接,以“市域轨道+城市轨道”为重点的“1 小时通勤圈”加快形成。杭州都市圈中环建设全面启动,杭州市绕城高速西复线建成通车,都市圈环线建设取得重大突破。

三、科创产业协同不断深化

打造数字都市圈，共建都市圈城市大脑集群，数字经济龙头企业积极在都市圈投资布局、赋能各地数字化建设，四市全部设立国家跨境电子商务综合试验区，杭州、德清入选国家新一代人工智能创新发展试验区，2020 年四市规模以上数字经济核心产业增加值 1600 余亿元。共建产业合作载体，桐乡市融杭经济区挂牌成立，诸暨市临杭产业园、江干·安吉合作产业园、滨江“诸暨岛”等产业平台日益健全。加强创新协同，之江实验室首个杭州市外科研基地——AI 莫干山基地在德清县开工。浙江大学分别与嘉兴市、绍兴市签署全面战略合作协议，建设浙大秀洲创新研究院等跨区域创新平台。都市圈城市在杭州市浙江人才大厦设立“人才创新飞地”，符合条件的人才可同等享受杭州市人才政策。

四、生态环境共保共治持续推进

编制完成新一轮《杭州都市圈生态环境共保规划》，全面深化千岛湖、新安江上游流域和浦阳江流域水资源及生态环境保护合作，完善杭州市与湖州市、嘉兴市、绍兴市跨界水质断面检测机制，杭州市余杭区、湖州市德清县签订杭湖运河（苕溪）“流域共治”框架协议，18 个跨行政区河流交接断面达到或好于Ⅲ类水体比例提高到 100%。完善浦阳江流域（绍兴诸暨—杭州萧山）水环境补偿机制实施方案，合力推进浦阳江流域治理和景观提升。建立杭州都市圈大气污染联防联控工作机制，印发秋冬季大气污染攻坚行动方案，协同做好进出口博览会、世界互联网大会等重大活动期间环境空气质量保障工作。

五、文旅融合发展水平不断提升

高标准打造世界文化遗产群落，通过资源整合串联都市圈 6 大世界遗产、10 大国家级风景名胜区、13 处国家 5A 级旅游景区等优势文旅资源，共推“名城名湖名江名山名镇名村”黄金旅游线。共同打造大运河文化带，实施大运河文化保护传承利用规划，建立运河沿岸共同保护机制。联合开展文旅宣传推广活动，打造“江南绝色 · 吴越经典”的文旅市场品牌，赴国内22个大城市、国外10多个国家和地区进行联合促销，都市圈文旅品牌的国际市场知名度不断提升。

六、民生福祉共享不断提速

杭州市优质公共服务资源向都市圈加快覆盖，跨区域公共服务一体化进入“快车道”。浙江大学医学院附属邵逸夫医院德清院区、浙江大学医学院附属儿童医院莫干山院区、杭州师范大学附属德清医院相继落户德清县，浙大二院绍兴柯桥院区开工建设。杭州都市圈全域实现异地就医门诊、住院费用直接结算，异地就医备案“就近办”“一证通办”“零跑办”，杭州市民到都市圈内其他城市就医免备案。浙大国际学院、浙工大莫干山校区在海宁市和德清县建成招生，杭州市名校与都市圈内20余所学校达成结对意向。联合举办都市圈市民体验日等活动。

七、毗邻区域同城化率先突破

把毗邻区域作为都市圈同城化的突破口，编制实施杭绍、杭嘉一体化合作先行区建设方案，积极谋划杭湖一体化合作。在毗邻区域复制推广长三角生态绿色一体化发展示范区的制度创新经验，并取得阶段性成果。杭州市与绍兴市共建杭绍临空经济一体化发展示范区，共同制定和规划杭绍一体化合作先行区产业发展导向目录，共建萧山—诸暨绿色发展先导区，新开辟姑娘桥—安昌专线等一批跨区域公交联运线路。杭州市余杭区、钱塘区与海宁市签署战略合作协议，共建跨区域政务服务“杭海通办”品牌，海宁市民可在当地办理543项杭州市政务服务事项，钱塘区和余杭区的市民可在当地办理海宁市653项政务服务事项，实现政务服务“只进一扇门，可办三地事”。

第五节　武汉都市圈同城化联手筑梦

湖北省发展改革委

近年来，武汉市发挥带动作用、与周边城市共同发展，加快培育现代化都市圈，以同城化为方向，推进机制同建、交通同网、科技同兴、产业同链、民生同保，打造湖北高质量发展主引擎，为长江中游城市群一体化发展提供有力支撑。

一、推进机制同建

一是加强顶层设计，制定同城化发展实施意见、三年行动方案和年度工作要点，构建同城化发展“四梁八柱”。二是健全体制机制，筹建同城化发展办公室，采取集中办公、实体运行方式推进工作，建立“统分结合、轮值协商、两级运作、上下联动”协调机制，凝聚工作合力，提升工作效能。三是密切交流合作，举办同城化发展联席会第一次会议，成立科技、规划建设、产业（招商）、生态环境、公共服务 5 个专题工作组，建立常态化工作交流机制。

二、推进交通同网

一是突出交通先行，以武汉市获批交通强国建设试点为契机，推动都市圈大通道、武汉市至周边城市多条高速公路等项目建设。推进干线铁路、城际铁路、市域铁路、城市轨道交通“四网融合”，着力打造“1 小时通勤圈”。二是推动融合发展，共建现代智能电网系统，实施陕武直流、荆武交流等工程，提升区域电网互济互保能力，统筹推进城市供水、燃气、污水垃圾收集处理等市政公用设施改造升级。三是加强协同运营，探索武汉市轨道交通向周边城镇延伸，11 号线葛店段开通运营，推行一卡通行、优惠共享。

三、推进科技同兴

一是引领示范当表率,出台《武汉科技创新"十大行动"工作方案》,发布首批武汉市科技重大专项"卡脖子"技术攻关项目榜,面向全社会"揭榜挂帅",提供1亿余元科技研发基金。二是合作共建同发展,依托武汉市科教资源丰富的优势,打造武鄂黄黄咸创新转化轴、产业协作轴、设施联通轴,推进跨区域科技成果转移转化。三是搭建平台强服务,组织武汉市高等院校、科研院所和高新技术企业赴都市圈其他城市,开展项目对接、技术指导和成果转化活动,签署科技合作协议300余项。

四、推进产业同链

一是建设光谷科技创新大走廊,以东湖科学城为核心,串联鄂州市、黄石市、黄冈市、咸宁市重点园区和重要创新平台,建设光电子信息产业、智能产业、大健康3条创新产业带。二是建设车谷产业创新大走廊,以武汉市经济技术开发区为基础,加强与仙桃市、天门市、潜江市等协作互动,打造新能源与智能网联汽车、现代化工新材料、特色消费品等产业集群。三是建设航空港经济综合实验区,以武汉天河国际机场和鄂州花湖机场为基础,与孝感市、鄂州市、黄石市、黄冈市联合打造临空临港枢纽经济带,重点发展空港物流、临空制造、跨境电商等产业。

五、推进民生同保

一是推进医疗共享,城镇职工医保异地门诊即时结算开通,支持都市圈内医院开展医疗协作、人才培养和技术设备共享,推动武汉市药品带量采购成果共享,15种药品25个品规议价成功、平均降幅40%、最高降幅63%。二是推进就业共赢,持续开展"情系汉企招聘直通车"等活动,2021年组织100多家武汉市企业赴都市圈内其他城市招聘,提供就业岗位1万多个。三是推进教育共建,华中农业大学、武昌首义学院等多所高等院校下沉市县开办新校区，武汉市职业教育与周边8市相互开放，每年有1万余名都市圈内初中毕业生到武汉市就读中职学校、享受同等待遇。四是推进环境共治，健全都市圈生态环境协同共治机制，推动长江、汉江、梁子湖等重要流域系统治理和大气污染综合防治。五是推进政务共通，“武汉都市圈通办综合窗口”启用，106项涉及住房公积金、民政、医保等领域的高频事项实现跨市通办。

第六节　西安都市圈同城化轮廓初现

陕西省发展改革委

陕西省认真落实《关中平原城市群发展规划》和经国务院同意印发的《国家发展改革委关于培育发展现代化都市圈的指导意见》，把培育发展西安都市圈作为增强西安市辐射带动作用、推动关中平原城市群高质量发展的重要支撑。

一、推动西咸一体化发展

以西安市中心城区和咸阳市主城区同城化建设，带动都市圈同城化发展，印发《关于西安市全面代管西咸新区的指导意见》，调整优化西咸新区管辖范围，全面理顺西咸新区管理体制机制。加快推进西安—咸阳一体化发展，加强西安市、咸阳市和西咸新区发展统筹，印发产业布局优化、创新驱动、国土空间、交通设施建设、生态环境保护、教育事业发展等同城化发展方面的规划。

二、共同打造创新平台

发挥西安都市圈科教资源优势，加快“秦创原”创新驱动总平台建设，围绕建设立体联动“孵化器”、科技成果产业化“加速器”、两链融合“促进器”,构建从研发到孵化再到产业化的科技创新系统大平台,组建12家共性技术研发平台和创新联合体,45个科创项目完成转化并注册公司,投资450亿元的320个项目开工建设,科技成果转化签约48项。发挥西部科技创新港总窗口作用,引导政府、科研机构、高等院校和企业共建创新平台,构建风险共担、收益共享、多元支撑的协同创新共同体。

三、加快交通基础设施互联互通

西安咸阳国际机场三期工程加快推进,全货运航线增至37条。2021年1—7月,航空货邮吞吐量增长35%,增速列全国十大枢纽机场第一位。西延高铁和西康高铁开工建设,西安外环高速公路南段项目有序推进,“三环十二辐射”的高速公路网络格局加速形成。中欧班列(西安)集结中心加快建设,2021年1—7月,中欧班列长安号开行2295列、同比增长20%。

第八章　推进以县城为重要载体的城镇化建设

第一节　河北省固安县推进县城补短板强弱项

河北省固安县人民政府

2020年，固安县国土面积696平方公里，县域常住人口69万人，常住人口城镇化率61.0%，地区生产总值335亿元，一般公共预算收入50亿元。

一、主要做法

一是坚持规划引领，编制产业布局、城乡路网、环卫设施、教育设施、地下空间利用等专项规划，持续优化县城功能和空间布局。二是强化要素保障，整合国有融资平台，推动固安城市发展集团公司获评AA+主体信用评级；吸引社会资金参与投资新型城镇化建设项目5个，投资40亿元；发行地方政府债券8.7亿元，支持15个公共设施建设项目；加强建设用地支撑，将新增建设用地计划指标的30%用于公益性项目建设。三是加强人才支撑，与吉林大学、北京航空航天大学、大连理工大学等7所知名院校建立人才交流合作平台，吸引大学生就业创业；依托中国（河北）博士后成果转化基地，建立创新创业服务平台，设立博士后创业基金，促进博士后研究成果转化。四是创新政务服务，简化行政审批程序，实现企业开办3小时、工业项目审批30个工作日、房地产建设项目取得土地合同到开工100天;优化服务方式,将90%以上的政务服务事项植入市民服务中心,确保高频事项办理"一次就好";发展县乡村三级"指尖政务",群众和企业"坐在家里拿证"。

二、主要成效

一是产业配套设施不断优化,建成京南·固安高新区,用地面积约1平方公里,吸引140家企业入驻。二是市政公用设施不断完善,投资2.7亿元,改造39个老旧小区配套基础设施,惠及居民5000余户;建设雨污分流管网30多公里,改造老旧燃气管网9公里;采取特许经营方式,推进水厂及配套管网建设。三是公共服务设施不断健全,迁址新建县综合医院,完善疾病预防控制中心和妇幼保健中心;投入36亿元,新改扩建近百所中小学校及幼儿园,新增学位3.8万个,消除城镇"大班额"现象。四是环境基础设施不断改善,建成垃圾焚烧发电厂、有机垃圾资源化处置项目、第一污水处理厂提标改造项目等,垃圾焚烧发电厂项目采取特许经营模式,投资7.3亿元、用地面积130亩,平均日处理生活垃圾700余吨,实现垃圾无害化处理和资源化利用。

第二节　江苏省溧阳市推进县城补短板强弱项

江苏省溧阳市人民政府

2020年,溧阳市国土面积1535平方公里,市域常住人口79万人,常住人口城镇化率63.1%,地区生产总值1086亿元,一般公共预算收入74亿元。

一、主要做法

一是推动主导产业转型升级,建设中科院物理所长三角研究中心、天目湖先进储能技术研究院、电动汽车联合创新中心、东南大学溧阳研究院等多个研发平台，引进院士建立工作站，形成了覆盖正极、负极、隔膜、电解液、电池芯等环节的动力电池完整制造链。二是提升市政公用设施共享水平，投入财政资金1亿余元，推动24个政府部门和单位开放停车资源，新增停车位1100个、开放停车位2600个，满足周边居民及办事群众停车需求。三是优化公共服务设施布局，促进义务教育学校扩容增位，新建9所小学，为适龄学生特别是农业转移人口随迁子女提供优质义务教育；合建江苏省人民医院溧阳分院、江苏省中医院溧阳分院，推进县级医院与乡镇卫生院建立紧密型县域医共体；完善文化旅游体育设施，建设博物馆、文化艺术中心和24小时"城市书房"。

二、主要成效

一是县城产业发展基础不断夯实，集聚知名绿色储能企业50余家，引入百亿级项目5个、十亿级项目20余个。二是公共服务体系不断健全，县域内就诊率达90%、基层就诊率达65%，建成"城市社区10分钟体育健身圈"，实现近200个行政村体育设施全覆盖。三是市政公用设施不断完善，新增新能源公交车200余辆，改建200座智能公交站点，实现公交客运对行政村全覆盖。四是生态环境质量不断改善，建成固体废弃物综合处置中心，实现全市垃圾全部焚烧；改造提升污水处理厂5座、配套管网330公里，建成以城带乡的污水收集处理系统。

第三节 浙江省乐清市推进县城补短板强弱项

浙江省乐清市人民政府

2020年，乐清市国土面积1287平方公里，市域常住人口145万人，常住人口城镇化率65.4%，地区生产总值1263亿元，一般公共预算收入94亿元。

一、主要做法

一是健全投融资机制,整合形成城投集团、交通水利集团、国有资本运营集团等平台公司,参与县城公共设施建设项目,如采取公建民营模式投资建设建筑垃圾处理能力300吨/小时的智能化生产线。二是加强项目谋划设计,采取“肥瘦搭配”方式,将公益性项目与准公益性、经营性项目打包,发行地方政府专项债券近30亿元,申请政策性信贷超过100亿元。三是打捆包装大项目,将相关联、碎片化的小体量项目打捆形成整体性项目,推动列入重点建设项目库。四是推动公共资源共用共享,整合机关和国有企事业单位的停车资源,灵活采用全天候开放、限定时间开放及特定时间开放等方式,开放内部停车位3000余个。

二、主要成效

一是居民生活需求得到满足,建成智慧城市运营指挥中心及智慧水务平台,实时监测4000余家企业供水主管道的水量信息和生产状况,居民日常用水得到有力保障;建成智慧公交体系,改造公交线路200余条、建设智能公交站点400余座,投放公共自行车2万辆、新增服务点1300个,实现与公交站点无缝衔接。二是居民享有便利可及的基本公共服务,建成中小学校30余所,新增公办幼儿园30余所、实现乡镇(街道)全覆盖;县级医院更加健全,达到三级医院设施条件和服务能力;投用县域远程医疗服务中心,辐射所有乡镇(街道)并向村卫生室延伸,完成远程诊疗近万例。三是生态环境治理效能显著提升,推进300余个“污水零直排区”项目建设,建成飞灰填埋场和多个污水处理厂;采用PPP模式建设餐厨可再生资源利用中心,餐厨垃圾日处理能力达300余吨。

第四节　福建省闽侯县推进县城补短板强弱项

福建省闽侯县人民政府

2020 年,闽侯县国土面积 2136 平方公里,县域常住人口 99 万人,常住人口城镇化率 60.0%,地区生产总值 793 亿元,一般公共预算收入 126 亿元。

一、主要做法

一是稳步推进集团化办学,在县城、福州大学城、东南汽车城等区位,通过集团化办学方式带动周边学校发展,缩小校际教育质量差距。二是探索开展合作办学,采取公建民营办学模式和政府购买服务方式,将闽侯二中、虎峰中学等委托教育集团进行管理,引入先进管理经验和教育理念。三是深化校地合作,与福州大学合作共建福州大学附属实验学校。四是加快义务教育教师“县管校聘”管理改革,推进教育资源向乡镇和农村延伸。

二、主要成效

一是闽侯县教育基础设施补短板项目实施步伐加快,2020 年至今,建成项目 7 个、投资 9 亿元。二是 200 余名校长、近 2000 名教师参加校际交流,形成“教育部门统一管理、学校按岗聘任、教师有序流动”的有效机制,有力地促进了义务教育优质均衡发展。

第五节　山东省诸城市推进县城补短板强弱项

山东省诸城市人民政府

2020年,诸城市国土面积2151平方公里,市域常住人口108万人,常住人口城镇化率63.2%,地区生产总值653亿元,一般公共预算收入61亿元。

一、主要做法

一是通过合作开发模式,引入社会资金14亿元建设产业平台,建成智能标准生产设施、中试研发中心和总部办公空间。二是按照企业需求,建设共享式标准厂房,降低企业投产成本、缩短产品上市周期,企业可直接拎包入住。三是鼓励企业盘活现有土地、厂房等闲置低效资产,加快"腾笼换鸟"步伐,盘活闲置土地和地上房屋等资源。

二、主要成效

一是产业集聚度不断提高,高新技术产业开发区带动作用得到充分发挥,集聚了汽车及零部件、生物医药等产业。二是主导产业发展动能得到释放,汽车及零部件、服装纺织等传统产业持续转型升级,智能装备、生物医药、新材料、新能源等新兴产业不断发展壮大,70余家规模以上工业企业入驻投资,年工业总产值超过1000亿元、利税40余亿元。

第六节　河南省兰考县推进县城补短板强弱项

河南省兰考县人民政府

2020 年，兰考县国土面积 1116 平方公里，县域常住人口 78 万人，常住人口城镇化率 46.9%，地区生产总值 283 亿元，一般公共预算收入 26 亿元。

一、主要做法

一是摸清底数，明确老旧小区改造重点，对所有需改造的老旧小区、零散空闲院落等进行统筹改造，重点做好雨污分流、强弱电改造、停车位建设等。二是探索老旧小区改造多元融资模式，建立“政府投资、银行融资、企业参与、居民捐资”的多元化投入机制，推动老旧小区改造成本由各方共担。如玉兰社区老旧小区改造项目，统筹利用中央预算内投资资金 2000 余万元、河南省财政配套资金 100 余万元、抗疫特别国债 1000 余万元、政策性贷款 2 亿元及居民捐款 200 余万元。

二、主要成效

2020 年，兰考县高标准完成了 2 个老旧小区改造项目，涉及建筑面积 40 万平方米，受益居民 5000 余户。

第七节　湖北省阳新县推进县城补短板强弱项

湖北省阳新县人民政府

2020 年，阳新县国土面积 2780 平方公里，县域常住人口 111 万人，常住人口城镇化率 41.4%,地区生产总值 282 亿元,一般公共预算收入 15 亿元。

一、主要做法

以启动建设示范性项目为引领,推进县城公共设施提挡升级。一是强化项目谋划实施,着眼完善县城功能、增进民生福祉,谋划“十四五”时期县城补短板强弱项项目近 200 个。2021 年启动实施人民医院传染病大楼改造、城区防洪排涝设施建设、城区雨污分流管网建设等 30 余个项目。二是建立多元化投入机制,统筹用好中央预算内投资资金、信贷资金、社会资金和外商投资资金,注册发行 8 亿元的县城建设专项企业债券。

二、主要成效

一是与长江环保集团签署了合作协议,实施了投资 30 亿元的县城水环境综合治理 PPP 项目,推进污水处理厂及管网提标改造、马蹄湖等水体治理,解决居民身边的生态环境突出问题。二是建设了农产品(冷链)物流园,用地面积 180 亩、带动就业 3000 人,有效解决了冷链物流“最后一公里”问题。

第八节　湖南省浏阳市推进县城补短板强弱项

湖南省浏阳市人民政府

2020 年,浏阳市国土面积 5007 平方公里,市域常住人口 143 万人,常住人口城镇化率 62.0%,地区生产总值 1493 亿元,一般公共预算收入 129 亿元。

一、主要做法

一是创新投融资模式，推动老旧小区改造。通过居民出资、财政资金投入、管线单位出资、原产权单位出资等渠道筹集资金，建立老旧小区改造费用合理分担机制。申请获得上级财政补助资金0.8亿元，发行地方政府专项债券20亿元、县城建设专项企业债券5亿元，引导居民自筹资金0.2亿元。完成24个老旧小区改造、惠及居民4000余户。二是创新项目谋划设计，推动医院提标改造。依托湘雅医院等优质医疗资源提升县级医院技术水平，与湘赣边市县公立医院开展跨省就医医保互认，服务半径覆盖周边12个县市400余万人；建设直升机停机坪，开展危重患者航空紧急医疗救治、医疗转运等服务，打造"半小时急救圈""空中黄金生命线"。

二、主要成效

一是公共服务设施布局得到优化，完成浏阳市人民医院新建迁建工程，有序推进浏阳市中医院危急重症大楼建设项目和妇幼保健院整体搬迁项目；新建幼儿园8所、小学2所，改扩建义务教育学校21所，新增学位1万余个，彻底消除了义务教育"大班额"现象。二是生态环境质量明显改善，新建城镇污水管网100余公里，完成3个乡镇污水处理厂提质升级；城区建成生活垃圾分类收集点200处，生活垃圾无害化处理率达100%。

第九节　广东省博罗县推进县城补短板强弱项

广东省博罗县人民政府

2020年，博罗县国土面积2858平方公里，县域常住人口121万人，常住人口城镇化率58.9%，地区生产总值619亿元，一般公共预算收入50亿元。

一、主要做法

一是坚持以产聚人,建成正威新材料制造产业园、粤港澳大湾区(广东·惠州)绿色农产品生产供应基地等项目,引进规模以上工业企业近700家,与2010年第六次全国人口普查数据相比,县域常住人口增长17万人。二是强化要素支撑,统筹用好中央财政补助资金1.3亿元、抗疫特别国债资金2.5亿元、地方政府专项债券资金22亿元,完成县中医院搬迁新建和老旧小区改造;吸引社会资金参与改造生活垃圾焚烧发电厂;盘活闲置建设用地8000亩,用于补短板强弱项项目建设。

二、主要成效

一是市政公用设施实现提挡升级,新建3座水质净化站,完成92个排污口及沿河截污管改造、20余公里河道污泥清理,完成6个老旧小区地下管网雨污分流改造。二是公共服务设施实现提标扩面,新建义务教育学校15所、改扩建3所,增加中小学学位近6万个;完善4所县级综合医院及中医院,新增床位1000张;建设县域医共体,改造提升18所乡镇卫生院、近200间村卫生室;增加养老床位300张,建设9个社区居家养老服务中心。三是环境基础设施实现提级扩能,建成园林绿化垃圾资源化利用设施,建成城镇生活污水处理厂5座、配套管网近300公里。

第十节　四川省金堂县推进县城补短板强弱项

四川省金堂县人民政府

2020年,金堂县国土面积1156平方公里,县域常住人口80万人,常住人口城镇化率52.4%,地区生产总值469亿元,一般公共预算收入39亿元。

一、主要做法

一是实行片区综合开发运营模式,初步探索出“政府不负债、产城不分离、开发不断档”的可持续发展路径,采取“政策性贷款+商业贷款+地方政府专项债券”融资模式。二是强化人才支撑,建设成都国际职教学院、成都工业职业技术学院、四川冶金地质技师学院等职业院校,现有师生1.6万人,带动就业1200余人,每年可为县城400余家企业提供技能人才6000人。三是优化政务服务,打造“金心办”品牌,推行行政审批事项“极简”模式,变“申请人举证”为“服务单位核实举证”;开展“跨区域通办”,与成都市青白江区、新都区和广汉市跨区域通办事项达200余项。

二、主要成效

一是突出短板得到补齐,实施沱江团结水利枢纽综合工程、毗河分洪工程等防洪排涝能力提升十大工程,如毗河3号橡胶坝将河道从90米拓宽至210米,可降低局部最高水位1.2米,有效缓解了县城防洪排涝压力。二是民生福祉得到改善,县城义务教育学位增加了2000个,医疗床位增加了200张。三是环境治理得到强化,污水日处理能力增加了5万吨,污泥日处置能力增加了100吨,改造了污水管网70公里。四是公共资源共用共享水平得到提升,一些学校的图书馆和体育馆等设施向社会开放共享。

第 四 篇

推进新型城市建设的典型做法

第九章　建设舒适便利的宜居城市

第一节　四川省江安县全面推进老旧小区改造

四川省江安县人民政府

2020年,江安县国土面积948平方公里,县域常住人口43万人,常住人口城镇化率54.5%,地区生产总值186亿元,一般公共预算收入12亿元。

一、必要性

江安县老城区住宅小区多数未进行统一规划设计,大部分存在建筑密度高、人员密集、停车难、环境脏乱差、排水设施落后等问题,严重影响居民生活品质,存在安全隐患。亟须改造老旧小区292个,涉及居民1.5万户,常住人口4.6万人。

二、主要做法

按照"自下而上、以需定项、标本兼治、完善治理"原则,根据居民意愿,结合老旧小区及周边基础设施、公共服务设施现状,制定小区改造方案。按照"政府扶持带动、企业融资共建、居民参与受益"的多元化投入方式,实行

“争取国资、用好银资、撬动民资”。

三、主要成效

截至 2021 年 11 月,改造完成了老旧小区 100 余个,新增节能照明路灯 900 盏、汽车停车位 140 余个、非机动车停车位 380 个,建设雨水管道 1.2 万米、污水管道 1.1 万米,基本解决了这些老旧小区“脏乱差”等问题。

第二节　宁夏回族自治区银川市兴庆区创新推进老旧小区改造

宁夏回族自治区银川市兴庆区人民政府

2020 年,兴庆区国土面积 828 平方公里,辖区内常住人口 81 万人,常住人口城镇化率 89.9%,地区生产总值 551 亿元,一般公共预算收入 9 亿元。

一、必要性

兴庆区老旧小区多、建成年代久、基础设施破损严重、环境卫生脏乱差。老年人和租住户居多,自治管理能力较差,维修储备金短缺,物业管理不足。

二、主要做法

全面掌握居民改造意愿,制定“一区一策”改造方案,重点满足水电气暖等居民基本生活需求。组织水、电、气、暖、通信等专营单位进行协商洽谈,鼓励各单位出资参与老旧小区改造,努力建立“中央财政补一点、地方财政配一点、税收减一点、产权单位投一点、市场运作筹一点、居民拿一点”

的筹资方式。做到“一次开挖、一次施工”,尽可能减少群众生活影响。

三、主要成效

兴庆区老旧小区从失修、失管、失养“三失”转向有组织、有阵地、有物业、有活力、有特色“五有”,新建或改造了36个社区阵地,建成18个示范性市民驿站,构建了城市“一刻钟便民生活圈”,居民居住品质得到提升。

第三节　四川省南江县群众参与老旧小区改造

四川省南江县人民政府

2020年,南江县国土面积3390平方公里,县域常住人口47万人,常住人口城镇化率43.5%,地区生产总值140亿元,一般公共预算收入8亿元。

一、主要做法

一是老旧小区改不改、群众投票说了算。充分尊重群众主体地位和意愿,发放“知情同意书”,宣传老旧小区改造政策,告知群众参与的权利义务,逐户征求群众意见。二是老旧小区改什么、专家群众共谋划。业主单位召集行业专家、社区党支部、业委会、居民代表等,共同召开协商会,研究讨论、共同商定公共设施配套等事项。三是老旧小区怎么改、党员群众齐监管。以党建引领改造全过程,组织党员和居民共同参与项目实施监管。

二、取得成效

截至2021年11月,南江县老旧小区改造项目开工10余个,涉及40余个小区、4600余户居民;大部分改造后的小区,实现了道路车位规范有序、雨水污水管网分流、强弱电线布局规整、乱搭乱牵“蜘蛛网”现象消失。

第四节　江苏省南京市持续推动老旧厂区改造

江苏省南京市人民政府

2020 年,南京市国土面积 6587 平方公里,常住人口城镇化率 86.8%,城区常住人口 791 万人,地区生产总值 1.5 万亿元,一般公共预算收入 1638 亿元。

一、必要性

随着南京市老城区制造业、教育、科研等功能转移至郊区,土地与建筑逐步闲置,活力与商业氛围逐步下降,存在“空心化”的潜在危机。亟须对老城区的老厂区和老写字楼进行更新改造,激发老城区商业活力,吸引科创人才、培育新兴产业。

二、主要做法

一是明确主导产业方向,紧紧围绕高等院校和科研院所优势专业及关联产业、龙头企业,形成集聚突破效应。二是通过资金奖补和校地共建等服务,有重点地引导高等院校和科研院所主动融入。三是建设功能复合空间,融合生活、商业、文化和休闲等各项功能,“一站式”就近解决就业创业人员需求。

三、主要成效

截至 2021 年 9 月,集聚了高新技术企业 170 余家,培育引进了科技型企业 1300 余家，基本形成了功能布局完善、校地深度融合、产业集群初具规模的创新高地。

第五节　江苏省扬州市系统推动城市更新

江苏省扬州市人民政府

2020 年，扬州市国土面积 6591 平方公里，常住人口城镇化率 71.0%，城区常住人口 151 万人，地区生产总值 6048 亿元，一般公共预算收入 337 亿元。

一、必要性

扬州市老城区的老小区、老厂区、老街巷、老庄台（“城中村”）、老宿舍、老宅子、老市场，大多存在建设标准较低、交通和水电气讯等市政公用设施破旧、房屋建筑结构老化、危房数量不断增多、环境卫生较差、物业管理难度大等问题，严重影响居民生活品质。

二、主要做法

一是确立“统一规划、整体改造、市区共担、分头负责”方式，完善集体土地拆迁管理办法，制定老厂区退城进园和搬迁改造政策。二是改造老小区 290 个、面积 510 万平方米，惠及群众 5.6 万余户、约 18 万人；完成 18 家工业企业搬迁和职工安置；在 200 多条老街巷铺设供电、通信及上下水管网；改造老庄台 110 余个、拆除房屋建筑 400 万平方米、腾让土地 2 万亩，帮助 1.3 万户居民改善居住质量；改造老宿舍、老宅子 24 万平方米；加固改造老校舍 30 万平方米。

第六节　北京市密云区提升公共服务能力

北京市密云区人民政府

2020 年,密云区国土面积 2229 平方公里,辖区内常住人口 53 万人,常住人口城镇化率 66.4%,地区生产总值 339 亿元,一般公共预算收入 39 亿元。

一、必要性

在体育资源方面,群众体育健身需求与体育场馆资源供给不匹配。在医疗方面,医疗床位仅 2000 余张,每千人口拥有医疗床位数仅为 3.8 张。

二、主要做法

一是聚焦服务全民健身,统筹 10 余所中小学校体育场馆资源,实现在寒暑假、节假日和课余时间向社会开放。二是引入北京大学第一医院等外部医疗资源,与密云区医院深度共建,大幅增强医疗卫生服务能力。三是建成 19 个市区两级标准化社区卫生服务中心,人均公共文化服务设施建筑面积增至 1.9 平方米。四是建立 8 家“1+N”服务模式养老照料中心,建成“幸福晚年驿站”100 家。

第七节　吉林省梅河口市加强教育医疗服务

吉林省梅河口市人民政府

2020 年,梅河口市国土面积 2179 平方公里,市域常住人口 70 万人,常住人口城镇化率60%，地区生产总值217亿元，一般公共预算收入20亿元。

一、必要性

长期以来，梅河口市面临教育资源不足、水平不高、医疗技术不强等问题。亟须推动教育资源多元化发展，健全医疗卫生服务体系、增强公共卫生防控救治能力。

二、主要做法

一是着力提高医疗服务水平，吉林大学白求恩第一医院与梅河口市中心医院合作，派驻执行院长、医疗专家和医务人员30余人，通过团队支援、定期支援、帮扶创新、远程诊疗等，共同打造吉林省东南部医疗服务中心。二是着力提高教育质量，与东北师范大学签订合作协议，共建"东北师范大学梅河口基础教育创新发展基地"；与吉林师范大学签订合作协议，引进管理人才和优秀教师；成立梅河口市未来教育集团公司，引进高层次教育人才80余人。

三、主要成效

通过引入高端医疗资源，医疗人才队伍不断壮大，较好地满足了吉林省东南部200余万居民的医疗服务需求。通过引入高端教育资源，有效提高了基础教育服务能力。

第八节　重庆市潼南区加强公共健身服务

重庆市潼南区人民政府

2020年，潼南区国土面积1584平方公里，辖区内常住人口69万人，常住人口城镇化率58.3%,地区生产总值475亿元,一般公共预算收入20亿元。

一、必要性

潼南区人民体育健身意识逐渐增强,对健身场地和健身设施等需求更为迫切。城区有限的建设用地不足以保障公共体育健身场所的用地需求,亟须盘活碎片化的“边角料”土地。

二、主要做法

一是对闲置的“边角料”土地进行微改造,建设公共体育健身场地,建成9500平方米的桥下体育健身公园。二是在公园内,增设篮球、五人制足球、羽毛球、门球、柔力球等体育场地和老年儿童游乐健身场地4万平方米。三是结合沿江岸线整治,建设蔬菜公园健身步道、松林坡时光长廊、东滨路景观工程等健身步道24公里。

三、主要成效

潼南区建成了全民健身中心、智慧健身长廊、10个社会足球场、24个社区健身点、35公里健身步道,增加了体育场地面积30余万平方米。

第九节　北京市大兴区利用农村集体建设用地建设保障性住房

北京市大兴区人民政府

2020年,大兴区国土面积1036平方公里,辖区内常住人口185万人,常住人口城镇化率79.9%，地区生产总值933亿元，一般公共预算收入104亿元。

一、必要性

大兴区农村集体经营性建设用地存在布局不均衡、产业效益差、遗留问题多等难题。一是碎片化严重，在4215宗集体经营性建设用地中，最大的一宗为614亩，最小的一宗不足0.1亩。二是产业层级低，集体经营性建设用地周围产业布局少、集聚差，传统业态达九成以上，符合首都新功能定位的产业不足一成。三是上市成本高，95%的集体经营性建设用地存在地上建筑物，涉及利益群体复杂，拆迁腾退成本较大，上市前期垫付资金较多。

二、主要做法

一是聚焦优化用地布局，实行“镇级统筹”入市模式。以镇为基本单元，采取“一次授权、全权委托”“以地入股、以人入股”等方式，组建镇级联营公司作为统一实施主体，腾退土地2.6万亩。二是聚焦土地效益最大化，实施多元化入市方式。探索挂牌出让、协议出让、作价入股、二次转让等方式，既可建设产业项目，也可建设保障性租赁住房。三是聚焦村民长远收益保障，改革利益分配制度。土地交易额的8%—18%上缴区财政，确保村集体取得合理长久稳定收益。四是聚焦土地可持续发展，创新金融参与办法。金融机构以土地未来收益为保障、以不动产登记证为抵押，创新贷款产品、贷款程序和置换方式，显化土地资产价值。

三、主要成效

一是住房及产业用地供应增加，入市交易集体经营性建设用地20宗、2477亩。其中，保障性租赁住房7宗、633亩，共有产权住房3宗、305亩，解决了2万多新市民居住问题。二是农村集体全面参与入市，12个镇338

个村、24.4 万农村集体经济组织成员纳入镇级联营公司。三是利益合理分享,村集体获得 34.9 亿元,24.4 万村民获益;向区财政上缴 36.7 亿元。

第十节　北京市通州区利用农村集体建设用地建设保障性住房

北京市通州区人民政府

2020 年,通州区国土面积 1194 平方公里,辖区内常住人口 118 万人,常住人口城镇化率 74%,地区生产总值 1103 亿元,一般公共预算收入 67 亿元。

一、主要做法

通州区台湖镇统一还耕 29 个村级工业大院土地,将建设用地指标集中置换到条件较好区域,引导各村以建设用地使用权入股联合成立镇级土地联营公司,再由联营公司与投资方共同组建项目公司,利用集体经营性建设用地开展公共租赁住房建设。此外,推动文化产业项目在集体经营性建设用地上布局。

二、主要成效

截至 2021 年 11 月,通州区台湖镇公共租赁住房建筑面积达 28 万平方米,辐射至环球影城、台湖演艺特色小镇和亦庄开发区,一定程度上满足了在该区域就业居民的居住需要。

第十章　建设安全灵敏的韧性城市

第一节　广东省英德市增强公共卫生防控救治能力

广东省英德市人民政府

2020 年，英德市国土面积 5634 平方公里，市域常住人口 94 万人，常住人口城镇化率 42.3%，地区生产总值 348 亿元，一般公共预算收入 22 亿元。

一、必要性

英德市面临医疗业务用房不足、基本医疗设备残旧欠缺等难题，亟须加快补齐医疗卫生设施短板，改善医疗卫生条件，满足人民对卫生健康的迫切需求。

二、主要做法

一是加快建设医疗卫生设施。筹集 10 亿元用于急救医疗体系建设、县级医院升级改造、乡镇卫生院和村卫生站标准化建设，新建扩建医疗业务用房面积 23 万平方米，规范化改造英德市人民医院等 5 家医院，推进各医疗机构发热门诊和发热诊室升级改造。二是为应对新冠肺炎疫情,英德市人民医院建设核酸检测 PCR 实验室,投入 600 余万元购置设备、建设实验室及废水处理系统。

三、主要成效

英德市各医院及卫生院具备了独立开展核酸检测的能力,日均最大检测量达到 5500 份,基本满足检测需求。

第二节 四川省金堂县提高防洪排涝能力

四川省金堂县人民政府

2020 年,金堂县国土面积 1156 平方公里,县域常住人口 80 万人,常住人口城镇化率 52.4%,地区生产总值 469 亿元,一般公共预算收入 39 亿元。

一、必要性

金堂县沱江上游尚未修建蓄水工程、下游峡口过流能力不足,县城排水管网规划建设滞后,遭遇暴雨时县城存在重大安全隐患。1949 年以来,发生洪灾 16 次,2013 年、2018 年、2020 年连续遭遇洪峰流量 7250、7810、8100 立方米/秒的洪灾,造成 60 万人次、上百平方公里农作物受灾,造成经济损失超过 60 亿元。

二、主要做法

一是坚持标本兼治,按照"上蓄、中防、侧分、长疏"思路,统筹实施筑堤、拓卡、清障、疏浚等工程,系统推进毗河 3 号橡胶坝改扩建工程和沱江团结水利枢纽项目建设。二是坚持分类施策，对新建管渠，结合地下综合管廊适度超前建设；对易涝风险点现有管渠，实施雨污分流改造。三是突出要素保障，财政投入 8.5 亿元，争取资金补助 1 亿元，获 15 家金融机构意向授信 1900 亿元，签订 8.4 亿元县城建设专项企业债券意向认购协议。

三、主要成效

与 2018 年（洪峰流量 7810 立方米/秒）相比，2020 年（洪峰流量 8100 立方米/秒）受灾面积和直接经济损失分别降低 10%、44%。近期实施的甽河 3 号橡胶坝改扩建工程，将甽河河道从 90 米拓宽至 210 米，降低局部最高水位 1.2 米，有效地缓解了防洪排涝压力。

第三节　四川省遂宁市推进海绵城市建设

四川省遂宁市人民政府

2020 年，遂宁市国土面积 5322 平方公里，市域常住人口 281 万人，常住人口城镇化率 57%，地区生产总值 1403 亿元，一般公共预算收入 80 亿元。

一、主要做法

一是规划引领，编制海绵城市建设专项规划，准确把握设计审查、建设监管、验收检测、增量管控等环节。二是系统治理，针对老旧、新建、拟建“三类城区”分类施策，因地制宜地采用 4 类 28 种海绵设施，新改扩建雨水管网 355 公里，完工海绵城市面积 43 平方公里。三是科技支撑，布设 350 套海绵城市监测平台。四是多元投入，通过政府资金引导，吸引企业、债券、银行等各类资金投入 200 余亿元。

二、主要成效

一是生态环境更美。建成环湖城市湿地公园群,中心城区绿化覆盖率达42%,人均公园绿地面积达15平方米,黑臭水体整治全面完成,45个易涝点内涝隐患全部消除。二是群众评价更高。2200个老旧小区实现了“小雨不积水、大雨不内涝”,满足了“路平、灯亮、水通、景美”的民生诉求。

第十一章　建设富有活力的创新城市

第一节　江苏省溧阳市与中关村科技园区共建高新区

江苏省溧阳市人民政府

2020年，溧阳市国土面积1535平方公里，市域常住人口80万人，常住人口城镇化率63.1%，地区生产总值1086亿元，一般公共预算收入74亿元。

一、主要做法

一是开放联动，依托宁德时代新能源锂离子电池长三角基地，强化产业链招商引资，引进超百亿元项目5个、50亿元项目5个、10亿元项目23个，项目总投资超过千亿元，形成覆盖正极、负极、隔膜、电解液、电池芯等环节的动力电池完整制造链条。二是创新驱动，携手中国科学院物理所、东南大学、上海交通大学等，共建天目湖先进储能技术研究院、长三角物理研究中心等创新平台。三是抓牢高科技人才和项目，引进10名院士和一批行业顶尖的专家团队，助力企业关键共性技术研发。

二、主要成效

溧阳市高新技术产业开发区的国家高新技术企业从35家增至107家，专业人才达2万人，国家级科创平台达10家，省级部门认定的研发机构达80家。

第二节 浙江省海盐县建设中欧合作产业技术平台

浙江省海盐县人民政府

2020年，海盐县国土面积585平方公里，县域常住人口45万人，地区生产总值545亿元，一般公共预算收入58亿元。

一、主要做法

一是建设中欧合作产业技术平台公共配套设施，在北欧(丹麦)工业园区、欧洲(德国)工业园区、中法核电关联产业园投入15亿元。二是深化中欧企业交流合作，加强核电关联产业招商，向欧洲核能大企业推介海盐核电关联产业。三是寻求中欧技术创新合作，引进欧洲先进技术，改造提升传统产业。四是加强与友好交往城市联系，海盐县理工学校与丹麦南方职业技术学院持续多年开展学术交流和开班合作，培育高技能工人等人才。

二、主要成效

海盐县引进了全球核电龙头法国阿海珐集团、世界五百强企业法国施耐德等核电产业项目70个，项目总投资210亿元，促进了产业技术提升和转型升级。

第十二章　建设运行高效的智慧城市

第一节　湖北省老河口市推进城市智慧化运行

湖北省老河口市人民政府

2020 年，老河口市国土面积 1043 平方公里，市域常住人口 42 万人，常住人口城镇化率 57.4%，地区生产总值 342 亿元，一般公共预算收入 9 亿元。

一、主要做法

一是创新体制机制，组建集约化大数据中心。二是创新建设模式，采用 PPP 模式建设“智慧老河口”，成立老河口智慧城市投资运营公司，地方财政投入占比 49%，社会资金投入占比 51%。三是应用创新技术，建设亚米级高精度导航“一张图”，支持北斗智能终端定位和导航，建设数据中心“政务云”、促进数据共用共享。

二、主要成效

老河口市建成了 5G 智能网联汽车大数据中心和特种车无人驾驶测试基地，施行了智慧查违、智慧环卫、智慧城管，实现了政府职能部门办公系统网联、90 余个政务事项“一事联办”、800 余个政务事项“一窗通办”。

第二节　云南省腾冲市推进“智慧城管”建设

云南省腾冲市人民政府

2020年,腾冲市国土面积5845平方公里,市域常住人口64万人,常住人口城镇化率37.2%,地区生产总值282亿元,一般公共预算收入17亿元。

一、主要做法

一是借助卫星定位、大数据、物联网等新技术,建设5G基站740余个、5G免费WiFi站点250个,实现主要公共区域5G免费WiFi全覆盖。二是建设智慧公安、智慧旅游、智慧消防、智慧停车场、智慧书吧等服务平台和应用场景。三是以照明灯杆为基础,整合公安监控、交通信号、通信等功能,安装LED照明、5G基站、充电桩、视频监控等设施。

二、主要成效

2020年以来,腾冲市通过“智慧城管”建设,受理了城市建设管理问题1万余件,建成了智慧旅游综合管理中心和12个智慧博物馆,在旅游景区实现了在线导游导览、刷脸入园、查找公厕等功能。

第三节　重庆市璧山区推进“城市生活网”建设

重庆市璧山区人民政府

2020年,璧山区国土面积915平方公里,辖区内常住人口76万人,常住人口城镇化率 70.9%，地区生产总值 747 亿元，一般公共预算收入 51 亿元。

一、必要性

璧山区公共服务和生活性服务业缺乏线上平台运营，服务效率不高，居民生活便利性不足。

二、主要做法

一是引导 260 余个居住小区入驻“城市生活网”综合服务平台，提供议事选举、物业测评、财务公开等线上功能。二是与中小学学校合作提供学生生活费等在线缴纳，为人才提供项目申报、子女教育、配偶就业等服务。三是吸引近 3000 家商户入驻，拉动居民线上消费，提供保障消费者权益、法律团队协助便捷维权等功能。

三、主要成效

璧山区“城市生活网”综合服务平台提供了 200 余项社区生活场景服务、160 余项家政服务，拉动了线上消费 3900 余万元，完成了 60 余所中小学学校线上缴费 1.5 亿元。

第四节　河南省新密市推进智慧停车平台建设

河南省新密市人民政府

2020 年，新密市国土面积 1001 平方公里，市域常住人口 80 万人，常住人口城镇化率 61.6%，地区生产总值 706 亿元，一般公共预算收入 39 亿元。

一、必要性

新密市机动车保有量达27万辆,泊位总量不足、缺口较大,停车场建设速度远低于机动车增长速度,“停车难”问题严重影响居民生活,“停车乱”问题严重破坏城市形象。

二、主要做法

一是建设智慧停车平台,通过微信、“郑好办APP”等提供用户端口,集成车场推荐、车场导航、余位查询等功能,并在后台管理端优化车场管理和停车资源分析等功能。二是推进停车场智能化改造,在4家新建停车场建设智能化系统,对接2家已建商业停车场数据,实现停车场出入口的数据采集、上传和调用处理。三是开放停车资源和市场,吸引社会资金参与停车场投资建设运营。

三、主要成效

截至2021年11月,接入智慧停车平台的政府和商业停车场达6个,接入停车位达3000余个,交通管理服务水平大幅提升,“停车难”“停车乱”问题得到有效缓解,城市形象显著改善。

第十三章　建设清洁低碳的绿色城市

第一节　北京市顺义区推动产业绿色低碳转型

北京市顺义区人民政府

2020 年，顺义区国土面积 1021 平方公里，辖区内常住人口 132 万人，常住人口城镇化率 66.1%，地区生产总值 1874 亿元，一般公共预算收入 171 亿元。

一、主要做法

一是把主要污染物排放总量指标作为建设项目环境影响评价审批的前置条件，引导低能耗、低污染企业入驻产业园区，引入技术含量高、工艺先进、不易产生污染的项目。二是明确审核原则和审核流程，环评文件未通过总量审核的项目一律不审批。三是建立主要污染物排放总量指标管理台账，记录项目名称、总量指标、替代削减方案和实际排放量等信息数据。

二、主要成效

顺义区严格控制了高耗能、高污染项目建设，发展了产业层次高、发展潜力大的优质项目,促进了产业结构优化升级,改善了生态环境质量。

第二节 江苏省镇江市推动产业绿色低碳转型

江苏省镇江市人民政府

2020 年,镇江市国土面积 3840 平方公里,市域常住人口 321 万人,常住人口城镇化率 80%,地区生产总值 4220 亿元,一般公共预算收入 312 亿元。

一、必要性

镇江市产业结构偏重偏老化,产业园区的能源资源消耗量较大、污染物排放量较高,对资源环境承载能力形成一定压力和风险。

二、主要做法

一是从资源利用、环境效益、经济贡献、社会效益等方面建立指标体系,对固定资产投资项目进行评估,将“碳评估”结论作为项目审批(核准、备案)的必要条件和开工建设、竣工验收的重要依据。二是积极发展循环经济,构建化工、光伏、静脉、造纸等循环经济产业链和信息共享平台,为产业园区循环化改造提供技术和数据支撑。

三、主要成效

一是产业园区资源利用效率大幅提高,如镇江市经济技术开发区形成中水回用 110 万吨/年的能力,化学需氧量(COD)排放量减少 530 吨/年。二是餐厨废弃物得到规范化收运处置,每年减少碳排放 2 万吨、产生沼气

1000 万立方米、输出园林绿化肥料 3 万吨。

第三节　浙江省杭州市富阳区推动产业绿色低碳转型

浙江省杭州市富阳区人民政府

2020 年,富阳区国土面积 1821 平方公里,辖区内常住人口 83 万人,常住人口城镇化率 70.2%,地区生产总值 812 亿元,一般公共预算收入 90 亿元。

一、必要性

受历史条件、资源条件和技术条件约束,富阳区造纸产业结构单一、产品差别不显著、附加值较低,排放大量污水污泥,每天产生污泥 5000 吨。

二、主要做法

一是关停腾退,关停造纸及关联企业 1000 家,削减产能 800 万吨、废水排放 9000 万吨。二是全域整治,通过企业征迁、农居搬迁,腾出空间 2 万亩。三是美化绿化,按照不是“工地”就是“绿地”的方式,推动生态环境整治,绿化 9 条近 7 公里沿线,美化绿化面积达 1700 余亩。四是转型升级,引进新亚低温、锦阳电子等 10 余个优质项目落地。

三、主要成效

富阳区通过对造纸业关停腾退后的绿色招商引资,形成固定资产投资 700 多亿元,预计年产值 900 多亿元,培育了国家级高新技术企业 10 余家。

第四节　河北省卢龙县积极推广绿色低碳建材

河北省卢龙县人民政府

2020年,卢龙县国土面积961平方公里,县域常住人口33万人,常住人口城镇化率36.9%,地区生产总值122亿元,一般公共预算收入7亿元。

一、主要做法

一是政府推广,推动打造装配式建筑产业园区,要求新建保障性住房项目、政府投资项目、3000平方米以上新建公共建筑,均采用装配式方式建造。二是项目示范,鼓励商业开发项目采用装配式方式建造,试点建设经济适用、安全可靠、舒适健康、环境优良的"装配式绿色农房"。三是纳入规划,在卢龙县国土空间规划中,优先考虑装配式建筑产业发展。

二、主要成效

卢龙县装配式建筑产业园区年产PC构件12万立方米、钢结构2万吨、整体卫浴3万套,建成了内外墙板、叠合楼板等10余个关联配套企业。

第五节　河南省鹤壁市新建建筑全面执行绿色建筑标准

河南省鹤壁市人民政府

2020年,鹤壁市国土面积2182平方公里,市域常住人口157万人,常住人口城镇化率 61.0%，地区生产总值 981 亿元，一般公共预算收入 71 亿元。

一、主要做法

一是明确标准，实施绿色建筑创建行动，明确城区新建建筑全面执行绿色建筑标准。二是积极宣传，制作展板进行建筑节能、绿色建筑宣传。三是全程管控，对未按绿色建筑标准设计的建筑，不发放施工图审查合格证；对不按标准施工的项目，不办理验收手续。

二、主要成效

2021 年上半年，鹤壁市绿色建筑占比提高到 62%，比 2019 年提高了 10 余个百分点，获得二星级绿色建筑评价标识项目 9 个、一星级绿色建筑评价标识项目 2 个。

第六节　江西省抚州市支持居民绿色低碳生活

江西省抚州市人民政府

2020 年，抚州市国土面积 18817 平方公里，常住人口城镇化率 57%，城区常住人口 151 万人，地区生产总值 1511 亿元，一般公共预算收入 129 亿元。

一、必要性

随着居民生活水平日益提高，日常生活消费成为能源消耗和碳排放的重点领域之一。鼓励引导居民绿色低碳生活，可有效助力节能降碳。

二、主要做法

一是依托"我的抚州"智慧服务 APP,推出碳公共服务平台——"绿宝",后台数据直接计入"碳账户"。二是利用"绿宝"记录注册居民的每一次低碳生活行为数据,给予"碳币"奖励,可用于折抵居民消费。三是联合上百家商户组建"碳联盟"、推出"绿宝礼包",对几十种绿色农产品实行"绿宝价"。

三、主要成效

抚州市"绿宝"会员注册用户达 39 万人,产生"碳币"5700 万个,估算二氧化碳减排达 1.2 万吨。

第五篇

健全城市治理体系的典型做法

第十四章　提升行政管理效能

第一节　浙江省龙港市施行新型设市模式

浙江省龙港市人民政府

2020 年，龙港市国土面积 184 平方公里，市域常住人口 46 万人，常住人口城镇化率 96.9%，地区生产总值 316 亿元，一般公共预算收入 17 亿元。

一、主要做法

撤镇设市后，龙港市的机构数量、人员编制等行政资源只有同类县（市、区）的 40%。锚定“大部制、扁平化、低成本、高效率”方向，推出一系列改革举措。一是实施“一枚印章管审批”改革，集中划转 1100 余项行政许可权，审批人员由 50 余人减至 20 余人，一般企业投资项目审批时间减至 40 天，是浙江省平均时间的一半。二是实施“一支队伍管执法”改革，把涉及卫生健康、新闻出版、建设、自然资源等领域的 3000 余项行政执法权，划转综合执法局。三是实施“市管社区”改革，设立 26 个社区联合党委，26 位市领导、15 个市直单位与社区联合党委责任捆绑、同奖同罚，形成“一个班子抓到底、一道政令落到底”的工作机制。四是实施数字化改革，上线智慧应急“一张网”、消防管控“秒响应”、美丽城市“云管家”等政务数字化应用场景,初步形成“一屏可知全局、一图全面感知”。

二、主要成效

撤镇设市后,龙港市 GDP 年均增长 7.5%,高出全国 2.2 个百分点、高出浙江省 0.7 个百分点,城市面貌明显改善,安全生产事故和死亡人数持续降低,高考学子重点线上线率大幅提高,昔日“中国第一座农民城”正在蝶变为宜居宜业的新生城市。

第二节　黑龙江省伊春市推进市辖区优化整合

黑龙江省伊春市人民政府

2020 年,伊春市国土面积 3.3 万平方公里,市域常住人口 88 万人,常住人口城镇化率 84.7%,地区生产总值 295 亿元,一般公共预算收入 14 亿元。

一、主要做法

一是优化区县布局,将 15 个市辖区整合为 4 区 4 县,实现人口和公共资源向城区合理集中。二是深化机构改革,推进林场所整合撤并,将 218 个林场所整合为 121 个。三是完善市政公用设施功能。结合林场所撤并和生态移民搬迁,推进城镇棚户区改造,完善道路、管网等市政公用设施,健全污水垃圾收集处理等环境基础设施,完善学校、医院等基本公共服务设施。

二、主要成效

一是人口向市区及县城集聚,3 万名林业人口迁出山区,在伊春市区及所辖县城稳定就业生活。二是行政机构得到精简，压减了41%的行政机构。三是城市功能品质得到提升，城镇棚户区改造完成，惠及居民75万人。

第三节　吉林省长春市施行“镇区一体”管理体制

吉林省长春市人民政府

2020年，长春市国土面积2.5万平方公里，常住人口城镇化率65.9%，城区常住人口343万人，地区生产总值6638亿元，一般公共预算收入433亿元。

一、必要性

长春市有15个省级经济技术开发区、5个市级经济技术开发区，其中11个布局在建制镇。经济技术开发区设立之初，为减轻发展负担、增强发展活力，实行建制镇政府与开发区管委会“两块牌子、两套人马”，即“镇区分立”管理体制。随着产业发展及项目集聚，建制镇与开发区协同问题凸显，如财权事权不匹配、规划建设不协调、机构设置不精简等。

二、主要做法

奢岭镇、合隆镇、卡伦街道通过“七改”建立“镇区一体”管理体制。一是改班子，由副县级干部担任开发区管委会和建制镇主要负责人，解决开发区与建制镇行政级别不对等、思路不统一的问题。二是改部门，整合镇政府内设机构，解决机构臃肿问题。三是改职能，各机构“包干到底”，消除政策“孤岛”和服务“盲区”。四是改人员，实行竞聘上岗，裁汰冗员、提高效能。五是改思路，统一依据长春市发展规划，确保规划建设“一盘棋”。六是改机制,将开发区的副县级经济社会管理权限扩大到建制镇,整合设立投融资平台、科技创新平台等,增强服务发展能力。七是改模式,统筹布局市政公用设施、基本公共服务设施和产业项目。

三、主要成效

"十三五"期间,奢岭镇、合隆镇、卡伦街道累计地区生产总值分别达 64 亿元、94 亿元、90 亿元,吸引了旺旺、富士康等产业项目落地,培育形成了工业制造、休闲康养、观光旅游等产业集群。

第四节　上海市松江区推进涉企事项跨区域"一网通办"

上海市松江区人民政府

2020 年,松江区国土面积 605 平方公里,辖区内常住人口 191 万人,常住人口城镇化率 87.6%,地区生产总值 1637 亿元,一般公共预算收入 221 亿元。

一、必要性

为降低长江三角洲区域制度性交易成本,推动区域内政务服务一体化,松江区会同 G60 科创走廊 9 个城市,率先推进 30 个涉企事项"一网通办"。

二、主要做法

一是在 9 个城市 80 余个县级以上行政服务中心完成专窗全覆盖,申请人通过"一网通办"栏目提交电子申请材料,在就近城市专窗完成书面材料提交、证照领取等环节。二是依托国家政务服务平台和沪苏浙皖三省一市数据共享平台，率先落地统一身份认证、电子证照库共享共认等支撑功能，运用大数据和人工智能等新技术，精准推送“一网通办”服务。

第五节 四川省泸州市施行政务服务“一窗受理”

四川省泸州市人民政府

2020年，泸州市国土面积1.2万平方公里，常住人口城镇化率50.2%，城区常住人口100万人，地区生产总值2157亿元，一般公共预算收入170亿元。

一、主要做法

一是建设综合政务服务窗口，根据群众及企业政务服务事项办理需求，整合设置社保、医保等七大类综合政务服务窗口，提供“一窗受理、内部流转、限时办结、一窗出件”的便利化服务。二是优化政务服务流程，建立并联审批、联合验收、联合图审等工作机制，利用全程网办、异地代收代办、线上线下联办等多种方式，提升政务服务办理效率。

二、主要成效

泸州市工程建设项目全流程审批时限由288个工作日减至90个工作日以内，低于全国120个工作日的要求。150余项政务服务事项“只跑一次”，企业名称预先核准等20项政务服务事项“一次都不用跑”。

第六节　浙江省宁波市全面优化政务服务流程

浙江省宁波市人民政府

2020年,宁波市国土面积9816平方公里,常住人口城镇化率78.0%,城区常住人口361万人,地区生产总值1.2万亿元,一般公共预算收入1511亿元。

一、主要做法

一是推进全城通办。建立市县协同、部门联动的政务服务事项办理工作机制,推出4批全城通办事项。二是推进一网通办。推进政务服务事项办理向基层延伸,实现乡镇(街道)便民服务中心网点布设全覆盖、"宁波办事"综合自助服务终端机全覆盖,并向行政村及人流密集场所延伸。三是推进就近能办。充分利用银行和邮政机构等网点多、覆盖面广的优势,推动各类政务服务事项入驻,实现营业执照办理、汽车号牌登记等就近办理。四是推进异地可办。与长江沿线有关省份签订协议,实现户籍迁移等事项"跨省通办"。五是创新探索代办服务。针对老年人面临的"数据鸿沟"、偏远山区办事难等问题,推出"移动E窗"上门代办帮办服务,发展"政务流动车",为军烈属、孤寡老人及伤残人士等提供免费上门服务。

二、主要成效

1400余项政务服务事项全城通办,网上办理率达99%。400余家银行网点可免费提供企业注册登记服务,900余家银行网点可办理社保卡。市、县、乡镇(街道)、村(社区)布设了"宁波办事"综合自助服务终端机400余台,日均办理政务服务事项1600余件。

第七节　贵州省贵安新区开展集中行政许可权改革

贵州省贵安新区管理委员会

2020年，贵安新区国土面积1795平方公里，辖区内常住人口29万人，常住人口城镇化率67.4%，地区生产总值139亿元，一般公共预算收入18亿元。

一、主要做法

一是开展"一证经营"，对同一市场主体办理多个关联性较强的行政许可事项，实行"一表申请、一窗受理、多证联办、一证经营"。二是改革商事登记制度，将企业注册开办必备环节精简为申领营业执照、刻制印章备案、初次申领发票3个环节，开发全程电子化系统。三是改革工程建设项目审批制度，实行工程建设项目联合勘验、联合审图、联合测绘、联合验收，建立"一家牵头、一窗受理、并联审批、限时办结"工作机制。

二、主要成效

贵安新区企业注册开办的审批时间压缩至1天，小型投资项目审批时间压缩至40个工作日，平均审批时间压缩75%以上。

第八节　吉林省延吉市下放行政审批权限

吉林省延吉市人民政府

2020年，延吉市国土面积1748平方公里，市域常住人口69万人，常住人口城镇化率91.9%,地区生产总值315亿元,一般公共预算收入24亿元。

一、主要做法

一是下放行政审批事项,13个市直部门与朝阳川镇签订委托授权责任书,开通绿色审批通道,将规划建设、投资管理、公共事业、社会事务、资源利用、财税工商六类行政审批事项下放到朝阳川镇。二是加强便民服务,建设便民服务中心及“一站式”服务窗口。三是加强资金保障,实行“核定收支、定额上缴(补助)、增量分享”,将镇属及以下税收收入全部留归朝阳川镇。

二、主要成效

朝阳川镇文化站和农机技术推广站等9个事业单位整合组建了镇综合服务中心及综合行政执法队,承接了行政审批权限225项,大幅提高了镇内居民及企业办事的便利性。

第十五章　创新资金保障机制

第一节　江苏省江阴市设立中小企业转贷资金平台

江苏省江阴市人民政府

2020年，江阴市国土面积987平方公里，市域常住人口178万人，常住人口城镇化率74.8%，地区生产总值4114亿元，一般公共预算收入260亿元。

一、必要性

传统的贷款转贷过程是“先还后贷”，大多数小微企业资金“回笼”与还款期限无法完全匹配，造成企业现金流不足、转贷资金筹措压力大。企业向银行申请贷款展期或采取民间借贷等途径“拆借周转”，前者将作为银行征信系统不良记录影响企业信誉，后者成本较高且易衍生金融风险，增加企业负担。

二、主要做法

一是坚持市场化运作，设立混合所有制中小企业转贷资金平台，通过走访企业、送服务上门,了解企业实际需求和难点堵点,进而优化转贷流程、简化转贷程序。二是加强与金融机构合作,转贷资金平台与市内金融机构签署合作协议,优化服务企业的手段和方式。

三、主要成效

一是转贷资金平台高效安全运行,截至 2021 年 8 月,发放转贷资金 2100 余笔、160 余亿元,服务企业 900 余家,为企业节省成本 6000 余万元;持续保持零风险运行,未发生一笔转贷违约事项。二是转贷资金平台与金融机构合作全面推开,与 16 家合作银行签订合作协议,服务网点基本覆盖各乡镇(街道)。

第二节　山东省德州市组建政策性融资担保平台

山东省德州市人民政府

2020 年,德州市国土面积 1.0 万平方公里,常住人口城镇化率 53.3%,城区常住人口 66 万人,地区生产总值 3079 亿元,一般公共预算收入 209 亿元。

一、主要做法

一是构建市县两级政府融资担保体系,设立国有参股控股融资担保公司 10 家,覆盖德州市城区和 8 个县(市、区)。二是制定“担十条”、政府融资担保机构尽职免责管理办法等制度细则,降低企业担保费率、提高担保效率。三是创新贷款担保业务类型,开展无还本续贷、降低企业贷款周转成本,开展制造业中期流动资金贷款担保,缓解企业贷款期限错配难题。

二、主要成效

一是企业融资担保成本明显降低，2020年新增担保金额15亿元、惠及200余户企业，平均担保费率为1.4%，比2019年市场平均担保费率降低40%。二是金融机构与实体经济联动发展，截至2020年年底，银行发放无还本续贷近100亿元、中期流动资金贷款近50亿元。

第三节 湖北省宜城市搭建金融服务线下线上中心

湖北省宜城市人民政府

2020年，宜城市国土面积2115平方公里，市域常住人口47万人，常住人口城镇化率55.0%，地区生产总值356亿元，一般公共预算收入9亿元。

一、主要做法

一是在政务服务大厅建设线下金融服务中心，市内9家银行及保险机构进驻，分设金融咨询窗口、洽谈窗口、办理窗口和监督窗口，现场解答、现场洽谈、现场敲定、现场办理，提供"一站式"线下服务。二是建设线上金融服务中心，形成"市场主体发起贷款申请—平台发布融资需求信息—银行受理—信用服务机构评估—贷款发放—管理端统计监测"的办理链条，为企业在线办理9家银行300多个金融产品事项。

二、主要成效

截至2021年11月，通过宜城市线下线上金融服务中心，发放贷款300余笔、金额15亿元。

第四节　贵州省都匀市建立企业挂牌上市孵化基地

贵州省都匀市人民政府

2020年,都匀市国土面积2285平方公里,市域常住人口53万人,常住人口城镇化率65.9%,地区生产总值223亿元,一般公共预算收入16亿元。

一、主要做法

一是建立合作机制,与上海股权托管交易中心、上海昊古投资管理有限公司签署合作协议,建立都匀市企业挂牌上市孵化基地。二是深化政银企合作,为孵化基地提供场地支持政策,为入驻企业提供融资对接、人才培训、创业指导、项目申报等服务事项。

二、主要成效

都匀市企业挂牌上市孵化基地搭建起中小企业与资本市场的对接平台,促进了企业在资本市场直接融资,黔德建材公司、贵州绿卡能科技实业公司2家企业成功挂牌上市。

第五节　江苏省苏州市引入保险资金参与城市建设

江苏省苏州市人民政府

2020年,苏州市国土面积8657平方公里,常住人口城镇化率81.7%,

城区常住人口399万人，地区生产总值2万亿元，一般公共预算收入2303亿元。

一、主要做法

一是联合设立产业投资基金，苏州市政府与中国人寿集团旗下公司共同出资100亿元，组建国寿（苏州）城市发展产业投资基金。二是引导设立债权投资计划。引导太平集团设立“太平资产—苏州工业园区区镇一体化项目债权投资计划”，投资苏州产业园区公共配套设施建设项目。三是引导购买市属国有企业公司债券，支持保险资金通过购买城市建设投资公司和轨道交通建设公司等债券，支持轨道交通、旅游开发和保障性住房建设项目。四是支持参与养老产业投资，引导中国人寿集团投资30亿元、泰康人寿集团投资16亿元，支持建设养老基地。

二、主要成效

苏州市通过发挥财政资金杠杆作用，撬动保险资金参与城市公共设施建设，减轻了地方政府基础设施投资建设压力，有效降低了地方政府债务风险。

第六节　福建省永安市设立“园区贷”快速通道

福建省永安市人民政府

2020年，永安市国土面积2942平方公里，市域常住人口35万人，常住人口城镇化率72.1%，地区生产总值446亿元，一般公共预算收入31亿元。

一、主要做法

一是搭建银企服务平台,4个产业园区共同注资成立永安市国有担保公司,为园区内企业提供资产按揭贷款等“园区贷”服务。二是拓宽抵押担保范围,将证件齐全但尚未建设厂房的净地等纳入抵押担保范围,并将企业资产基准评估值由60%提高到70%。三是加强全流程风险防控,产业园区成立“园区贷”审查小组,对企业生产经营、财务状况、还债能力等进行评估,将符合条件的企业推荐给银行;协助银行和担保公司对申请“园区贷”企业的项目建设、生产经营、财务状况等进行动态监管,确保信贷资金专款专用。

二、主要成效

永安市“园区贷”服务实体经济作用得到充分发挥,搭建了“政府+担保+园区+银行”合作支持中小微企业融资的快速通道,帮助企业办理长期贷款超过10亿元。

第七节　浙江省台州市缓解小微企业融资难题

浙江省台州市人民政府

2020年,台州市国土面积1.0万平方公里,常住人口城镇化率62.0%,城区常住人口134万人,地区生产总值5263亿元,一般公共预算收入401亿元。

一、必要性

台州市小微企业数量众多,“融资难”“担保难”一直是制约小微企业发展壮大的"瓶颈"。

二、主要做法

推出小微金融"台州模式",在台州市掌上数字金融平台提供知识产权质押融资、无还本续贷、"双保"应急融资等300余种特色金融产品,打通企业在续贷转贷、无担保融资、非经常性资金等方面的难点痛点堵点。一是为解决小微企业知识产权难担保问题,开展专利权商标权等知识产权打包组合融资产品试点,推动全国首笔知识产权组合贷款落地。二是为解决小微企业抵押物不足问题,利用金融科技手段对客户信用进行"精准画像",创新家庭资产池等融资模式,加大信用贷款投放。三是为解决小微企业融资期限错配、续贷转贷难问题,提供"零门槛申请、零费用办理、零周期续贷"的无还本续贷金融产品,创新开展"线上续贷中心+线下体验区"模式。四是为解决小微企业融资成本高问题,率先试行政策性转贷款,发挥"中小法人银行有服务渠道""政策性银行有低成本资金"的优势互补作用。

三、主要成效

截至2021年8月,小微企业贷款余额4900余亿元,涉及小微企业46万户。一是小微企业融资渠道得到拓宽,知识产权质押融资余额超过70亿元,余额和户数占浙江省比例均过半。二是小微企业融资门槛进一步降低,小微企业信用贷款余额达525亿元,2021年上半年拓展首贷户1.7万户。三是小微企业融资效率进一步提高,掌上数字金融平台实现申贷、办贷、续贷全流程线上贯通,2019年6月上线以来,为12万户市场主体提供授信900余亿元,平均办贷天数仅3天。

第八节　浙江省义乌市将存量债务纳入财政预算管理

浙江省义乌市人民政府

2020 年,义乌市国土面积 1105 平方公里,市域常住人口 186 万人,常住人口城镇化率 79.7%,地区生产总值 1486 亿元,一般公共预算收入 106 亿元。

一、主要做法

一是经债权人与债务人共同确认,甄别出待置换的一类债务 64 亿元,主要投向交通、市政、卫生、教育、商贸服务等领域基础设施建设。二是对项目自身运营收入能够按时还本付息的债务,继续通过项目运营收入偿还;对项目自身运营收入不足以还本付息的债务,以项目能否产生现金流为标准,划分为一般债务和专项债务,统一作为一类债务纳入财政预算管理,债务人由企业及其他单位转为义乌市人民政府。三是陆续发行债券,将一类债务全部置换为地方政府债券。

二、主要成效

义乌市发行了 30 余支地方政府债券,涉及存量一类债务 195 项、总额 60 余亿元。债券平均年利率为 2.9%,比原平均年利率下降了 1.6%,每年可节省财政支出 1 亿元,大幅降低了存量债务付息负担,腾出更多资金用于民生改善。

第九节　湖南省浏阳市为主导产业量身打造融资产品

湖南省浏阳市人民政府

2020年，浏阳市国土面积5007平方公里，市域常住人口143万人，常住人口城镇化率62.0%，地区生产总值1493亿元，一般公共预算收入129亿元。

一、主要做法

聚焦浏阳市花炮产业，建立“银企财园通”“花炮信贷通”两种融资产品。一是浏阳市财政资金1000万元存入合作银行，作为企业贷款风险保证金。二是合作银行按不低于保证金10倍额度提供贷款，帮助花炮生产企业申请单笔不超过500万元、不超过一年期限的流动贷款资金。三是支持符合条件企业申请无抵押贷款，月利率不高于5‰，到期转贷无费用。

二、主要成效

浏阳市利用融资产品有效解决了花炮生产企业融资问题，通过“银企财园通”，交通银行发放贷款22笔、金额6000余万元，惠及企业10余家；通过“花炮信贷通”，51家花炮生产企业列入“花炮信贷通企业库”，发放贷款近3000万元。

第十节　河北省石家庄市建立小微企业贷款风险补偿机制

河北省石家庄市人民政府

2020年,石家庄市国土面积1.6万平方公里,常住人口城镇化率70.2%,城区常住人口442万人,地区生产总值5935亿元,一般公共预算收入632亿元。

一、主要做法

一是政府引导,财政资金安排1亿元作为风险补偿资金池,此后每年再安排适量补充资金。二是市场化运作,与14家银行签订小微企业贷款风险补偿业务合作协议,加强尽职调查、风险审核、跟踪监管、贷款回收等服务。三是风险共担,贷款风险由政府、银行、小微企业三方共担,增强银行向小微企业发放贷款的信心。

二、主要成效

截至2020年,14家合作银行发放小微企业贷款13万笔、总额1300余亿元,在一定程度上缓解了小微企业“融资难”“融资贵”问题。

第十一节　天津市蓟州区推动融资平台公司市场化转型

天津市蓟州区人民政府

2020年,蓟州区国土面积1590平方公里,辖区内常住人口80万人,常住人口城镇化率48.1%，地区生产总值225亿元，一般公共预算收入21亿元。

一、主要做法

一是统筹房地产管理局、水务局、交通局及各产业园区下属国有资产和行政事业单位优质资产，整合形成蓟州城投公司，授予其供排水、供热、污水等特许经营权，以及部分市政公用设施建设运营管理等职能。二是城投公司牵头与社会资金组建联合体，利用存量生态资产组织实施生态领域的PPP项目，投资建设公益性单位“煤改电”和污水治理等环保项目、养老服务中心等民生项目，组建子公司进行运营。

二、主要成效

蓟州城投公司投资建设项目大多实现了可持续运营和健康现金流，并通过全口径债务管理和动态监控，合理处置了存量债务，有效防范了地方政府隐性债务风险。

第六篇

推进城乡融合发展的典型做法

第十六章　促进城乡要素双向自由流动

第一节　重庆市潼南区推进柠檬技术研发转化

重庆市潼南区人民政府

2020 年，潼南区国土面积 1584 平方公里，辖区内常住人口 69 万人，常住人口城镇化率 58.3%，地区生产总值 475 亿元，一般公共预算收入 20 亿元。

一、主要做法

一是推进标准化规模化种植，发展柠檬种植基地，制定标准及技术规程。二是建立柠檬工程技术中心、产业研究院等研发平台，产生柠檬精深加工技术 300 余项，形成饮料、食品、美容护肤品等 5 类 350 余种柠檬产品。三是培育发展产业集群，引导两家龙头企业建成柠檬汁、柠檬果胶、柠檬软糖等 10 余条生产线，以“基地在村、初加工在镇、精深加工在高新区”模式，带动 300 多家新型农业经营主体和 20 多家初加工企业共同发展。

二、主要成效

截至 2021 年 11 月，潼南区柠檬鲜果年产量近 30 万吨、年产值 18 亿元,助力果农每亩增加了1500元收入,举办四届“中国·重庆潼南国际柠檬节”。

第二节 上海市金山区枫泾镇举办农创项目路演

上海市金山区人民政府

2020年,枫泾镇国土面积92平方公里,镇域常住人口10万人,常住人口城镇化率约42%,地区生产总值150亿元,一般公共预算收入10.9亿元。

一、主要做法

枫泾镇搭建农业科技供需对接平台,联合江浙沪皖等省市农科院共同打造“长三角农创路演中心”品牌。一是技术路演,汇聚科研院所、资本、创业者、农户之间的沟通渠道,共同推进农业技术转化应用。二是问需路演,把技术需求侧推至前台,科研院所直接精准听取技术需求,有针对性地进行技术研发。三是巡回路演,联合有关省市农科院进行跨地区的技术推广,举办技术交流、项目对接和市场推广活动。

二、主要成效

截至2021年11月,枫泾镇举办农创项目路演40余场,转化项目60余个,吸引众多大学生等人才返乡创业,建成芝麻、黄桃、石榴等绿色农产品基地,打造稻鸭共作、稻虾共养等生态养殖区。

第三节　河南省长葛市建设现代种业研发平台

河南省长葛市人民政府

2020年,长葛市国土面积650平方公里,市域常住人口78万人,常住人口城镇化率55.8%,地区生产总值781亿元,一般公共预算收入34亿元。

一、主要做法

一是引进法国和德国等国外研发机构,中国农科院、浙江农科大学、河南农业大学、河南农科院等国内科研院所,以及若干种子企业,共建种业试验基地。二是依托科研院所专家培育本地农业人才,并成立职业技能培训学校,通过理论培训、田间实操、参观实践、农业大讲堂等方式,对农民进行培训。

二、主要成效

长葛市入驻了科研院所和种子企业30余家,建成了国家级科研创新平台3个、省级科研创新平台5个、试验区域6000余亩,试验种植了5000多个瓜菜新品种,其中在全国推广了166个,成为中西部地区最大的瓜果新品种展示基地。辐射带动了若干乡镇和农民合作社发展,带动2000多户农民就业增收。

第四节　山东省淄博市推出“数字农业贷”

山东省淄博市人民政府

2020年,淄博市国土面积5965平方公里,常住人口城镇化率74.3%,

城区常住人口240万人,地区生产总值3674亿元,一般公共预算收入322亿元。

一、必要性

长期以来,由于信用评价标准不足、缺少有效抵质押物、农业经营风险相对较高等因素,银行信贷资金对农业农村领域投放意愿不强,农民融资难、融资成本高。

二、主要做法

淄博市联合山东省农担淄博管理中心、中国农业银行淄博分行推出"数字农业贷",针对新型农业经营主体涉农数字化改造、涉农场景应用拓展等,发放优惠贷款。一是农政银担紧密合作,农业农村部门提供新型农业经营主体名单,镇乡村推荐需求客户,银行对接服务。二是享受山东省财政厅贴息,贷款额度10万—300万元、期限1—3年,农业银行执行优惠利率,农担机构负责贷款担保并向山东省财政厅申请贴息,贴息后新型农业经营主体综合融资成本低于年均2%。三是集群化批量化发展业务,因地制宜制定各类特色金融产品,对蔬菜大棚、猕猴桃、黑牛、苹果等22个特色产业进行精准支持,支持高标准数字化大棚建设、养殖场地数字化改造等,探索推行技术托管模式。

三、主要成效

截至2021年9月,为500户新型农业经营主体发放"数字农业贷",贷款金额4.2亿元,完善了农户专属贷款机制,低成本金融资金持续流向农业农村。

第五节　河南省兰考县全面发展普惠金融

河南省兰考县人民政府

2020年，兰考县国土面积1116平方公里，县域常住人口78万人，常住人口城镇化率46.9%，地区生产总值383亿元，一般公共预算收入26亿元。

一、必要性

兰考县乡村金融基层网点及信贷人员不足，农户小额信贷服务成本高、效率低，部分农户信用意识淡薄、信用记录空白，金融机构不敢贷。

二、主要做法

一是构建“基层党建+普惠金融”服务平台，依托450多个行政村党群服务中心，建设普惠金融服务站，500名协管员开展工作，延伸乡村金融服务半径。二是建立普惠授信体系，提升农户信贷可得性。三是发挥村党组织和村委会、协管员熟悉村民情况的优势，进行贷款把关、项目走访和还款提醒，形成“贷中贷后有管理、信贷风险有预警”；成立不良贷款联合追偿小组，建立追偿机制。

三、主要成效

截至2021年11月，兰考县金融机构贷款余额277亿元，其中涉农贷款余额达200亿元。

第六节　浙江省湖州市建立政策性农业保险制度

浙江省湖州市人民政府

2020年,湖州市国土面积5820平方公里,常住人口城镇化率65.6%,城区常住人口75万人,地区生产总值3201亿元,一般公共预算收入337亿元。

一、主要做法

一是利用财政资金实行保费补贴,将补贴资金纳入年度财政预算,截至2020年,保费补贴投入4000余万元。二是优化参保理赔机制,对种养大户和龙头企业实行直接投保、一对一签单到户,对一般农户实行以镇或村为单位集中投保。建立大灾应急理赔特事特办机制,简化定损流程、加快理赔进度。三是设立地方特色险种,如芦笋价格指数保险、毛竹收购价格指数保险、湖羊养殖保险、蚕养殖及蚕茧目标价格保险等。

二、主要成效

2020年,湖州市开办了政策性农业保险35个,其中地方特色险种16个,参保农户5.7万户,承担保险金额43亿元,赔付8700万元。如,长兴杨梅采摘期降雨指数保险承保面积1.7万亩,因雨季持续降水、多次触发理赔,人保财险赔付700余万元,是农户自交保费的11倍,有效保障了农民利益。

第七节　福建省仙游县创新乡村担保融资模式

福建省仙游县人民政府

2020年，仙游县国土面积1835平方公里，县域常住人口91万人，常住人口城镇化率为52.4%，地区生产总值571亿元，一般公共预算收入41亿元。

一、主要做法

仙游县探索以纯信用、免担保、纯线上、可自助、可循环的生产经营贷款模式为基础，以入股农民合作社的农村承包地经营权和可预期经营效益为担保，创新推出“农地+农户+合作社+征信”的担保融资模式。

二、主要成效

仙游县农业银行向金溪村农民合作社发放贷款3000余万元、授信农户350户，金溪村建成1200亩有机茶示范基地，农业经营主体和农户经济效益得到提升。

第八节　河南省长葛市探索农村承包地经营权抵押融资

河南省长葛市人民政府

2020年，长葛市国土面积650平方公里，市域常住人口78万人，常住人口城镇化率55.8%,地区生产总值781亿元,一般公共预算收入34亿元。

一、主要做法

一是试行"农村承包地经营权抵押+贷款保证保险+政府风险补偿资金"的融资模式。二是协调试点金融机构创新金融产品,针对农户和农业经营主体的不同情况,推出信用类和抵押担保类等多种贷款产品。如长葛市农商行"农地通"、长葛市轩辕村镇银行"利农通"两项产品,打破了传统信贷产品模式,使土地流转大户和农户无实物抵押担保、获得信贷资金。

二、主要成效

截至2021年11月,长葛市发放抵押贷款400多笔、金额4.5亿元,有效带动了农业农村经济发展,很多农户和农业经营主体获益。

第九节 广东省广州市花都区推动生猪抵押融资

广东省广州市花都区人民政府

2020年,花都区国土面积970平方公里,辖区内常住人口164万人,常住人口城镇化率69.7%,地区生产总值1682亿元,一般公共预算收入85亿元。

一、必要性

乡村金融领域有个比喻,"家财万贯、带毛的不算",指的是活物难以作为农户或企业的抵押担保物。这使农业农村难以获得银行贷款等融资支持,严重限制农业扩大再生产。

二、主要做法

中国建设银行广东分行在花都区设立了全国首家绿色分行、首家绿色金融创新中心，提供多种绿色金融服务。其中，通过对生猪养殖业的分析研判，探索推出将生物资产作为合格抵押品的新融资模式——“绿色养殖支持贷”。

三、主要成效

截至2021年11月，为生猪绿色养殖企业增量授信了2.5亿元、投放了2.3亿元，缓解了企业资金压力，保障了重要农产品市场供应，促进了广州市生猪产能快速恢复。

第十节　黑龙江省齐齐哈尔市拓宽乡村资产抵押担保范围

黑龙江省齐齐哈尔市人民政府

2020年，齐齐哈尔市国土面积4.2万平方公里，常住人口城镇化率53.6%，城区常住人口121万人，地区生产总值1200亿元，一般公共预算收入75亿元。

一、主要做法

齐齐哈尔市联合若干金融机构，推行农村承包地经营权、农村集体资源使用权、预期收益权、大中型农机具和不动产产权“四权”抵押，单笔贷款额度上限2000万元。加强县乡村三级监管，对资金使用和预期收益进行全程监管，对贷款违约进行有效处置，调动金融机构贷款积极性。

二、主要成效

截至2020年年底,“四权”抵押贷款投放近100亿元,农民融资渠道更加便捷顺畅。

第十一节　江苏省常州市武进区探索农村集体经营性建设用地入市

江苏省常州市武进区人民政府

2020年,武进区国土面积886平方公里,辖区内常住人口128万人,常住人口城镇化率71.8%,地区生产总值1743亿元,一般公共预算收入139亿元。

一、主要做法

一是制定农村集体经营性建设用地入市管理办法、使用权网上交易规则、入市净收益管理办法、开发项目审批管理办法等制度细则,明确了入市主体、入市范围、入市途径、入市增值收益分配。二是推动村级规划编制、管控、实施“一张图”,建立集体经营性建设用地交易平台,与城市国有建设用地使用权网上交易系统同网运行、同网竞价、同网交易。三是建立转让和抵押机制,推动集体经营性建设用地进入二级市场。

二、主要成效

截至2021年11月,完成集体经营性建设用地入市8.7万亩、金额超过50亿元,土地增值收益36亿元。

第十二节　重庆市大足区探索农村集体经营性建设用地入市

重庆市大足区人民政府

2020年，大足区国土面积1436平方公里，辖区内常住人口84万人，常住人口城镇化率60.5%，地区生产总值701亿元，一般公共预算收入42亿元。

一、主要做法

大足区按照“确权是基础、规划是前提、交易是关键、分配是核心”思路，建立“同权同价、流转顺畅、收益共享”的农村集体经营性建设用地入市制度。一是明确入市规则、对象、范围和主体，确定入市交易规则和监管制度。二是建立城乡统一的建设用地使用权基准地价体系，分地区分用途分交易方式建立调节金制度。三是建立城乡统一的建设用地交易平台。

二、主要成效

截至2021年11月，大足区集体经营性建设用地入市交易100余宗、3000余亩，交易金额11亿元，为休闲农业、乡村旅游、农产品加工等产业发展提供了用地保障。

第十三节　江西省鹰潭市探索农村集体经营性建设用地入市

江西省鹰潭市人民政府

2020年，鹰潭市国土面积3560平方公里，市域常住人口115万人，常住人口城镇化率64.4%,地区生产总值983亿元,一般公共预算收入89亿元。

一、主要做法

一是以推动国家城乡融合发展试验区改革探索为抓手,探索实施农村集体经营性建设用地入市制度,制定入市办法、储备办法、交易办法和基准地价等制度,完成入市交易30余宗、面积500余亩。二是引导银行加强信贷产品配套,针对农村集体经营性建设用地使用权、农村承包土地经营权等发放抵押贷款,办理贷款业务1万余笔、授信36亿余元。

二、取得成效

截至2021年11月,农村集体经营性建设用地入市成交价款近3000万元,300多个行政村集体经济年收入全部超过5万元、平均超过15万元。

第十四节　黑龙江省安达市探索农村集体经营性建设用地入市

黑龙江省安达市人民政府

2020年,安达市国土面积3598平方公里,市域常住人口36万人,常住人口城镇化率46.7%,地区生产总值182亿元,一般公共预算收入11亿元。

一、主要做法

一是摸清底数,全面核查出符合入市条件的农村集体经营性建设用地170多宗、面积近1000亩。二是评估地价,在城市基准地价管理实践的基础上,制定安达市农村集体经营性建设用地基准地价,在政务服务大厅内开设农村集体经营性建设用地入市交易窗口。三是建立制度,对入市主体、入市方式、审批程序、价款支付、使用年期等作出具体规定。

二、主要成效

截至2021年11月,安达市完成农村集体经营性建设用地入市23宗、面积180亩、金额1500余万元。

第十五节　贵州省湄潭县探索依法自愿有偿转让农村土地承包经营权

贵州省湄潭县人民政府

2020年,湄潭县国土面积1865平方公里,县域常住人口37万人,常住人口城镇化率50.5%,地区生产总值118亿元,一般公共预算收入4亿元。

一、必要性

湄潭县乡村外出务工人员多,村内土地大量荒废闲置,亟须妥善处理盘活、促进土地高效利用。

二、主要做法

一是拿着"三证"进城,完成土地承包经营权证、宅基地使用权证、股份经济合作社股权证"三证"确权登记颁证。二是对照"三有"退地,按照有稳定收入、有安全居所、有养老医疗保障"三有"标准,严格筛选自愿申请退出承包地的农户。三是严格"三级"审核,经村民小组审核权属、村股份经济合作社审核条件、镇政府审核把关"三级"审核,核定承包地权属,保护农户合法权益。四是确认"三签"履约,施行由所有权人与承包人签字确认土地价值评估报告、农村土地承包经营权有偿退出收储补偿协议书、土地交接确认书的"三签"模式。五是筹措"三方"资金,镇政府设立土地退出收储资金,有经济积累的村股份经济合作社直接支付补偿费用,经济积累不足的由拟用地方预付相应款项。

三、主要成效

湄潭县在依法保障农民享有农村各项权益的基础上,探索了农村土地承包经营权依法自愿有偿转让路径,促进了适度规模经营,增加了农户财产性收入,退出农村承包地近400亩,支付200多农户1000余万元补偿费用。

第十六节　江苏省常州市武进区探索盘活农村闲置宅基地

江苏省常州市武进区人民政府

2020年,武进区国土面积886平方公里,辖区内常住人口128万人,常住人口城镇化率71.8%,地区生产总值1743亿元,一般公共预算收入139亿元。

一、主要做法

一是依法保障农户宅基地资格权,建立宅基地资格权管理平台,23.5万户宅基地资格权入库。二是适度放活宅基地和农民房屋使用权,由农户自主出租或自愿交给集体经济组织,租赁给乡村旅游经营者作为民宿,或满足入乡就业创业人员住房需要。三是乡镇政府研究制定补偿标准,支持引导进城落户农民依法自愿有偿转让宅基地。

二、主要成效

截至2021年11月,1500余户农民依法自愿有偿转让宅基地,通过精细整理腾退的宅基地和碎片化集体建设用地,新增农用地1.4万余亩。

第十七节　安徽省金寨县探索优化农村宅基地布局

安徽省金寨县人民政府

2020年,金寨县国土面积3814平方公里,县域常住人口49万人,常住人口城镇化率48%,地区生产总值197亿元,一般公共预算收入25亿元。

一、必要性

金寨县村庄“空心化”现象突出,土地资源大量闲置。亟须建立农村宅基地使用权流转交易制度,盘活存量建设用地资源,释放潜在价值。

二、主要做法

一是优化村庄布点规划,按照“一户一宅”,引导农民自愿有序向规划点集中。二是建立农村宅基地节约集约制度,对每户宅基地超过160平方米的部分,按阶梯累进方式收取有偿使用费;对新建宅基地低于160平方米的,按100元/平方米给予财政奖励;对符合宅基地申请条件但自愿放弃申请的,按2万元/户给予奖励。三是释放政策叠加放大效应,引导农村贫困户、移民户和居住在土坯房等的农户搬迁,自愿退出宅基地可获补偿8万元,叠加易地扶贫搬迁或水库移民等补助可达 15 万元。

三、主要成效

金寨县 4.4 万余户自愿退出宅基地,新增耕地 4 万余亩;2.5 万户、8 万余人搬迁到中心村、镇区和县城,享有更好的基本公共服务,并消化城镇房地产库存 1 万余套。

第十八节　重庆市“地票”制度缓解城乡建设用地供需失衡

重庆市发展改革委

2020 年,重庆市国土面积 8.2 万平方公里,常住人口城镇化率 69.5%,城区常住人口 1634 万人,地区生产总值 2.5 万亿元,一般公共预算收入 2090 亿元。

一、必要性

近些年来,重庆市城镇化速度较快,城市建设用地非常短缺,但农村却闲置废弃大量集体建设土地。

二、主要做法

一是制定“地票”管理办法,明确土地交易方式、转让方式和使用范围。二是规范复垦项目管理,稳妥把握农村集体建设用地复垦工作节奏,优化复垦流程,严格复垦条件,加强与“占优补优”等工作衔接,坡度大于 25 度的不纳入复垦,复垦地块必须与周边耕地相连,耕地少占多补、守住耕地红线。

三是建立“地票”交易信息管理系统，对地票申请、交易、价款缴纳、价款拨付环节，实行全流程信息化管理，保障流程公开规范。

三、主要成效

截至 2021 年 11 月，重庆市交易“地票”35 万余亩、近 700 亿元，其中在脱贫区县交易了 25 万余亩、近 500 亿元，有效助力了脱贫攻坚；地票纯收益按 85∶15 比例，分配给农户和农村集体经济组织，惠及 40 余万农户。

第十九节　重庆市巴南区探索依法自愿有偿退出农户在农村权益

重庆市巴南区人民政府

2020 年，巴南区国土面积 1825 平方公里，辖区内常住人口 118 万人，常住人口城镇化率 82.9%，地区生产总值 866 亿元，一般公共预算收入 54 亿元。

一、主要做法

巴南区构建依法自愿有偿退出农户在农村权益“1+4+1”制度框架，即 1 个指导意见、4 个具体办法（土地承包经营权、林地承包经营权、宅基地使用权、集体收益分配权）、1 个扶持政策。一是退出原则，坚持自愿有偿、平等协商、退用结合，切实保障农民权益。二是退出条件，拟退农户需有稳定的收入来源和住所，后续生活有保障，并取得相关权利人同意。三是退出程序，明确从申请到公开交易的退出流程，确保公开有序。四是监测机制，建立利益沟通、社会保障和风险防范机制，加强事中事后监管。

二、取得成效

一是盘活了农村闲置资产,如学堂堡社 7 户农民退出农村权益,获得补偿费用 375 万元,农户的闲置资产“变废为宝”得到充分利用。二是促进了土地适度规模经营,缓解了土地撂荒和碎片化问题。

第二十节　辽宁省海城市设立农村产权综合交易市场

辽宁省海城市人民政府

2020 年,海城市国土面积 2732 平方公里,市域常住人口 107 万人,常住人口城镇化率 63.7%,地区生产总值 548 亿元,一般公共预算收入 34 亿元。

一、必要性

海城市在农村集体产权制度改革过程中,面临农村要素市场主体地位缺失、农村大量资源资产“沉睡”等问题,亟须加快推动农村产权平台化交易和要素市场化配置。

二、主要做法

一是成立东北地区首家农村产权综合交易市场,在 20 多个镇区建立分支机构,在近 400 个行政村设立农村产权信息员。二是赋予交易市场权属审核、资产处置、交易鉴证、抵押登记等功能,制定农村产权交易管理办法等细则。三是开创农村承包地经营权、林权、农业设施所有权等 10 余类交易品种,开发农业大棚、养殖禽舍、果品保鲜库等 10 余种抵押融资产品。四是经鞍山市政府授权,交易市场可承载鞍山市域内的农村产权交易。

三、主要成效

一是截至2021年11月,交易市场举办大型交易会40余次,成交标的1800余个,交易金额11亿元;流转农村承包地60余万亩,村集体收入6700万元、村均收入近20万元;发放农业设施证800个,发放贷款金额10余亿元。二是促进建立了村级"专业评估+村民代表大会"的农村产权交易底价形成机制,并推动了村务公开,遏制了以往"暗箱操作""袖口交易"等农村基层腐败问题。

第二十一节　陕西省西安市高陵区建立农村产权网络交易平台

陕西省西安市高陵区人民政府

2020年,高陵区国土面积294平方公里,辖区内常住人口44万人,常住人口城镇化率65.1%,地区生产总值374亿元,一般公共预算收入13亿元。

一、主要做法

一是建立农村产权交易市场及网络交易平台,形成"统一信息发布、统一交易流程、统一交易规则、统一交易鉴证、统一监督管理"的"五统一"标准。二是在农村产权权属确认、信息发布、政策咨询、产权登记、产权交易、抵押贷款、资产拍卖、合同鉴证、纠纷仲裁等环节,施行无缝衔接、环环相扣的"一站式"办理程序。

二、主要成效

高陵区农村资源资产交易更加便捷,土地流转更加规范顺畅。如某村农民合作社通过线上竞价,以近500万元拍得200余亩承包地的12年经营权;某企业通过网络交易平台,与保险公司签订土地流转保证保险协议,当企业无力支付农民租金时,由保险公司履约代为支付。

第二十二节 四川省富顺县推进返乡人员就业创业

四川省富顺县人民政府

2020年,富顺县国土面积1342平方公里,县域常住人口72万人,城镇化率42.3%,地区生产总值338亿元,一般公共预算收入11亿元。

一、主要做法

一是成立返乡创业协会,开展农民工及家庭实名制全覆盖调查登记,搭建“返乡创业人才项目汇”“农民工大讲堂”等活动平台。二是开展稳定就业行动、创业扶持行动、“红雁”回归行动、双创孵化器创建行动,提升返乡人员就业创业能力,加强返乡就业创业政策扶持。

二、主要成效

截至2021年11月,富顺县发放扶持补助资金4000余万元,扶持返乡创业企业1700余家;新增返乡创业企业2000余家、个体工商户1.7万余个,返乡创业人员达3万余人,带动就业超过10万人,“归雁经济”占地区生产总值比例达56%。

第二十三节　重庆市开展"三师一家"入乡服务行动

重庆市发展改革委

2020 年,重庆市国土面积 8.2 万平方公里,常住人口城镇化率 69.5%,城区常住人口 1634 万人,地区生产总值 2.5 万亿元,一般公共预算收入 2090 亿元。

一、主要做法

重庆市开展规划师、建筑师、工程师、艺术家"三师一家"入乡服务行动。一是由市和区县两级深入问需、因岗择人,共同选派专业人才。二是明确入乡人才职责,要求定期报告工作进展并对其考核评价。三是建立线上工作平台,为入乡人才提供专业数据库和规划政策查询等保障。四是在专业职称评审和培养使用等方面,对入乡人才给予倾斜。

二、主要成效

截至 2021 年 11 月,重庆市各部门各区县选派了 400 余名人才入乡,在乡村规划编制、村容村貌整治、基础设施建设等方面,为驻地村提供专业技术支持;重庆大学和四川美术学院等组建了 17 支"设计下乡"志愿者队伍入乡服务;培训了农村建筑工匠 1.3 万余人。

第二十四节　四川省成都市郫都区建立人才加入乡村制度

四川省成都市郫都区人民政府

2020年,郫都区国土面积438平方公里,辖区内常住人口139万人,常住人口城镇化率76.4%,地区生产总值656亿元,一般公共预算收入47亿元。

一、必要性

郫都区乡村人才短缺和人口老龄化现象明显,人才入乡难、经营发展难、身份认定难问题突出,影响了人才入乡创业兴业的积极性。

二、主要做法

一是围绕乡村旅游、卫生教育、文化艺术等急需紧缺类人才,精准发布人才需求清单。二是深化农村宅基地和农村集体产权制度改革,通过出租、入股等多种形式,吸引人才发展蔬菜种植和乡村旅游等产业。三是探索建立人才加入乡村制度,制定新村民引入程序,明确新村民享受同等公共服务等权利,制定申请、初审、表决、公示、颁证等新村民引进程序。四是鼓励入乡人才参与村级事务管理。

三、主要成效

截至2021年11月,吸引人才约100人,招募新村民17名,带动2000名专业人才进村到户。如某村引入人才创办韭黄合作社,产值超过3000万元;某村引进花卉种苗项目,产值超过5000万元;某村引入艺术家,对村居农舍进行艺术化改造,实现农村产业更新升级、人居环境焕然一新。

第二十五节　贵州省湄潭县金花村建立人才加入乡村制度

贵州省湄潭县人民政府

2020年,湄潭县国土面积1865平方公里,县域常住人口37万人,常住人口城镇化率50.5%,地区生产总值118亿元,一般公共预算收入4亿元。

一、主要做法

一是成立金花村股份经济合作社,合作社董事长和总经理由村民担任,按照现代企业制度进行经营管理,允许外来人才以现金方式入股合作社,每股1000元、最多不超过10股。二是建立“四股四分”运作模式,将村集体经济组织成员的股份划分为资金股、资源股、成员股、集体股,外来人才与本村户籍人口享受同等待遇分红。

二、主要成效

截至2021年11月,金花村吸纳外来人才和本地村民自有资金入股80余万元,入股土地230余亩、房屋70余栋,外来人才每户每季度分红达8000余元,实现“人人是股东、户户可分红”,有效盘活了农村闲置资源。

第十七章　促进城乡公共资源均衡配置

第一节　浙江省嘉善县建设县域医共体

浙江省嘉善县人民政府

2020 年,嘉善县国土面积 507 平方公里,县域常住人口 65 万人,常住人口城镇化率 73.1%,地区生产总值 656 亿元,一般公共预算收入 72 亿元。

一、主要做法

一是打破乡镇、部门间信息壁垒,实现县域内公立医疗机构数据全部互联互通、共用共享,覆盖 5 家县级医院、102 家基层医疗卫生机构,采集健康数据 63 万条,完成共享病例 10 余万条。二是以县中心医院为龙头建设县域医共体,建设影像诊断中心、临床检验中心、心电会诊中心、病理诊断中心、消毒供应中心等诊断共享平台,建设 13 个基层“云诊室”平台,实时实现县中心医院专家远程会诊。

二、主要成效

嘉善县县域医共体作用充分发挥,诊断共享平台服务群众超过 25 万人次,基层“云诊室”服务群众超过 1.2 万人次,县域就诊率达 82%,基层就诊率达66%,常住人口家庭医生签约率达41%。

第二节　江西省芦溪县推动优质医疗资源下沉重心

江西省芦溪县人民政府

2020年,芦溪县国土面积960平方公里,县域常住人口26万人,常住人口城镇化率52.9%,地区生产总值115亿元,一般公共预算收入18亿元。

一、主要做法

一是投入财政资金4000万元为乡镇卫生院配备先进诊疗设备,设立县域医共体影像中心。二是每年投入100万元,支持乡镇卫生院医疗卫生从业人员到县级医院进修。三是在乡镇卫生院增设“健康E站”,提供家庭医生签约、导诊、预检分诊等“一站式”服务。

二、取得成效

基层医疗卫生机构服务能力明显增强,门急诊人次占总诊疗人次比例提高到65%以上,重复检查、重复开药、重复收费等现象大幅减少,家庭医生签约、导诊、预检分诊等服务全面推行。

第三节　河南省登封市推动优质医疗资源下沉重心

河南省登封市人民政府

2020年,登封市国土面积1217平方公里,市域常住人口73万人,常住人口城镇化率60.1%,地区生产总值453亿元,一般公共预算收入32亿元。

一、主要做法

一是以登封市中心医院为主体,整合县乡村三级医疗卫生资源,建成达到二级综合医院服务水平的5个县域医疗次中心,建设5个区域急救站、形成"县域15分钟急救圈"。二是通过驻点帮扶、技术指导、人员培训等形式,提高县域医疗次中心及乡镇卫生院技术管理水平,增强慢病、常见病、多发病诊疗能力。

二、主要成效

登封市群众就医便利性大幅提高,县域就诊率达93%,初步实现"健康有人管、患病有人帮、小病不出村、常见病不出乡、大病不出中心、疑难危重病不出县";区域急救站服务能力全面增强,救治患者近500人次。

第四节　浙江省德清县加力促进城乡福利并轨

浙江省德清县人民政府

2020年,德清县国土面积936平方公里,县域常住人口55万人,常住人口城镇化率63.0%,地区生产总值增长544亿元,地方财政收入67亿元。

一、主要做法

在梳理出30多项依附于户口、城乡有别的居民福利政策基础上,消除城乡居民福利差别。采取"就高不就低"原则发放居民福利,事权在县级的由县里统筹,事权在县级以上的由县财政投入予以解决,补充因户籍性质不同产生的福利差距。

二、主要成效

德清县大多数福利政策实现城乡无差别，农村居民享受与城镇居民同等的社会保障、义务教育、就业扶持等基本公共服务，2020年城乡居民收入比降至1.62。

第五节　福建省漳州市长泰区推进城乡生活垃圾统一处理

福建省漳州市长泰区人民政府

2020年，长泰区国土面积912平方公里，辖区内常住人口23万人，常住人口城镇化率59.3%，地区生产总值345亿元，一般公共预算收入18亿元。

一、主要做法

一是在运行模式上，实行农户对垃圾进行分类、保洁人员上门收集、镇区集中转运、市区集中处理，确保“垃圾不落地”。二是在人员保障上，每个行政村至少配备3名专职保洁人员，签订正式聘用合同，明确工作职责和绩效考核办法，形成稳定高效工作队伍。三是在设施建设上，每个乡镇配备垃圾转运站及压缩式收运车辆，村公共场所设置分类垃圾箱，每个农户配备2个干湿分类保洁桶，从源头上开展垃圾分类。

二、主要成效

长泰区乡村生活垃圾收集处理体系基本健全，收集率超过95%；资源化利用率大幅提高,实现“可降解垃圾不出村”,年转运量由 10 万吨减至 4.5 万吨。

第六节　湖南省湘潭市施行乡村生活垃圾处理付费

湖南省湘潭市人民政府

2020 年,湘潭市国土面积 5006 平方公里,市域常住人口 288 万人,常住人口城镇化率 63.8%,地区生产总值 2258 亿元,一般公共预算收入 200 亿元。

一、主要做法

一是全面推广“居民付费、政府奖补”的乡村生活垃圾处理付费制度,引导村民主动参与农村人居环境整治。二是建立绩效考核机制,压实“市领导包县、县领导包乡、乡领导包村、村干部包片”四级责任。三是以付费方式多元化、资金监管透明化、服务方式多样化、奖补激励精准化为目标,各村结合实际制定细则,定期公示付费收支情况,县乡政府对村给予相应奖补。

二、主要成效

湘潭市 755 个行政村生活垃圾处理付费制度全覆盖,截至 2021 年 8 月,付费金额 4900 余万元;吸引各类社会资金投入 15 亿元,参与乡村生活垃圾处理设施建设;农户生活垃圾分类投放意识增强,生活垃圾总量及乱丢乱投现象明显减少。

第七节　河北省涉县推动城乡客运一体化

河北省涉县人民政府

2020 年，涉县国土面积 1499 平方公里，县域常住人口 38 万人，常住人口城镇化率 63.2%，地区生产总值 173 亿元，一般公共预算收入 15 亿元。

一、主要做法

一是多元投入，统筹使用上级财政补贴资金、县政府专项资金、乡镇政府筹措资金、群众捐献资金，用于乡村公路建设管护。二是健全网络，以县城为中心，新建 3 个公路客运站、12 个乡镇集散点，促进城乡公交有效衔接，形成长短结合、干支相连、串联景区、辐射全县的公路客运网络。三是标准化运行，推动公路客运站、乡镇集散点及标识标牌等配套设施城乡“同设计、同施工、同验收”。

二、主要成效

截至 2021 年 11 月，涉县农村公路通车里程达 1300 余公里，乡镇通客车比例达 100%，实现了村村通油（水泥）路、300 多个行政村全部通公共客车。

第八节　四川省达州市建设城乡物流配送网络

四川省达州市人民政府

2020 年，达州市国土面积 1.7 万平方公里，常住人口城镇化率 49.8%，城区常住人口 97 万人,地区生产总值 2118 亿元,一般公共预算收入 112 亿元。

一、主要做法

一是健全平台网络,搭建城乡物流配送信息平台,构筑 12 小时“即日达”城乡配送专线网络、2 小时“同城速递”配送网络。二是完善基础设施,布局建设 8 个公共配送中心、24 个乡镇配送中心及 100 个配送网(站)点,鼓励企业升级改造仓储设施设备,在城区建设配送车辆停车位。

二、主要成效

一是配送成本大幅降低,由企业及商户自主联系配送车辆转变为统一调配车源,货物配送成本降低了 20 元/吨。二是配送时效大幅提升,由城乡物流配送信息平台统一调度、就近派车,降低了企业及商户等待时间,保证货物及时快捷送达。

第十八章　促进城乡产业协同发展

第一节　四川省成都市郫都区战旗村推进农村一二三产业融合发展

四川省成都市郫都区人民政府

2020 年，郫都区国土面积 438 平方公里，辖区内常住人口 139 万人，常住人口城镇化率 76%，地区生产总值 656 亿元，一般公共预算收入 47 亿元。

一、主要做法

一是战旗村成立村集体资产管理公司，推进经营性资产股份合作制改革，统一运营集体经营性建设用地等集体资产。二是引进社会资金 7000 余万元建设特色商街，打造大地景观 5000 亩，建成生态湿地、郊野公园和 20 公里乡村绿道，年接待游客人数超过 100 万人次。

二、主要成效

2020 年，战旗村产业产值达 3 亿元，村集体资产达 8000 余万元，农村居民人均可支配收入达 3.5 万元。

第二节　广西壮族自治区平果市创办农民工创业园

广西壮族自治区平果市人民政府

2020年,平果市国土面积2457平方公里,市域常住人口51万人,常住人口城镇化率60.9%,地区生产总值184亿元,一般公共预算收入18亿元。

一、必要性

一是解决中小微企业创业资金不足问题。近年来,受土地、电力、融资等制约,中小微企业发展步入困境。为其建设标准厂房,有利于降低创业成本。二是满足易地扶贫搬迁贫困户的就业需要。可为易地扶贫搬迁贫困户入园创业提供就业岗位,实现“搬得出、稳得住”。三是解决土地供求矛盾突出问题。通过集中建设利用产业配套设施,节约集约利用土地。

二、主要做法

一是推动农民工创业园与其他园区建设有机结合。将农民工创业园与移民安置区、农产品物流园区、创业园区等结合,用地面积960亩、建筑面积35.7万平方米、投资6.5亿元,鼓励返乡农民工及易地扶贫搬迁贫困户等在园区就业创业,发展电子信息、五金加工、服装生产等劳动密集型产业。二是加强就业创业培训。通过“企业招工+免费培训+就业”培训模式,提高农村富余劳动力就业创业能力,为有创业需求和意愿、具备一定创业条件或已创业的易地扶贫搬迁贫困户提供创业培训。三是实施创业担保贷款政策。政府为自愿创办企业争取创业担保贴息贷款。

三、主要成效

农民工创业园一期建设了28栋标准厂房,已租赁26栋,入驻企业26家,其中建成投产企业20家,吸纳就业近600人。预计二期建成后,农民工创业园年产值将超过20亿元,纳税超过3亿元,农民工收入得到大幅增加。

第三节　浙江省义乌市鼓励国有企业投资发展乡村旅游

浙江省义乌市人民政府

2020年,义乌市国土面积1105平方公里,市域常住人口186万人,常住人口城镇化率79.7%,地区生产总值1486亿元,一般公共预算收入106亿元。

一、必要性

乡村旅游是富民产业,但具有一定经济外部性。为破解美丽乡村建设特别是乡村旅游发展面临的资金和市场主体缺失问题,义乌市建立了结对共建美丽乡村精品线工作机制,由市属八大国企与镇街结对,发挥国企拥有资金、人才、运营等优势,推动共建共赢、共同发展。

二、主要做法

一是建立市级部门联席会议制度,农业农村局会同发展改革委、财政局、国资委等部门,协调解决结对共建美丽乡村遇到的各类问题。二是市属八大国企成立负责精品线建设和旅游开发的子公司,作为项目的投资建设主体,专人负责、驻村办公,全面深度参与规划编制、基础建设、沿线招商等工作，实施工程项目200多个，国企累计投入超过9亿元。三是镇街负责精品线建设相关的土地流转、征迁、村民组织等工作。

三、主要成效

一是差异化打造了至美大陈、赤岸西海、画里南江等10条精品线，提升了乡村旅游配套设施水平，建设了280公里精品线大环线、沿线150公里慢行绿道、10多处游客服务中心、40处驿站、70个公厕、70多个停车场3000多个停车位。二是形成国有资本引领社会资金共建的局面，其他国有企业和民营企业纷纷参与，投入超过100亿元，以投资开发、股份合作等方式与沿线村集体联合开发文旅产业。

第四节　浙江省德清县莫干山镇发展乡村民宿经济

浙江省德清县人民政府

2020年，德清县国土面积936平方公里，县域常住人口55万人，常住人口城镇化率63%，地区生产总值544亿元，一般公共预算收入67亿元。

一、必要性

长期以来，莫干山镇主导产业是毛竹、茶叶和果园种植，维持“靠山吃山”的发展路径，产业基础较为薄弱，亟须转型发展新产业新业态。

二、主要做法

依托便捷的交通区位优势，发展乡村民宿经济，促进“叶子”变成“票子”。一是制定德清县民宿管理办法,引导乡村民宿经济规范化品质化发展。二是投入财政资金近5亿元,用于美丽乡村建设、环境改善、生态公益林保护和饮用水水源地保护。三是借鉴先进经营理念,打造裸心谷等标杆项目,错位发展农家乐和度假村等多种业态。四是成立莫干山民宿学院,搭建民宿行业交流合作平台。

三、主要成效

2020年,莫干山镇旅游收入达25亿元,拥有高端民宿200余家,裸心谷“床均年税收”超过12万元。

第十九章　缩小城乡居民收入差距

第一节　吉林省吉林市大荒地村探索“村企共建”

吉林省吉林市人民政府

2020年，吉林市国土面积2.8万平方公里，常住人口城镇化率63.5%，城区常住人口130万人，地区生产总值1453亿元，一般公共预算收入248亿元。

一、必要性

长期以来，大荒地村以水稻种植为主导产业，产业结构单一，村民致富困难。亟须提高稻米产品生产效率、档次和附加值，促进农民持续增收。

二、主要做法

一是引导规模化流转，依托有合作意愿的大型企业，由村成立的种植企业与农民签订承包地流转合同，以每公顷1.4万元的价格进行流转，租金比市场价格多3000余元、比农民自种收入多2000余元。二是建设高标准农田，把田埂变成耕地，每公顷耕地面积增加了2%。三是实行机械化种植，由合作企业购置500台(套)大型农业机械,实现育苗、插秧、施肥、收获全过程机械化,节约了15%的生产成本,提高了18%的单产效益。四是利用温泉资源,打造集生态农业观光、温泉休闲、养生文化、满族风情于一体的乡村旅游,年接待游客人数达50万人次。

三、主要成效

一是促进了农户就业增收,吸纳了村95%的劳动力进入合作企业就业,在承包地流转收入之外,农户户均年收入近4万元、人均收入1万余元。二是改善了生产生活环境,建成了31栋农民新居和2栋老年公寓,建设了7条村级公路、1座供热站、1座污水处理厂、9座垃圾中转站、健身广场及篮球场,治理河道900余米,村容村貌焕然一新。

第二节　安徽省天长市深化农村集体产权制度改革

安徽省天长市人民政府

2020年,天长市国土面积1770平方公里,市域常住人口63万人,常住人口城镇化率71.7%,地区生产总值549亿元,一般公共预算收入57亿元。

一、主要做法

一是按照“归属清晰、权责明确、保护严格、流转顺畅”思路,全面摸清集体资产,清查集体资源性资产222万亩、经营性资产4.5亿元、非经营性资产7亿元。二是确认集体经济组织成员50余万人,发放集体资产股权证书12余万份。三是施行“政经分离、账务分设”模式,不设集体股,将集体资产全部折股量化到人,当年收益的70%用于成员分红、30%作为公益金用于发展生产。四是设立“农权贷”特色融资产品,允许农民以集体资产股权为质押,发放贷款400余笔、3500余万元。

二、主要成效

截至2020年年底,天长市村级经营性收益达4000余万元,比2016年增长2倍多,村均收益近30万元。

第三节　吉林省梨树县发展壮大新型农村集体经济

吉林省梨树县人民政府

2020年,梨树县国土面积4209平方公里,县域常住人口54万人,常住人口城镇化率36%,地区生产总值155亿元,一般公共预算收入8亿元。

一、必要性

梨树县为努力消除集体经济“空壳村”,改变因地理位置偏僻带来的农村集体经济落后局面,积极推动“资源变资产、资金变股金、农民变股东”的“三变”改革。

二、主要做法

一是通过收回被占用集体资源、出租村级闲置资源、折股项目资源等方式,推动各类村集体资源变成村集体资产。二是将村集体资产入股至合作企业,形成“合作企业+村集体+农户”的运作模式,推动资金变股金、农民变股东。如姚家村引导企业与村民合股经营,村民以每亩承包地500多元租金作为股金，企业在保底支付承包地租金的基础上，以卖粮所得收益与村民按股份比例分红，并将30%的利润用于扶持村集体经济；姚家村盘活原砖厂110余亩废弃地，引入企业投资4500万元建设规模化养殖场，解决50余名村民就业问题。

第四节　山东省威海市加强面向小农户的社会化服务

山东省威海市人民政府

2020年，威海市国土面积5800平方公里，市域常住人口291万人，常住人口城镇化率70%，地区生产总值3018亿元，一般公共预算收入252亿元。

一、必要性

长期以来，威海市存在小农户对接大市场难度大、农业社会化服务缺失、生产成本偏高、抵御风险能力弱等难题，亟须建立健全农业社会化服务体系。

二、主要做法

一是在40余个涉农乡镇（街道）设立镇级农业社会化综合服务中心，在2400个行政村设立农业社会化服务站，择优筛选专业服务组织入驻。二是由村党组织领办农民合作社1200余家，组织劳务输出、自主经营土地，推动承包地流转率超过60%（规模化流转土地超过3/4）。三是对农业技术专家及人才等给予奖励补助，吸引其入乡提供农业社会化服务。

三、主要成效

截至2021年11月,威海市农民就地就业达15万人次,农业标准化生产占比达75%,每亩土地节约生产成本100元;发布涉农地方标准近100项,培育知名品牌30余个。

第七篇

专题研究报告

第二十章　提高农业转移人口市民化质量、加快释放内需潜力研究

国家发展改革委城市和小城镇改革发展中心

推进农业转移人口市民化，既是新型城镇化以人为核心的重要体现，也是有效激发投资消费潜力、扩大内需的强大引擎。当前，我国仍处于城镇化较快发展阶段，更多农村居民通过转移就业提高收入水平、通过转为市民享受更高品质的公共服务，一方面会推动城镇消费群体不断扩大、消费结构不断升级、消费潜力不断释放；另一方面也带来城市基础设施、公共服务设施以及住宅建设等巨大投资需求，为经济发展提供持续动力。当前，新冠肺炎疫情仍在全球肆虐，世界经济复苏艰难曲折，国内经济恢复仍然不稳固、不均衡。提升农业转移人口市民化质量，进一步发挥内需这一经济发展基本动力作用，既是应对外部风险挑战、稳定我国经济基本盘的客观需要，也是满足人民日益增长的美好生活需要的必然要求，更是加快构建新发展格局的重要举措。

一、农业转移人口市民化是扩大内需的强大动力

2012—2020 年，我国城镇常住人口从 7.12 亿人增加到 9.02 亿人，年均增加 2100 万人，同期社会消费品零售总额由 21.03 万亿元上升到 39.2 万亿元，2019 年和 2020 年两年平均超过 40 万亿元，全社会固定资产投资由 37.47 万亿元上升到 52.73 万亿元，2019 年和 2020 年两年平均超过 54 万

亿元。城镇化率每提高 1 个百分点,社会消费品零售总额增加约 1.68 万亿元,全社会固定资产投资提高约 1.46 万亿元。

（一）农业转移人口市民化有力促进了消费

一是农业转移人口市民化扩大了消费群体、增加了消费需求。2012—2020 年,我国城镇人口增加 1.9 亿人,城镇户籍人口增加 1.63 亿人,城镇消费群体不断扩大。从 2020 年城乡居民收入和消费情况看,城镇居民人均可支配收入为 43834 元,农村居民人均可支配收入仅为 17131 元,城乡居民收入比为 2.56;城镇居民人均消费支出为 27007 元,农村居民人均消费支出为 13713 元,城镇居民消费支出是农村居民的 2 倍。一个农村居民转化为市民,收入水平和消费能力同步提高,按现有水平计算,每年至少增加 1.33 万元的消费需求。按现状每年新增 2100 万城镇人口计算,每年可新增约 2800 亿元的直接消费需求,相当于年均全社会消费品零售总额增量的 12.5%。

二是农业转移人口市民化改善了消费结构、促进了消费升级。2020 年,全国城乡居民的恩格尔系数分别为 29.2%和 32.7%。与农村居民相比,农业转移人口用于住房、耐用品、服务等多样化的消费需求明显增加。2012—2018 年,我国汽车销售量从 1930.6 万辆上升到 2956.7 万辆,增长了 53%。按照每百户城市家庭拥有 33 辆汽车计算,农业转移人口市民化对汽车销售的贡献在 10%左右。2013—2019 年,城镇居民在文教娱乐、医疗保健、交通通信等领域的消费支出分别提高了 1.11、1.99 和 0.55 个百分点。此外,城市居住环境改善、新业态发展也催生了更加丰富多元的消费新需求。例如,社区团购、直播带货等新型消费业态蓬勃发展,2014—2020 年,全国网上零售额由 2.79 万亿元上升到 11.76 万亿元,增幅高达 322%,连续多年成为全球第一大网络零售国。

（二）农业转移人口市民化显著带动了投资

一是直接带动城市基础设施投资增长。2012—2019 年,我国城市市政公共设施建设年度投资额由 1.53 万亿元增长到 2.01 万亿元,增长 31%。如以 2019 年人均市政基础设施投资约 2400 元计算,农业转移人口市民化每年新增市政公共设施建设投资需求约 240 亿元,约占 7 年间年均市政基础设施投资增量的35%。2012—2020年，我国交通固定资产投资从1.43万亿元增长到3.5万亿元，增长145%。仅轨道交通一项，“十三五”期间实现投资约2.5万亿元。

二是带动住宅建设投资增长。2012—2020年，我国住宅投资由4.94万亿元上升到10.44万亿元，翻了近一番；商品房销售面积从10.99亿平方米上升到13.06亿平方米，增长18.84%。其间，农业转移人口进城后的住房需求持续上升，2012年以来，进城农民工购房比例由0.6%上升到20%左右。除新建住宅外，城镇居民改善居住环境也产生了巨大的投资需求。四川省宜宾市江安县发挥新型城镇化试点作用，通过财政出资1.2亿元，并撬动社会资金投入9亿元，改造老旧小区约70个，改善了1万余人的居住条件。住宅建设和改造对上下游的建材、家用电器、家具和装修材料等相关产品产生巨大需求，也带动这些领域的投资增长。

三是带动城市公共服务设施投资增长。教育、医疗、养老、托育等是农业转移人口市民化首要的公共服务需求。以教育为例，2020年年底，全国进城务工人员随迁子女人数达1429.7万，保障义务教育阶段的学位，需要巨大的资金投入。广东省东莞市自2017年以来累计向义务教育阶段随迁子女新提供学位13万个，新建扩建21所公办学校，向民办学校提供学位补贴共投入近10亿元，平均每个学位需投资7000元以上；湖南省郴州市累计投入43.9亿元，新增学位12.14万个，解决了全市6292个义务教育大班额问题。

二、提高农业转移人口市民化质量蕴含着巨大的内需潜力

“十三五”时期，农业转移人口市民化成为内需不断扩大的重要来源。未来随着农业转移人口市民化数量进一步增长，特别是质量的持续提升，还将释放出巨大的内需潜能，为构建新发展格局作出贡献。

（一）人口城镇化仍有较大增长空间

2020年，我国常住人口城镇化率63.89%，户籍人口城镇化率45.4%，表明超过2亿农业转移人口在城市常住但没有落户。根据预测，到2035

年,我国城镇化将进入成熟阶段。今后15年新增超过1亿城镇人口,农业转移人口仍是其中的主力。

(二)放开放宽农业转移人口在大城市落户蕴含着巨大潜力

大城市农业转移人口收入普遍较高、落户意愿较强。近年来,国家陆续出台了城区常住人口300万以下城市全面取消落户限制、城区常住人口300万—500万的城市全面放开放宽落户条件、完善城区常住人口500万以上的超大特大城市积分落户政策、允许租赁房屋的常住人口在城市公共户口落户等政策。山东省济南市和云南省昆明市全面取消城区落户限制,广东省广州市7个市辖区探索实施与中心城区差别化落户政策,降低了学历要求等落户门槛,吸纳了较多农业转移人口。随着户籍制度改革不断深化,通过放开放宽除超大城市外的城市落户限制、试行以经常居住地登记户口制度等,降低大城市落户门槛,拓宽农业转移人口进城落户的空间,有利于释放农业转移人口进城落户潜力。

(三)持续提升农业转移人口享有的公共服务水平带来巨大内需

居住证制度的建立,为未落户农业转移人口在城市享有基本公共服务提供了便利,但与城市户籍人口相比,持有居住证的农业转移人口在城市享有的公共服务水平和质量仍有差距。目前农民工接受非农职业技能培训,以及参加城镇职工养老保险、失业保险、工伤保险占外出农民工比例均不足50%,进城农民工享受租赁或购买保障性住房比例较低。逐步缩小城市户籍人口与居住证人口的公共服务差距,既有助于调动农业转移人口在城市定居的积极性,释放消费潜力,也有助于扩大城市公共服务设施投资。

三、更好发挥农业转移人口市民化在扩大内需中的支撑作用

提升农业转移人口市民化质量,是加快扩大内需的重要结构化力量。要抓住农业转移人口市民化质量提升这个关键,以更大的力度推进户籍制度改革,促进农业转移人口深度融入城市,完善城乡劳动力双向流动机制,强化城市群、都市圈核心动力源和县城重要载体作用。

(一) 持续深化户籍制度改革

分类完善、持续深化户籍制度改革,建立健全公共服务与常住人口挂钩机制。督促城区常住人口300万以下城市尽快放开落户条件,破除各类隐形落户门槛。推动城区常住人口300万—500万城市实施就业和居住年限准入制落户政策,逐步取消其落户限制。进一步放宽除超大城市外的落户限制,推动超大特大城市放开郊区落户限制。精简超大特大城市积分落户项目,大幅提高居住、就业、社保缴纳年限积分所占比重,取消积分落户数量限制,探索都市圈内城市积分年限互认。增加外来人口占比较多的超大特大城市居住证发放量,促进迁移人口稳定落户。

(二) 促进农业转移人口深度融入城市

着眼提升农业转移人口就业能力和公共服务保障水平,以促进农业转移人口深度融入城市带动消费升级。完善就业优先的城镇化政策体系,持续提高农业转移人口收入水平,实施有针对性的职业技能培训,提高农业转移人口就业竞争力。完善技术技能评价制度,拓展农业转移人口职业发展空间。推动城镇基本公共服务覆盖全部城镇常住人口,健全教育、医疗、养老、住房等保障制度。完善住房市场体系和住房保障体系,支持合理自主需求,通过新房、二手房和租赁房"多管齐下",协同解决新市民住房需求。支持消费升级,通过税收优惠、消费者补贴等措施,促进新家电产品、新能源汽车、教育、休闲娱乐、文化旅游等消费。完善汽车等消费政策,推动汽车由购买管理向使用管理转变。

(三) 完善城乡劳动力双向流动机制

畅通城乡人口流动渠道是顺应农业转移人口自主就业选择、提高农业转移人口市民化质量的前提。在放开放宽城市落户限制的同时,维护好农业转移人口在农村的相关权益,解除农业转移人口的后顾之忧。健全农业转移人口农村"三权"实现机制,提高其进城落户的意愿和能力。加快制定农业转移人口依法自愿有偿退出农村"三权"的具体办法。完善人才引进、培育、保障和激励政策体系,吸引各类人才入乡兴乡。积极探索城乡人口双向有序流动的实现形式,鼓励本地外出的各类人才返乡创业兴业,鼓励有条件的集体经济组织适度对外来人口开放,促进双向流动、各得其所。

(四)强化城市群、都市圈动力源和县城重要载体作用

发挥城市群和都市圈吸纳农业转移人口的作用,统筹推动城市群和都市圈范围内基础设施、基本公共服务、社会保障、社会治理一体化发展,提高共建共享水平。推进以新基建为重点的基础设施建设,完善都市圈轨道交通系统,提高城市对农业转移人口承载能力。推动城市更新,加快城市老旧小区改造,完善城市防洪排涝体系,更好构建高品质生活承载空间。适应农民到县城就业安家落户需求,补齐县城市政公用设施、环境基础设施、公共服务设施和产业配套设施等方面的“短板”,改善农业转移人口生产生活环境,扩大有效投资、释放消费潜力。加强县域商业体系建设,带动广大农村消费提质扩容。

第二十一章　我国城市群一体化发展成效与问题研究

国家发展改革委发展战略和规划司

党中央、国务院高度重视城市群发展。2014 年，党中央、国务院印发《国家新型城镇化规划（2014—2020 年）》，提出以城市群为主体构建“两横三纵”的城镇化战略格局。《中华人民共和国国民经济和社会发展第十四个五年规划和 2035 年远景目标纲要》进一步明确了分类推动 19 个城市群一体化发展的总体要求。近年来，党中央、国务院对京津冀协同发展、粤港澳大湾区建设、长三角一体化发展等区域重大战略及成渝地区双城经济圈建设作出一系列部署，国务院批复同意长江中游、中原、哈长、北部湾、关中平原、兰州—西宁等跨省区城市群规划。国家发展改革委认真贯彻党中央、国务院决策部署，会同有关地方和部门积极推进城市群建设。在各方面的共同努力下，城市群已经成为承载发展要素的主要空间形式，对完善“两横三纵”城镇化战略格局、优化区域经济布局、推动高质量发展发挥了重要作用。

一、近年来城市群建设取得显著成效

城市群省际协商协调机制不断建立健全，一体化发展水平持续提高，京津冀、长三角、珠三角城市群建设取得重大进展，成渝、长江中游、关中平原等跨省区城市群加快发展，一批省内城市群建设取得新进展，京津冀、长三角、珠三角、成渝、长江中游5个城市群以约10%的国土面积集聚了约40%的人口、创造了超过50%的国内生产总值,成为引领我国高质量发展的重要动力源。

(一)畅通便捷的交通体系初步构建

一是多层次轨道交通网络加快形成,全国铁路网对20万人口以上城市覆盖率、高铁网对50万人口以上城市覆盖率分别达到99%、92%,京津冀、长三角、珠三角三大城市群城际轨道网初步形成,重庆、成都双城直达动车客运班列日均运行超过200列次、成渝中线高铁开工建设。二是公路网进一步贯通加密,京津冀打通约1400公里“断头路”“瓶颈路”,大湾区高速公路网密度达8.2公里/百平方公里,长江中游城市群全面实施省际公路联网工程,关中平原城市群高速公路网规模超过4100公里,北部湾城市群建成首条连接东盟高速公路,黔中城市群等级公路里程较2015年增加6000公里,宁夏沿黄城市群实现了所有市县10分钟内上高速。三是航空水运协作水平进一步提升,北京大兴国际机场、成都天府国际机场等一批重要枢纽机场建成投运,川渝加快建设长江上游航运中心,长江中游城市群成立航运企业联盟,山东半岛城市群整合东营、滨州、潍坊3市港口航线资源组建山东渤海湾港口集团。

(二)产业和创新协作水平不断提升

一是产业协作程度大幅提高。截至2020年年底,河北累计承接京津转入法人单位24771个。重庆、四川两地共同出台汽车产业高质量协同发展、电子信息产业高质量协同发展实施方案,联合选定20个园区为首批产业合作示范园区。二是创新协作成为合作新重点。长三角城市群三省一市联合打造G60科创走廊,长三角科技资源共享服务平台整合区域内2420家法人单位的3.1万台(套)大型科学仪器设施。川渝联合实施重点研发项目,集中发布41项产学研创新成果。

(三)统一开放大市场加快建设

一是区域统一市场加快实现。长三角三省一市优化跨省审批流程,统一市场准入制度和考核标准。川渝两地协同推进“放管服”改革,联合推出

210 项跨省通办事项，以高（滩）（茨）竹新区等毗邻地区一体化发展为突破，积极探索经济区与行政区适度分离有关改革。二是对外协同开放不断深化。长江中游城市群全面推进“一次申报、一次查验、一次放行”沿江通关协作。山东半岛城市群 2020 年港口货物吞吐量达到 14.2 亿吨，同比增长 7.5%，高于全国沿海港口平均增速 4.3 个百分点。

（四）生态环境联防联治深入开展

一是生态共建持续推进。长三角城市群浙江与安徽新安江流域生态补偿机制深入探索。长江中游三省共同签署《湖泊湿地保护与生态修复联合宣言》，长株潭都市圈通过省级立法，实现对 528 平方公里城际“绿心”的有效保护。天山北坡城市群实施退牧还草和天然林保护二期工程，建设国家林木种质资源保存库新疆分库。二是污染共治形成合力。成渝城市群率先建立危险废弃物跨省市转移“白名单”制度，完成 24 个跨界流域问题整改。北部湾等城市群开展跨境水域污染综合整治协作，西江流域重点河流水质 100%达标。山东半岛城市群 2020 年近岸海域优良水质面积比例达到 91.5%，$PM_{2.5}$ 浓度比 2015 年下降 37%。滇中城市群统筹滇中“六湖”污染治理，滇池草海水质连续两年稳定在Ⅳ类，为 30 年来最好水平。

（五）公共服务共享水平稳步提升

一是教育合作深入开展。京津两地优质学校在河北设立分校 31 所，京津冀 9 所高职院校开展跨省市招生。兰州—西宁城市群 50 余所高、中职院校建立协同共享合作对接关系。二是医疗合作持续推进。多个城市群实现异地就医直接结算，截至 2020 年 9 月底，长三角城市群门诊直接结算总量已超 200 万人次，涉及医疗总费用近 5 亿元。三是通信、社保、旅游等领域互通共享不断深化。成渝城市群实现住房公积金跨区域转移接续和互认互贷。长江中游、中原、山西中部等城市群联合开展旅游推广，推出旅游“一卡通”或旅游套票。哈长、辽中南、呼包鄂榆等城市群内主要城市签署协同发展合作框架协议，积极推动公共服务一体化。

（六）都市圈发展呈现新面貌

多地把积极培育以超大特大城市为中心、以“1 小时通勤圈”为范围的都市圈作为城市群建设的先手棋。一是规划加快编制实施。南京、福州、成都等都市圈发展规划正式发布,广州、深圳、西安、长株潭、重庆、杭州等都市圈加快规划编制。二是同城化进程加速。广佛地铁实现跨市运营和票务统一,广州与佛山、武汉与鄂州基本实现金融兑付同城清算。南京都市圈实现医学检验检查报告异地查询。成都航空口岸 144 小时过境免签停留范围扩展至都市圈。长株潭实现"通信同号、金融同城、交通同网、能源同体、环境通治"。西安市与西咸新区户籍、社保、车牌照等实现同城化管理。

二、城市群一体化发展存在的主要问题

尽管城市群建设取得显著进展,但受地理区位、资源环境禀赋、经济社会发展基础等长期客观条件以及推进城市群建设的思路和方法等主观因素影响,不同地区城市群整体实力、合作成效和一体化水平仍存在显著差距,主要表现在以下几个方面。

(一)部分城市群还未形成引领有力、执行高效的工作机制

一些跨省区城市群仍未建立起有效的跨省区协商协调机制。一些跨省区城市群虽已建立有关机制,但模式较为松散,针对城市群发展事项的专项机制尚未做到常态化和制度化,落实重大决策、推进重大项目、定期沟通协调的功能还不完善。

(二)利益共享、成本共担机制建设尚未实现突破

行政区思维尚未打破,除了跨界环境共治、市场监管等个别领域外,城市群还没能建立起科学有效的利益共享、成本共担机制,城市间产业竞争大于合作现象仍然存在,市场难以在资源配置中发挥决定性作用,城市间产业布局和结构趋同,如关中平原城市群除西安市外的城市间相似系数在 0.95 以上;港口机场重复建设等问题依然突出,既浪费了资源,又降低了发展效率。

(三)部分城市群中心城市辐射带动能力不强

有的中心城市综合实力较强但"一城独大",对周边城市"虹吸效应"过

强，如武汉周边8市经济总量仅为武汉的70%，2010—2020年，西安市、长春市域常住人口占全省比例增幅分别达到10.1个、9.7个百分点。有的中心城市发展能级不高，如兰州市、银川市等西北地区城市人口规模和经济体量偏小，难以发挥辐射带动作用。

三、未来推动城市群高质量发展的任务举措

认真贯彻落实党中央、国务院决策部署，全面落实《中华人民共和国国民经济和社会发展第十四个五年规划和2035年远景目标纲要》要求，顺应人口流动和产业转移趋势，统筹考虑资源环境承载能力和功能定位，加快破解城市群一体化发展的突出问题，促进城市群高质量发展。

（一）分类推动城市群发展

优化提升京津冀、长三角、珠三角、成渝、长江中游城市群，推动高水平创新和高标准开放，增强全球要素配置和创新策源能力，把京津冀、长三角、珠三角打造成为世界一流城市群，显著提升成渝、长江中游城市群的国际影响力。发展壮大山东半岛、粤闽浙沿海、中原、关中平原、北部湾等城市群，提升人口经济集聚能力，使之成为带动全国经济发展的重要增长极。培育发展哈长、辽中南、山西中部、黔中、滇中、呼包鄂榆、兰州—西宁、宁夏沿黄、天山北坡等城市群，使之成为促进国土空间均衡开发和区域协调发展的重要支撑。

（二）优化城市群内部空间结构

推动超大特大城市转变发展方式，优化提升中心城区功能，辐射带动周边中小城市和小城镇协同发展，培育形成通勤便捷高效、产业梯次配套、生活便利共享的现代化都市圈，建立中心城市带动都市圈、都市圈引领城市群、城市群支撑区域协调发展的空间动力机制。依托河流、湖泊、山峦等自然地理格局，构筑城市间生态和安全屏障，促进形成多中心、多层级、多节点的网络型城市群。

（三）推动城市群一体化发展

促进产业和创新协作，引导形成科学分工、错位互补的产业一体化发展

格局,构建协同创新共同体。推动统一市场建设,清理废除妨碍统一市场和公平竞争的各种规定和做法,促进规则统一、标准互认、监管一体、市场设施联通和要素自由流动。推动公共服务共建共享,促进公办教育和医疗卫生等资源均衡布局,构建公共卫生和重大传染病联防联控体系。推动生态环境共保共治,建立横向生态保护补偿机制,开展环境协同监测和联合执法。建立健全城市群多层次常态化协调推进机制,推动跨行政区利益共享和成本共担机制建设。

(四)加快构建轨道上的城市群和都市圈

建设现代化综合交通运输体系,完善城市群间交通运输通道,推进城市群城际铁路建设,优化城际高速公路网,逐步实现城市群内 2 小时通达。提高都市圈基础设施连接性、贯通性,推动重点都市圈市域(郊)铁路建设,促进市内市外交通有效衔接和轨道交通“四网融合”,加快提升都市圈内通勤效率。

第二十二章 增强城市群和都市圈承载能力、培育高质量发展动力源研究

国家发展改革委国土开发与地区经济研究所

《中华人民共和国国民经济和社会发展第十四个五年规划和2035年远景目标纲要》明确提出，发展壮大城市群和都市圈，推动城市群一体化发展，建设现代化都市圈，分类引导大中小城市发展方向和建设重点，形成疏密有致、分工协作、功能完善的城镇化空间格局。进一步增强城市群和都市圈综合承载能力，率先打造成为高质量发展的增长极和动力源，对于持续稳定推进新型城镇化进程、建设强大国内市场和扩大内需、支撑国民经济和社会高质量发展、构建新发展格局具有关键作用。

一、发展壮大城市群和都市圈对于推进新型城镇化意义重大

（一）有利于支撑农业转移人口市民化稳步推进

城镇化自始至终伴随农民进城转化为市民而实现生产生活方式的转变，城市群和都市圈区域由于发展水平高、就业机会多、包容空间大往往成为吸纳农业转移人口的主要载体。根据“六普”和“七普”结果，珠三角、长三角等重点城市群所在的广东、浙江、江苏三省常住人口2010—2020年分别增加2171万人、1014万人、609万人，居全国各省份常住人口增量前三位，这些重点城市群也是农业转移人口流入最为集中的地区。

（二）有利于促进资源集约利用和生态环境保护

我国资源环境禀赋不优越、不平衡的基本国情决定了我们必须走资源集约和环境保护的城镇化道路，发展壮大城市群和都市圈正是顺应这一客观要求，用更少的土地、水、能源等资源和更小的生态环境影响，承载更多的人口、产业和基础设施。根据“七普”结果，2020 年京津冀、长三角、珠三角城市群人口密度明显高于周边省份和全国平均水平。城市群和都市圈建设通过加强城市间分工协作，减少重复布局和建设，发挥产业发展和人口聚集的规模效应，实现基础设施、公共服务、要素资源的共建共享，最大限度促进资源集约和环境保护。

（三）有利于培育现代化城市

城市群和都市圈发展依托中心城市辐射带动周边大中小城市，促进城市间优势互补和分工协同，在强化城市群和都市圈集聚辐射效应的同时，不断促进城市群内不同等级城市的功能完善和特色发挥，培育壮大一批各具特色的大中小城市。全国 19 个城市群涵盖 200 多个地级城市，占全部地级城市总量的比重超过 70%。北京市、上海市、广州市、武汉市、成都市、西安市等超大特大城市现代化国际化水平明显提升，都市圈辐射力和竞争力不断增强；大连市、青岛市、宁波市、杭州市、郑州市等港口和省会城市开放功能和特色优势明显，都市圈加快形成和壮大；苏州市、昆山市、佛山市、东莞市、顺德区等大中小城市特色日益彰显，城市功能和品质加快提升。

（四）有利于提升城市治理体系和治理能力现代化水平

城市群和都市圈发展壮大既要统筹协调不同城市间的特色优势和分工协作，又要合理安排基础设施、生态环保、公共服务等不同领域的资源配置，需要形成系统高效的城市治理体系和治理能力。发展壮大城市群和都市圈有利于加强对进展成效的监测、评估和考核，构建相应的激励和惩处机制，畅通灵活高效的动态反馈和链条调整，健全重大灾难、突发事件的应急处置和综合防范体系，推进城市生产和生活方式转变和城市文明弘扬，提高城市治理体系和治理能力现代化水平。

二、增强城市群和都市圈综合承载能力空间巨大

我国城市群和都市圈正在加快形成，东部沿海发达地区部分城市群和都市圈相对成熟，中西部地区大多仍处于培育成长阶段，城市群和都市圈区域目前已经或正在成为承载人口和经济的主要载体，未来在挖掘提升综合承载能力上仍有很大空间。

我国城市群和都市圈区域多数位于水土资源好、环境容量大、生态本底优的区域，资源环境承载能力总体充裕。根据“七普”结果测算，2020年，珠三角九市、长三角三省一市、京津冀一省两市人口密度低于日本太平洋沿岸城市群水平。除了个别城市群和都市圈资源环境压力较大之外，多数城市群和都市圈资源环境承载力尚未饱和，今后要引导更多的要素向城市群和都市圈聚集，减少对城市群和都市圈之外区域的资源环境压力。承载压力较大的城市群和都市圈区域可通过加大资源环境保护和技术改造，推进高消耗高排放产业重组和转移，释放新的承载空间和潜能。承载能力较强的城市群和都市圈区域可通过严格执行资源环境准入标准，以新理念新模式引导要素集约高效聚集，放大承载空间和效能。

我国城市群和都市圈区域空间范围大、人口数量多、涵盖城市多，不仅不同城市群和都市圈相互间空间结构差别大，更重要的是城市群和都市圈内部不同尺度空间差异明显、布局不均衡、结构不合理特性突出，通过城市群和都市圈空间布局优化调整进一步提升承载能力的潜力巨大。从全国层面看，通过进一步优化各功能定位和辐射范围，缓解东部个别城市群和都市圈的超载压力和“大城市病”蔓延，不断增强中西部城市群和都市圈的辐射周边和集聚吸纳能力。从城市群和都市圈自身层面看，通过优化中心城市与其他城市的空间布局和职能定位，引导高强度高密度核心区功能和业态疏解，提升外围区各城市承接配套能力，构建多中心、网络化、疏密得当的城市群和都市圈空间结构，显著提升综合承载能力。

我国城市群和都市圈区域大多产业基础好、实力强，产业链群发达，以制造业和服务业为主的产业结构提供大量就业岗位，随着新技术、新产业、新业态、新模式“四新”经济的迅猛发展，极大地促进了城市群和都市圈区

域产业基础高级化和产业链现代化进程,加快产业结构重组和产业竞争格局重塑,进而显著增强城市群和都市圈区域的综合承载能力。一方面,城市群和都市圈区域与之外的产业转移和布局调整不断拓展,传统中低端产业和业态向城市群和都市圈外转移,更多高端先进业态和模式向城市群和都市圈聚集,城市群和都市圈承载的产业层次、质量和效益不断改善。另一方面,城市群和都市圈内中心城市与周边城市、核心区与外围区之间的产业转移重组力度加大,中心城市和核心区率先通过加快"四新"发展聚集先进业态和模式,周边城市和外围区通过承接中心城市和核心区产业转移来促进特色优势产业聚集,从整体上提升城市群和都市圈区域的综合承载能力。

三、全面推动城市群和都市圈建设高质量发展的增长极和动力源

"十四五"时期,我国开启全面建设社会主义现代化国家新征程,推进高质量发展成为长期努力的战略目标。城市群和都市圈区域以较小的国土空间承载着全国主要的人口和经济规模,是经济发展、对外开放、体制改革、创新驱动水平最高的区域,在推动全国高质量发展方面承担重要辐射带动和示范引领使命。应统筹兼顾、综合施策,加快城市群和都市圈发展壮大,率先建成高质量发展的增长极和动力源。

(一)协同加强传统和新型基础设施建设提档升级,夯实城市群和都市圈高质量发展的硬件基础

优化提升交通、能源、水利、市政等传统基础设施的结构、技术、布局,加快利用新技术赋能提升基础设施智能化、绿色化水平。全面推进铁路建设"四网融合",加快建设轨道上的都市圈,加强高速公路与城市道路有效衔接,协同畅通城市群、港口群、机场群高效通达网络。强化绿色能源源网荷储设施保障,提升供排水、内涝防洪设施安全能级,全面推进城市管廊、海绵城市、智慧城市等设施配套建设。适应城市群和都市圈区域率先推进高质量发展的需求,加快布局信息、融合、创新等新型基础设施网络,因地制宜合理布局5G、物联网、工业互联网、卫星互联网等通信网络基础设施,依托产

业优势集中建设人工智能、云计算、区块链等新技术基础设施，量力而行推动数据中心、智能计算中心等算力基础设施建设。

（二）统筹推进基本和非基本公共服务体系建设，营造城市群和都市圈高质量发展的软件环境

加强科技教育、医疗卫生、文化体育等基本公共服务体系建设，着力提高基本公共服务供给水平及城市群和都市圈内均等化程度，重点强化医疗卫生城市群和都市圈协同应急处置、防疫物资和设备生产储运体系布局建设，加快探索“双减”趋势下城市群和都市圈义务教育转型发展路径模式，率先实施城市群和都市圈内教师轮岗制度化行动。提升就业、社保、住房等基本公共服务体系质量，加快覆盖城市群和都市圈所有常住人口，促进服务信息资源共享、服务标准提标扩面，率先打造灵活就业、社保迁转、长租房等基本公共服务特色样板。适应城市群和都市圈居民收入水平和消费能力提升以及对美好生活的新期待，积极发展教育、文化、娱乐、健康、养生等领域公共服务体系，拓展特色化和个性化服务产品供给，加强质量、价格、资质、信用等方面市场竞争与政府监管相融合，满足城市群和都市圈居民多样化公共服务需求。

（三）加快实施碳达峰和碳中和目标应对行动，强化城市群和都市圈高质量发展的绿色支撑

明确分行业分领域碳达峰时序安排和任务分解。加强能源、工业、交通、建筑等重点行业降污减碳协同推动，明确技术改造、企业搬迁、资产重组等倒逼性举措。统筹推动碳权、用能权、排污权等绿色产权交易市场建设，率先将电力行业之外其他行业逐步纳入碳权交易市场。研究设立区域性或全国性生态碳汇交易市场，促进森林、草地、湿地等生态保护与碳汇涵养相协同。超前布局 CCUS 基础研究和技术攻关，加大减碳低碳负碳研发投入和人才培养，推广近零碳排放企业、园区和社区先进模式，完善生态产品价值实现机制和生态保护补偿机制，努力为率先实现碳中和奠定基础。

（四）全面提升对内和对外开放水平能级，拓展城市群和都市圈高质量发展的腹地空间

加强城市群和都市圈发展与国家重大区域战略实施对接，全面推进东

部、中部、西部不同城市群和都市圈间要素流动和经济联系,促进城市群和都市圈间分工协作和优势互补。深化城市群和都市圈区域与周边地区全方位合作,发挥城市群和都市圈技术、资本和人才优势,利用好周边劳动力、土地和环境容量优势,促进相互间产业转移和资源整合,提升城市群和都市圈集聚辐射的层次和效益。推动城市群和都市圈率先对接共建"一带一路"国际经济走廊,力争在高水平对外开放上走在前面,加快融入国际大循环步伐。全面提升国际经贸投资合作质量和效益,推动加工贸易转型升级,增强服务贸易竞争力,优化 FDI 和 ODI 投资行业结构和国别布局。发挥好自贸区、综保区、各类国际会展等战略平台试验和先导职能,率先探索要素流动型开放向制度型开放转轨路径,提升城市群和都市圈在开放型经济体系中的战略位势。

(五)融通推动科技创新和制度创新,激发城市群和都市圈高质量发展的持续动力

瞄准"卡脖子"核心技术和主导产品,创新"揭榜挂帅"机制模式,整合优势项目、机构和人才集中攻关,力争实现重点领域实质性突破。协同推动自主创新、集成创新、引进消化吸收再创新,聚焦优势行业领域集中打造自主创新、自主知识产权和自主品牌战略高地。推动教育、人才、研发、应用等创新链全链条协同互动,创办新型产业研究院所,强化科研成果转化效率效益,提升实体经济产业基础层次,营造全社会尊崇创新和转化的务实氛围。利用好综合性国家科学中心、国家实验室、高新区等创新平台的优势,强化创新型龙头企业的主体地位,促进创新要素聚集和资源整合,打造城市群和都市圈创新高地支撑创新驱动战略实施。适应改革进入深水区攻坚区要求,深入推进体制机制改革,着力在打造一流营商环境、和谐宜居环境、诚信宜游环境上重点突破。结合城市群和都市圈高质量发展的堵点、痛点,重点加强国有企业混改、适老型社会治理、信用体系建设、绿色低碳发展等领域的机制创新,探索可行性机制改革的新路径模式。统筹各类各级试验区、示范区等制度创新平台功能,加强先行先试的分工和错位布局,注重改革经验的集成整合和复制推广,源源不断输出鲜活改革案例和经验。

第二十三章　推动成渝地区双城经济圈建设、打造高质量发展重要增长极研究

国家发展改革委

2020 年 1 月，习近平总书记主持召开中央财经委员会第六次会议，作出推动成渝地区双城经济圈建设、打造高质量发展重要增长极的重大决策部署，为新时代成渝地区发展提供了根本遵循和重要指引。2021 年 10 月，《成渝地区双城经济圈建设规划纲要》公布，标志着成渝地区双城经济圈建设踏上了加快推动高质量发展的新征程。

一、深刻认识成渝地区双城经济圈建设的重大意义

推动成渝地区双城经济圈建设，是构建以国内大循环为主体、国内国际双循环相互促进的新发展格局的重大举措，对推动高质量发展具有重要意义。

（一）有利于在西部形成高质量发展的重要增长极，增强人口和经济承载力

成渝地区自古就具有重要经济影响，享有“天府之国”“扬一益二”等美誉。经过多年发展，双城经济圈的经济实力和发展活力不断增强，特别是“十三五”以来地区生产总值年均增长 8%以上，占全国比重持续提升，2020 年年底常住人口接近 9800 万人，相当于西部地区其他城市群人口总和，已

经成为西部地区综合竞争力最强的区域。推动成渝地区双城经济圈建设,有利于进一步吸引人才、技术、资本等要素集聚,促进沿海地区产业转移和自身产业升级,持续激发拓展内需潜力,形成高质量发展新的重要支撑和强劲动力。

（二）有利于打造内陆开放战略高地和参与国际竞争的新基地,助推形成陆海内外联动、东西双向互济的对外开放新格局

成渝地区双城经济圈是国家南向西向的开放门户,是西部陆海新通道的起点,是“一带一路”和长江经济带的重要连结点。该区域具有较为完善的开放通道、平台和机制,拥有中西部地区最大的航空枢纽,中欧班列发行量长期稳居全国前列。推动成渝地区双城经济圈建设,有利于助推内陆地区成为开放前沿,带动内陆和沿海沿边沿江协同开放,优化国家开放格局,全面提高对外开放水平。

（三）有利于吸收生态功能区人口向城市群集中,保护长江上游和西部地区生态环境

成渝地区双城经济圈位于长江上游,是长江主要水源涵养地,对维护国家生态安全至关重要;周边地区生态相对脆弱,生态保护压力较大。推动成渝地区双城经济圈建设,有利于减少生态脆弱地区承载人口的压力,增强空间治理和保护能力,使西部地区形成优势区域重点发展、生态功能区重点保护的新格局,进一步筑牢长江上游和西部地区生态屏障。

二、准确把握成渝地区双城经济圈建设的原则要求

推动成渝地区双城经济圈建设,要坚持以习近平新时代中国特色社会主义思想为指导,加快形成改革开放新动力,加快塑造创新发展新优势,加快构建与沿海地区协作互动新局面,加快拓展参与国际合作新空间,形成有实力、有特色的双城经济圈,打造带动全国高质量发展的重要增长极和新的动力源。

（一）牢固树立“川渝一盘棋”发展观念

这是建设成渝地区双城经济圈的成功关键。川渝两地地缘相近、人文

相亲，近年来合作意愿持续增强，呈现出相向发展、联动发展的良好态势。要坚持系统观念，树立一体化发展理念，加强交通、产业、科技、环保、民生等政策协同对接，做到统一谋划、一体部署、相互协作、共同实施，唱好"双城记"，共建经济圈，合力打造高水平区域协作发展样板。

（二）注重发挥中心城市辐射带动作用

这是建设成渝地区双城经济圈的有效路径。重庆市主城区、成都市的经济总量占整个区域的50%以上，是名副其实的发展引擎。与此同时，其他城市发展动力有待增强，农村地区及双城经济圈周边的库区山区发展水平较低，区域内发展不平衡。要强化重庆市和成都市的带动作用，处理好中心和区域的关系，以大带小加快发展中小城市，以点带面推动区域均衡发展，以城带乡有效促进乡村振兴，构建特色鲜明、布局合理、集约高效的城市群格局。

（三）全面践行生态优先绿色发展要求

这是建设成渝地区双城经济圈的基本前提。长江经济带高质量发展首先是做好长江生态保护，长江大保护首要的是保护位于上游的成渝地区。要深入贯彻习近平生态文明思想，牢固树立"绿水青山就是金山银山"理念，以水污染治理、水生态修复、水资源保护为重点强化长江上游生态大保护，严守生态保护红线、永久基本农田、城镇开发边界三条控制线，提高用地、用水、用能效率，构建绿色低碳的生产生活方式和建设运营模式，努力实现经济效益、社会效益、环境效益有机统一。

（四）持续优化改革开放创新体制机制

这是成渝地区双城经济圈实现高质量发展的不竭动力。成渝地区改革基础较好，开放格局初步形成，创新资源较为丰富，但与东部发达地区相比，在改革开放水平和科技创新能力等方面有待进一步提升。要充分发挥市场在资源配置中的决定性作用，更好发挥政府作用，强化改革先导和突破，深入推进制度型开放，联手打造高标准市场体系和一流营商环境，实施创新驱动发展战略，推动科技创新应用与产业转型升级深度融合，全面提升发展活力。

（五）始终坚守增进民生福祉根本目的

这是成渝地区双城经济圈建设的出发点和落脚点。近年来,成渝地区公共服务质量和水平稳步提高,民生保障覆盖面不断扩大,但不平衡不充分的问题仍然存在。要坚持以人民为中心的发展思想,站稳人民立场,注重共享包容,着力改善民生,增加优质公共产品和服务供给,推动社会事业一体化发展,构建多元包容的社会治理格局,不断提高人民群众获得感、幸福感、安全感。

三、奋力开创成渝地区双城经济圈建设的新局面

蓝图已绘就、战鼓正催征。国家发展改革委将以高度的政治责任感和历史使命感,会同有关方面深入贯彻落实《成渝地区双城经济圈建设规划纲要》各项部署,勠力同心、久久为功,有力、有序、有效推进成渝地区双城经济圈建设的目标任务顺利实现。

（一）准确把握战略定位

着眼在推进新时代西部大开发中发挥支撑作用、在共建"一带一路"中发挥带动作用、在推进长江经济带绿色发展中发挥示范作用,努力把成渝地区双城经济圈建设成为具有全国影响力的重要经济中心、科技创新中心、改革开放新高地、高品质生活宜居地。建设具有全国影响力的重要经济中心,重点是提高参与全球资源配置能力和整体经济效率,共建全国重要的先进制造业基地和现代服务业高地,打造西部金融中心、国际消费目的地。建设具有全国影响力的科技创新中心,重点是推动创新环境优化,促进创新资源集成,打造全国重要的科技创新和协同创新示范区。建设改革开放新高地,重点是积极推进关键领域改革,扩大全方位高水平开放,成为区域合作和对外开放典范。建设高品质生活宜居地,重点是筑牢长江上游生态屏障,促进社会事业共建共享,打造世界级休闲旅游胜地和城乡融合发展样板区,建设包容和谐、美丽宜居、充满魅力的高品质城市群。

（二）紧紧锚定发展目标

《成渝地区双城经济圈建设规划纲要》提出,到 2025 年,双城引领的空

间格局初步形成，基础设施联通水平大幅提升，现代经济体系初步形成，改革开放成果更加丰硕，生态宜居水平大幅提高，经济实力、发展活力、国际影响力大幅提升，一体化发展水平显著提高，区域特色进一步彰显，支撑全国高质量发展的作用显著增强；到 2035 年，建成实力雄厚、特色鲜明的双城经济圈，成为具有国际影响力的活跃增长极和强劲动力源。要围绕实现成渝地区双城经济圈的发展目标，紧抓发展机遇，明确实施路径，不断取得阶段性标志性成果。实施过程中，还要重点关注并确保完成城镇化率、铁路网总规模、科技研发投入强度、跨界河流断面水质达标率等量化指标。

（三）全面推进重点任务

稳步推进构建双城经济圈发展新格局、合力建设现代基础设施网络、协同建设现代产业体系、共建具有全国影响力的科技创新中心、打造富有巴蜀特色的国际消费目的地、共筑长江上游生态屏障、联手打造内陆改革开放高地、共同推动城乡融合发展、强化公共服务共建共享九方面重点任务，加快建设川藏铁路、成渝中线高铁等标志性工程，联合实施科技创新、生态环保、水利能源等一批重大项目，健全重点领域重点区域合作机制，推动双城经济圈建设持续取得新突破。国家发展改革委将依托城镇化工作暨城乡融合发展工作部际联席会议制度，加强对《成渝地区双城经济圈建设规划纲要》实施的统筹指导。各有关部门在规划编制、体制创新、政策制定、项目安排等方面给予积极支持。重庆市、四川省两地要切实担起主体责任，研究落实重点举措，确保全面完成《成渝地区双城经济圈建设规划纲要》确定的各项目标任务。

第二十四章　推进新型城市建设、拓展有效投资空间研究

国家发展改革委国家地理空间信息中心

《中华人民共和国国民经济和社会发展第十四个五年规划和2035年远景目标纲要》明确提出推进新型城市建设。这是在开启全面建设社会主义现代化国家新征程之际、适应城镇化发展新阶段新形势、完善城镇化战略的重大决策部署。城市是实施扩大内需战略的重要空间载体，推进新型城市建设有利于激发全社会投资活力，拓展投资新领域，增强投资增长后劲，为国家现代化建设打造重要引擎。

一、推进新型城市建设标定了新时代城镇化发展的战略取向

改革开放以来，我国城镇化历经人类史上最大规模的人口转移，进程波澜壮阔，成就举世瞩目。2020年我国常住人口城镇化率达到63.89%，城镇化发展步入中后期。从国际经验和城镇化发展规律看，这一时期城市发展面临许多挑战，在城镇化快速发展时期所累积的各类问题以及大规模经济活动和人口集聚所形成的风险矛盾凸显。在我国则突出表现为城市建设整体性、系统性、宜居性、包容性和可持续性不强，城市公共产品和服务供给主体单一、供给总量不足、供给结构失衡，难以满足广大人民群众对美好城市生活的需求，一些大城市“城市病”严重，新冠肺炎疫情使城市建设领域的一些问题和“短板”凸显。随着我国经济发展进入高质量发展阶段，粗放低

效的城市开发建设方式难以为继。

城市建设是国家现代化建设的重要引擎。新型城市建设目标是打造支撑社会主义现代化国家的中国特色现代化城市，核心是优化城市发展理念，推动城市建设从粗放外延式扩张转向集约内涵式发展、从大规模增量建设转为存量提质改造和增量结构调整，目的是全面提升城市发展质量，提升城市管理服务水平，提升人民群众在城市生活的获得感、幸福感、安全感。

推进新型城市建设，重点是建设宜居、创新、智慧、绿色、人文、韧性的现代化城市。一是按照不同城市城区常住人口规模，科学配置市政公用设施，逐步提高城镇居民基本公共服务水平，构建以人为尺度的生产和生活社区，加强无障碍环境建设，提高城市的宜居性。二是加快信息化、数字化、智能化新型城市基础设施建设，推行城市楼宇、公共空间、地下管网等“一张图”数字化管理和城市运行“一网统管”，提升城市智慧化水平。三是完善城市生态系统，保护城市山体自然风貌，修复河湖水系和湿地等水体，加强绿色生态网络建设。优先发展城市公共交通，建设自行车道、步行道等慢行网络，发展智能建造，推广绿色建材、装配式建筑和钢结构住宅，建设低碳城市。四是保护和延续城市文脉，杜绝大拆大建，让城市留下记忆、让居民记住乡愁。五是建设源头减排、蓄排结合、排涝除险、超标应急的城市防洪排涝体系，推动城市内涝治理取得明显成效。六是加强城市免疫性、冗余性建设，增强公共设施应对风暴、干旱和地质灾害的能力，完善公共设施和建筑应急避难功能，提升城市抵御冲击和应急保障能力。

二、推进新型城市建设为投资需求拓空间优结构提效率

从国际经验看，在城镇化发展中后期，城镇化对投资需求的带动效应更加显著。研究表明，在城镇化早中期，城镇化率每提升 1 个百分点，将直接带动人均资本存量增加 1.3%；城镇化率达到 50%—60% 阶段，每提升 1 个百分点带动人均资本存量增加 1.7%；城镇化率达到 60% 之后，在较高收入基础上的城镇化发展对投资需求的带动力度倍升，城镇化率每提升 1 个百

分点,直接带动人均资本存量增加 3.5%,带动效应分别为前两个阶段的 2.7 倍和 2.1 倍。

从我国现阶段看,城市是扩内需补"短板"、增投资促消费、建设强大国内市场的主阵地。新型城市肩负着满足人民美好生活需求、支撑我国社会主义现代化强国建设的历史重任。推进新型城市建设,在前文所述的重点领域实施一系列民生工程和发展工程,是实现有效投资的重要路径,将推动投资需求巨大潜力充分释放,促进资本这一重要的经济要素根据市场规律和国家发展需求优化配置,充分发挥投资对优化供给结构、提升供给质量,加快构建新发展格局的关键作用。

新型城市建设对于提高投资有效性的作用,可以体现在多个方面。《中华人民共和国国民经济和社会发展第十四个五年规划和 2035 年远景目标纲要》将高速、移动、安全、泛载的新型基础设施建设作为未来一段时期投资重点和方向。以创新和智慧为重要特征的新型城市正是云计算、数据中心、智能计算中心等新型基础设施的承载地。此外,利用新一代信息技术和绿色技术对交通运输、能源水利、市政、环保、公共卫生等传统城市基础设施进行数字化、网络化、智能化、绿色化升级,赋能传统基础设施,也为投资提供了新的方向。

新型城市建设还为投资拓展了"物理"空间。新型城市建设既包括现代化大城市建设,也包括现代化中小城市和现代化县城建设。县城是县域经济社会发展的中心和城乡融合发展的关键节点。我国县城及县级市城区常住人口为 2.4 亿人左右,占全国城镇常住人口的近 30%,在推动就近城镇化方面具有重要作用,但其公共设施水平明显滞后,有研究表明,县城人均市政公用设施固定资产投资仅相当于地级及以上城市城区的 50% 左右。加快县城补短板强弱项,促进县城公共服务设施提标扩面、环境基础设施提级扩能,既可以形成当期投资,改善的人居环境又可以吸引产业投资。此外,我国城市人均资本的区域差异明显,中西部地区很多城市的人均资本量低于全国平均水平,增加这些地区城市公共设施投入,将进一步优化新型城镇化的区域发展格局,优化投资的区域配置结构。

三、推进新型城市建设需要创新投融资机制

扩大新型城市建设领域的有效投资，关键在于构建渠道多元、期限匹配、财务可持续的投融资机制。

（一）坚持市场化改革方向，进一步拓宽市场化多元化资金来源渠道

与新型城市建设投资需求相比，政府资源十分有限，应坚持有所为和有所不为，充分发挥政府投资引导作用，吸引各类市场主体参与新型城市建设。“十四五”新型基础设施建设规划提出支持民营和境外资本参与新型基础设施投资运营，这也为新型城市建设吸引各类市场主体参与提供了政策保障。此外，应完善政府与社会资金合作模式，规范 PPP 项目运作。同时，鼓励社会资金参与优化融资平台公司的股权结构，促进融资平台转型，增强其独立经营和投融资能力。

（二）提高直接融资比重，拓宽长期资金参与渠道，不断优化融资结构

经过长期建设，我国城市存量基础设施资产规模巨大，应及时总结 REITs 试点经验，加快完善 REITs 制度，形成存量资产和新增投资的良性循环。还可探索通过资产支持证券、资产支持票据等方式，把未来现金流变现融资。其次，针对新型基础设施具有技术迭代快、无形资产多、需持续引入增量资金的特点，可探索开发设施使用权订单质押融资等依据未来收益权的金融产品，拓展权益资金供给，提高金融体系对新型城市建设需求的适配性。此外，还应推动市政公用设施相关企业上市和发行债券进行融资，支持符合条件的企业发行企业债券。推进对设备资金需求较大的领域开展设备融资租赁业务，并探索引入保险资金进入城市建设领域，吸引长期资金投资，促进新型城市建设融资期限与投资回报周期相匹配。

（三）进一步健全政府债务管理制度，建立规范的地方政府举债融资机制，有效发挥政府债务融资的积极作用

完善债券制度，用制度规范和约束债券举借行为。在防范风险基础上，

可考虑稳定地方政府一般债券和专项债券发行规模,增加中长期政府债券品种,保障城市建设资金稳定来源。同时,进一步提高公开透明度,增强地方政府债券融资的市场化约束。

（四）培育城市政府稳定的主体财源

一是统筹整合城市财政、土地、金融和相关政策等各类资源,丰富城市政府信用来源。借鉴以公共交通为导向的开发(TOD)等模式的实践经验,形成合理可行的城市建设项目溢价回收机制。二是加强城市的综合开发,将经营性项目和公益性项目有机组合,形成项目综合收益平衡机制。三是深化城市基础设施领域价格机制改革,健全合理的价格形成、调整、补偿机制和项目投资回报机制。

第二十五章　我国县域常住人口发展趋势研究

国家发展改革委发展战略和规划司

县域是我国国土空间的基础行政单元，县域经济是国民经济的重要组成部分。按照“七普”及“六普”数据，对 1874 个县域的人口数据和变动态势进行系统分析，结果显示县域常住人口稳中有降，但县域城镇常住人口在大幅上升，西部地区县域人口规模小，东北地区县域人口流失快。

一、我国县域人口的总体情况

2020 年年底，我国县域常住人口为 7.48 亿人，占全国总人口比例约 53.0%；县域内的城镇常住人口为 3.64 亿人，占全国城镇常住人口比例约 40.4%。

（一）大部分县域的常住人口为 20 万—100 万人

一是常住人口为 20 万—50 万人的县域最多，数量占比约为 44%。二是常住人口为 50 万—100 万人的县域次之，数量占比约为 22%。

（二）大部分县域的城镇常住人口为 20 万人以下

一是城镇常住人口少于 10 万人的县域最多，数量占比约为 34%。二是城镇常住人口为 10 万—20 万人、20 万—50 万人的县域次之，数量占比各有 30%左右。

(三) 县域人口呈现东部多、中部次之、西部少的特征

一是常住人口少于10万人的县域和城镇常住人口少于5万人的县域,几乎都位于西部地区。二是常住人口超过100万人的县域和城镇常住人口超过50万人的县域,均有近90%位于东部及中部地区。

二、近十年我国县域人口的变化情况

(一) 县域常住人口减少了3700万人,除东部地区县域稳中有增外,其他地区特别是东北地区均在减少

十年来,县域常住人口从7.85亿人降至7.48亿人,占全国人口比例从58.6%降至53.0%,66%县域的常住人口减少,其中东北地区县域常住人口流失最快。

(二) 县域城镇常住人口增加了9300万人,除东北地区略有减少外,其他地区均在增加

十年来,县域城镇常住人口从2.71亿人增至3.64亿人,占全国城镇常住人口比例保持在40%左右,88%县域的城镇常住人口增加。东部、中部、西部地区县域分别增加了3000万人左右。

(三) 城镇化地区县域人口增加多,农产品主产区、重点生态功能区县域人口增加少

一是城镇化地区县域常住人口增加116万人,而农产品主产区、重点生态功能区县域常住人口均有所减少。二是城镇化地区常住人口保持增长的县域占比达48%,而农产品主产区、重点生态功能区县域这一比例分别为25%、31%。三是城镇化地区常住人口增长率超过全国人口自然增长率(5.4%)的县域占比达31%,而农产品主产区、重点生态功能区县域这一比例分别为11%和18%。

三、遵循规律、分类施策推动县域高质量发展

未来一段时期,应以县域人口数据和变动态势为基本依据,科学有序推

动县域高质量发展。

（一）遵循县域发展的客观规律

随着我国城镇化将从快速发展后期逐步转入平台发展期，人口总体上将向城市群、都市圈和大城市集聚，县域发展分化态势将更加明显，一些县域随着人口流入县域内城镇不断壮大，一些县域内城镇保持大体稳定，还有一些县域内城镇可能进一步收缩。应立足规律和趋势，做好统筹平衡、加强政策引导。一方面，要精准支持基础好、潜力大的县域发展，特别是城市群和都市圈等地区的县城，使之成为吸纳农业转移人口的重要空间。另一方面，对区位条件、要素禀赋、产业基础等条件较差的县域要慎之又慎，切不可一哄而上、盲目建设。

（二）分类谋划不同县域的发展思路

一是以都市圈同城化建设为抓手，带动周边一批县域发展。优化中心城市与周边县市的分工协作，推进基础设施互联互通、产业发展协调融合、公共服务共建共享、生态环境共保共治、市场体系统一开放。二是支持发展其他潜力型县域。引导具有比较优势的县域合理谋划产业定位，打造区域性经济节点。三是合理引导潜力不足县域发展。推动县域行政区划减量性调整，促进人口和公共资源适当集中。四是加快支持边境县发展。分类推进以产聚人和以城聚产，促进公共资源倾斜性配置，建立多种对口支援机制。

（三）推进县城补“短板”强弱项

县城是我国城镇化建设的重要载体。要顺应农民到县城就业安家需要和县城居民改善生产生活条件需要，加快补齐县城“短板”弱项，健全公共设施体系，提升综合服务水平，增强县城对人口和产业的承载能力。一是着眼于促进基本公共服务普惠共享，推进县城公共服务设施提标扩面。二是着眼于提升生态环境质量，推进县城环境基础设施提级扩能。三是着眼于保障县城基本功能，推进县城市政公用设施提挡升级。四是着眼于培育内生增长动力，推进县城产业配套设施提质增效。

（四）以县域为基本单元推进城乡融合发展

目前，我国一半以上人口居住在县域，5 亿农村人口中的大部分居住在县域内乡村,应逐步推动满足这些人的美好生活需要。要推进城乡空间规划一体化,统筹县域城镇和村庄规划建设,通盘考虑土地利用、产业发展、居民点建设、人居环境整治、生态保护、防灾减灾和历史文化传承,实现县乡村功能衔接互补。推动城镇公共服务和社会事业向乡村覆盖,促进城乡基本公共服务标准统一、制度并轨,实现城乡基本公共服务普惠共享。推动城镇基础设施向乡村延伸,坚持先建机制、后建工程,实现城乡基础设施统一规划、统一建设、统一管护。

第二十六章　坚持共同富裕导向、推进城乡融合发展研究

国家发展改革委经济体制与管理研究所

“治国之道，富民为始。”共同富裕是社会主义的本质要求，既是我国现代化的重要特征，也是包括5亿多农村居民在内的全体人民的期盼和梦想。习近平总书记指出，促进共同富裕，最艰巨、最繁重的任务仍然在农村。城乡发展不平衡不协调，是我国经济社会发展存在的突出矛盾，是加快推进社会主义现代化必须解决的重大问题。我国有14亿多人口，不管工业化、城镇化进展到哪一步，城乡将长期共生并存。城镇化是城乡协调发展的过程，必须走城乡融合发展之路。要统筹考虑需要和可能，按照经济社会发展规律循序渐进，自觉主动解决地区差距、城乡差距、收入差距等问题。促进城乡融合发展是坚持以人民为中心的发展思想、实现共同富裕与人的全面自由发展的内在要求。实现全体人民共同富裕是一项长期任务，“十四五”时期是扎实推动共同富裕开新局的关键阶段，要把城乡融合发展作为促进农民农村共同富裕的主阵地。

一、共同富裕目标对城乡融合发展提出新要求

实现全体人民共同富裕赋予城乡融合发展新内涵。党的十九届五中全会明确提出共同富裕目标，到2035年经济总量和城乡居民人均收入将再迈上新的大台阶，人均国内生产总值达到中等发达国家水平，中等收入群体显

著扩大,基本公共服务实现均等化,城乡区域发展差距和居民生活水平差距显著缩小,人民生活更加美好,人的全面发展、全体人民共同富裕取得更为明显的实质性进展。推动城乡融合发展,需要坚持农业农村优先发展,以缩小城乡发展差距和居民生活水平差距为目标,加快促进城乡生产要素自由流动和公共资源合理配置,为农民农村共同富裕提供支撑。

实现共同富裕明确城乡融合发展新目标。在共同富裕导向下,要重点解决城乡差距、行业差距、城乡居民生活水平差距;有效扩大中等收入群体,特别是脱贫之后的农村低收入群体进入中等收入群体行列;不断推进农业转移人口市民化,统筹做好就业、收入分配、教育、社保、医疗、住房、养老、育幼等各方面工作,持续提升基本公共服务均等化水平,实现人民群众从"注重生存"到"注重生活",城乡居民生活品质差异取得实质性改善。参考国外达到富裕水平发展阶段的特征,我国要推动城乡居民收入比持续降低,中等收入群体占比稳步提高,基本公共服务实现均等化。

城乡融合发展是农民农村实现共同富裕的主阵地。实现全体人民共同富裕,难点在农民和农村。城乡融合发展有助于多渠道增加农村居民收入,提高农民土地增值收益分享比例,提高集体资产保值增值收益,不断缩小城乡居民收入差距和财富差距。在城乡融合发展中逐步推进城乡基础教育均衡化发展,优质教育医疗等资源在城乡间共享,缩小城乡基本公共服务差距,夯实农民农村共同富裕基础。城乡融合发展是缩小城乡居民收入差距的现实有效路径,应是推动农民农村共同富裕的主阵地。

二、城乡融合发展与共同富裕相互影响相得益彰

城乡融合发展与共同富裕在整体上是相互影响、相互促进的关系,其相互关系遵循马克思主义政治经济学的基本规律。城乡差距存在的基础是城乡收入的差距,这种差距导致农民纷纷进城去寻求机会获得更好的收入,这样会提高城镇化率。随着城镇化率的不断提高,留在农村的人口减少,人均占有和使用资源增加,有助于提高劳动生产率,进而增加农民收入。城乡收入差距缩小代表共同富裕水平提高,城市公共服务将会进一步向农村延伸,

共同富裕与城乡融合发展达到统一。

共同富裕目标对城乡融合发展路径产生影响。城乡差距既是地域差别、工农行业差别、居民收入差别多种诱因共同作用的结果，也是多种发展不平衡不充分因素互相交织、动态变化的集中体现，因此成为新发展阶段制约我国全体人民共同富裕目标实现的最大“短板”。城乡差距的根源是城乡社会生产力布局的差异，最为基础且起到本质性作用的是城乡居民的收入差距。当前，缩小城乡差距、释放城乡居民消费潜能、构建流动顺畅的城乡统一市场，扮演着越来越重要的作用，需要通过系统集成综合性改革，加快形成城乡融合发展新局面。

城乡融合发展对共同富裕人群和实现程度进度都将产生重大影响。城乡融合发展根本上是从经济、生态以及社会分工上，消除城乡工农关系的分割与对立。消除城乡对立、促进城乡融合是社会主义现代化建设的终极目标，也是实现共同富裕与人的全面发展的内在要求。我国现阶段城乡差距问题的本质是农业农村发展不充分，是农业农村现代化进程严重滞后于工业化城镇化进程的必然结果。通过构建城乡融合发展体制机制来提升农业农村现代化水平，从而形成城乡共荣、工农互促的城乡关系新境界。

三、当前要把城乡融合发展作为共同富裕的攻坚部位，加快补齐农民农村共同富裕发展“短板”

城乡融合发展为农民农村共同富裕奠定坚实基础。近年来，党中央、国务院高度重视推进城乡融合发展，加强城乡融合发展体制机制顶层设计和政策体系，并以 11 个国家城乡融合试验区为突破口，推动城乡融合发展体制机制改革不断取得新进展，为促进共同富裕创造了良好条件。城乡差距不断缩小，农村居民可支配收入增长幅度基本保持高于经济增速和城镇居民收入增长幅度，2020 年城乡居民收入比稳步缩小到 2. 56。浙江省是共同富裕示范区，2020 年城乡居民收入比为 1. 96 ∶ 1，嘉兴市甚至缩小到 1. 61 ∶ 1，农民农村共同富裕从部分地区率先实现再逐步到全国实现，条件基本具备。

与全体人民共同富裕的要求相比,农民农村共同富裕尚有一些“短板”弱项。一是我国城乡居民收入差距缩小基础尚不牢固,甚至会出现波动。如2021年前三季度,城镇居民人均可支配收入为3.6万元,农村居民人均可支配收入为1.4万元,城乡居民收入比为2.62,比2020年有所回弹,缩小幅度也低于上年,说明城乡居民收入差距缩小的基础还不够牢固。二是不同区域缩小城乡居民收入比的进展还较不平衡。以2020年城乡居民人均可支配收入比2.56为界线,好于全国平均线的有24个省级行政区,尚未达到全国平均线的有宁夏回族自治区、西藏自治区、陕西省、青海省、云南省、贵州省、甘肃省7个地区,可见西南、西北地区是促进农民农村共同富裕的重中之重。三是农业转移人口市民化进程需要扎实推进。我国常住人口城镇化率已达到63.89%,距离城镇化成熟阶段还有空间,但目前部分地区城镇化意愿不强、动力不够值得引起重视,需要加快完善适应共同富裕要求的人口迁移制度、保障体系和基础设施。四是农民收入增长的长效机制需要进一步完善。特别是在战疫条件下,农民持续稳定增收的基础还不稳固,需要不断完善农民增收机制。五是农村产业高质量发展是农民农村共同富裕的根本支撑,但城乡产业协同发展存在短板。当前产业数字化变革迅猛发展,电商带动城乡消费变革趋势加快,是城乡产业协同发展的有利良机。六是基本公共服务均等化进程需要进一步加快。加快补齐农村基础设施和基本跟公共服务“短板”,扎扎实实推动与共同富裕目标要求相匹配的基本公共服务均等化。

四、在共同富裕导向下推进城乡融合发展,关键是用改革办法破解几个难题

明确共同富裕目标后,就要找准方向,在制约共同富裕的城乡融合发展若干难题上精准突破。

(一)破解城乡居民收入差距的难题

缩小收入差距是共同富裕的关键。从城乡居民整体收入来看,虽然近年来城乡居民收入比一直呈下降趋势,但2020年我国2.56的收入比仍显

著高于世界上进入富裕行列国家的居民收入比水平。从农村内部收入来看，农村居民人均收入五等分组数据显示，内部差距有扩大趋势。农村居民工资性收入地区差距较大，对农民农村共同富裕的制约最为突出。为此，如何让大多数农民增加工资性收入是破局关键。

（二）破解城镇化动力减弱的难题

2020年我国城镇化率为63.89%，总体水平迈过“黄金分割点”，距离跨入富裕国家行列的城镇化水平仍有很大空间。但在城乡融合发展中一些地区出现了城镇化意愿不强、动力衰减等趋势，对共同富裕构成不利影响。城镇化是我国现阶段促进农民农村富裕的治本之举，从2020年农村居民可支配收入的构成看，工资性收入占比为40.7%，在超过这一比重的地区中，北京市、浙江省、上海市、天津市、广东省、河北省、江苏省分别为70.3%、61.1%、60.3%、56.0%、52.7%、52.2%、48.7%，这些地区同时也是城镇化水平相对较高的地区，充分说明城镇化仍是农民农村共同富裕的长久性主要路径。一些地区城镇化出现意愿不强、动力衰减等问题，背后必然有城乡融合发展中的体制机制症结有待破解。

（三）破解城乡要素自由流动的难题

比较城镇居民和农村居民可支配收入的构成，可以看出农村居民财产净收入占比远低于城镇居民，说明农村产权、土地、集体资产等制度改革需加快突破。城乡要素市场分割，土地、劳动力、资本等要素在城乡间自由流动和平等交换并未充分实现。在社会主义市场经济条件下推进共同富裕，根本上还要靠发展经济，需要从根子上破解要素在城乡间自由流动的障碍。只有要素盘活了，才能显著提高农村劳动生产率及收入水平。

（四）破解城乡产业协同发展深度不够的难题

城乡产业协同发展是城乡融合发展的重点任务之一，是实现共同富裕的物质基础。在产业类型上，农村地区仍以种养业为主，与城市产业互动少、协同差，跨区域、跨城乡互动发展的产业较少。农村一二三产业融合发展体系还不完善，相关产业小而散，产品质量和档次有待提高，产品品牌竞争力不强，农户与新型农业经营主体之间的利益联结还不够紧密。

(五)破解城乡基本公共服务高质量均等化的难题

城乡间基本公共服务资源配置不均衡,城市公共服务资源投入较多,农村公共服务资源投入较少,硬件软件不协调,服务水平差异较大。由于长期的基础薄弱和长效机制不健全,农村公共服务资源总体不足是主要矛盾。需要加大对农村公共服务资源的投入力度,有效破解在更高质量水平上实现城乡基本公共服务均等化的难题。

五、聚焦"五个"维度共同富裕,推动城乡融合发展"五化"联动

习近平总书记指出,坚持从国情出发,从我国城乡发展不平衡不协调和二元结构的现实出发……把工业和农业、城市和乡村作为一个整体统筹谋划,促进城乡在规划布局、要素配置、产业发展、公共服务、生态保护等方面相互融合和共同发展。目标是逐步实现城乡居民基本权益平等化、城乡公共服务均等化、城乡居民收入均衡化、城乡要素配置合理化,以及城乡产业发展融合化。

将共同富裕与城乡融合发展"五化"联动结合,从五个维度协同推进共同富裕与城乡融合发展。一是围绕全体人民的共同富裕,要把农村居民作为共同富裕的重点目标群体,特别是帮助脱贫以后的群体扎实稳步实现共同富裕。二是围绕全面发展的共同富裕,不能简单以收入富裕代替农民农村共同富裕,推动农民农村不仅在物质条件上实现富裕,也要在精神生活等方面实现富裕。三是围绕共建共享共同富裕,帮助农村居民通过辛勤劳动、在城乡融合发展中实现共同富裕。四是围绕多样差异的共同富裕,不搞统一标准、一个尺子,要在收入水平多样化、收入差距合理化基础上实现共同富裕。五是围绕渐进实现共同富裕,不搞齐步走,要遵循规律、久久为功,坚持尽力而为与量力而行,扎实有序稳步推动农民农村实现共同富裕。

将共同富裕融入城乡融合发展有关政策,在城乡融合发展中促进农民农村共同富裕。在制定和实施促进共同富裕行动纲要中更多纳入城乡融合发展政策。着力缩小城乡居民收入差距,扎扎实实多渠道增加农村居民收

入。“不唯城乡居民收入比论英雄”，但在我国城乡居民收入比整体还偏高的情况下，大力缩小城乡居民收入比特别是中西部地区城乡居民收入比，仍是促进共同富裕的重中之重，尤其是要统筹推进农村劳动力转移就业和就地创业就业，让创业就业成为农民农村共同富裕的主渠道。完善农民与市场利益联结机制，健全农村居民经营性收入增长机制。完善土地流转制度，提高土地资源配置效率，盘活农村集体土地，不断提高农村居民财产性收入。完善农产品价格支持、直接补贴等保障政策，强化农民转移性收入保障机制。

将渐进梯度富裕与城乡融合发展结合，逐步建立农民农村共同富裕分级分类推进机制。农民农村共同富裕不搞统一标准，不定统一时间表，但要有序稳步扎实推进。综合考虑各地发展基础和条件，锚定共同富裕目标，因地制宜梯队推进，探索建立共同富裕高标准引领区、共同富裕先行示范区、共同富裕重点培育区、共同富裕集中攻坚区，在多样化差异化特色化路径上推动农民农村与全体人民一并实现共同富裕。

将共同富裕与城乡全面融合、深度融合的改革结合，推动农民农村迈向共同富裕治理新变革。围绕农民农村共同富裕进一步推动思想变革，要像当年农村改革初期调动农民积极性一样，再次掀起农民农村共同富裕的改革热潮，调动全社会各方力量，发挥党员先锋、农村能人、城市创客等领路带头作用，形成农民农村创新创业致富新浪潮。充分彰显社会主义制度优势，充分发挥第三次分配作用，鼓励各地设立农民农村共同富裕基金。加快城乡融合发展体制机制改革步伐，全面融入新时代数字化改革新动力，推动农民财产权益、集体资产收益等组织变革和模式创新。

第二十七章　我国特色小镇规范健康发展研究

国家发展改革委发展战略和规划司

特色小镇是新生事物，地方率先探索、中央高度关注。习近平总书记高度重视新型城镇化特别是特色小镇工作，多次作出重要批示指示，为全国特色小镇建设指明了方向、提供了遵循。近些年来，国家发展改革委会同各地区各有关部门开展了一系列工作，不断促进全国特色小镇规范健康发展。

一、准确把握特色小镇建设的精神实质

2020年9月，《国务院办公厅转发国家发展改革委关于促进特色小镇规范健康发展意见的通知》印发实施，明确了总体要求、制度框架、政策取向和组织实施机制。2021年9月，十部门《关于印发全国特色小镇规范健康发展导则的通知》印发实施，细化明确了普适性、可操作性要求。在实践中，各地区要特别把握好以下几点，将之作为建设特色小镇的基础和前提。

（一）概念内涵

特色小镇是现代经济发展到一定阶段产生的新型产业布局形态，是规划用地面积一般为几平方公里的微型产业集聚区，既非行政建制镇，也非传统产业园区。特色小镇的核心要义在于培育发展主导产业，吸引人才、技术、资金等先进要素集聚，具有细分高端的鲜明产业特色、产城人文融合的

多元功能特征、集约高效的空间利用特点，是产业特而强、功能聚而合、形态小而美、机制新而活的新型发展空间。其特征具体表现为：一是形态“非镇非区”，既不是土地面积大、行政功能全的建制镇，也不是产业庞杂、工厂密集、产城分离的传统产业园区。二是小平台高效率，依托小尺度空间“螺蛳壳里做道场”，最大限度汇集要素，最高效率利用土地。如浙江省特色小镇以占全省 2%的建设用地，贡献了占全省 8%的工业企业营业收入、7%的税收收入。三是以产业为核，以“细分”“高端”“创新”为方向发展主导产业，选择一个细分行业培养“单打冠军”，产业高端化色彩浓厚，创新创业动力强劲。四是功能混合，叠加现代社区功能、文化功能、旅游功能。五是大多处于城乡接合部，多数特色小镇不在城市中心城区，土地、劳动力、住房等成本相对较低，有利于降低实体经济成本。

（二）功能作用

特色小镇是经济高质量发展的新平台，集聚细分产业和企业，促进土地利用效率提升、生产力布局优化和产业转型升级；是新型城镇化建设的新载体，疏解大城市中心城区非核心功能，吸纳农业转移人口进城就业生活，促进农业转移人口市民化和就近城镇化；是城乡融合发展的新支点，承接城市生产要素转移，支撑城乡产业协同发展。

（三）因地制宜

建设特色小镇应具备客观基础条件，一般在经济较为发达地区。其他地区应实事求是、量力而行，切不可超越发展阶段和实际能力一哄而上，在发展难以为继后又一哄而散。如，不少中西部地区还处于工业化城镇化加速发展阶段，要素支撑不足、产业基础薄弱、比较优势不突出、招商引资困难，建设特色小镇的难度远大于经济发达地区。

（四）防范风险

特色小镇是产业组织形式、空间布局方式及体制机制创新的产物。作为一种新生事物，特色小镇需要一定的培育发展期，可能会经历“改革的阵痛”“成长的烦恼”。既需要保持一定耐心，也必须加强动态监管、及时进行纠偏，防范生态、用地、债务等各类潜在风险，确保不突破各项红线底线。

二、清醒认识特色小镇建设的成效问题

2017 年一些地区出现了特色小镇一哄而上、盲目发展问题,国家发展改革委立即会同各地区各部门开展规范纠偏。经过多年努力,全国特色小镇总体上进入了规范发展轨道。

(一) 坚持不懈开展一系列规范纠偏工作

一是加强指导引导。2017 年 12 月,国家发展改革委会同有关部门联合印发一份规范纠偏性文件,提出若干条规范管理措施。2018 年 8 月,国家发展改革委又印发一份规范纠偏性文件,提出统筹建立规范纠偏机制和典型引路机制。二是大力规范纠偏。2019 年 4 月,在浙江省召开第一次全国特色小镇现场会,公布淘汰一大批虚假虚拟"特色小镇"。2020 年 6 月,印发一份通报类文件,曝光一批负面警示案例。2021 年 9 月,公布两期《全国特色小镇情况通报》,表扬有关省份规范纠偏工作成效,曝光 2 个警示案例。三是开展现场核查。2017 年 10 月,组建 5 个调研组赴 10 个省份开展核查。2018 年 11 月,组建 3 个调研组赴 5 个省份开展核查,并召开部门协调会和地方约谈会。2019 年 9 月,组建 11 个调研组赴 22 个省份开展核查,并组织有关机构调查暗访。2021 年 5 月,组建 11 个调研组赴 14 个省份开展核查。这四次现场核查,对开展特色小镇工作的省份形成了全覆盖。

(二) 推动全国特色小镇进入规范发展轨道

一是各地区发展特色小镇从注重数量逐步转向注重质量。特色小镇数量大幅减少,2017 年年底前,对外宣称为"特色小镇"的数量较多,其中存在大量的虚假虚拟"特色小镇";2021 年上半年,全国各省份清单内特色小镇减少至 1600 个左右,其中一半位于东部发达地区。特色小镇清单体系正在加快形成,大部分省级发展改革委已将清单报省级政府审核后印发,一些省份清单正在履行报批程序;清单"少而精"导向得到确立,19 个省份清单内特色小镇数量少于 50 个。

二是各部门发展特色小镇做法走向规范统一。省级部门不再多头行动,文旅、体育、林草、农业农村等部门将特色小镇工作纳入了统筹范围。需要说明的是,国办文件和十部门导则覆盖了特色小镇的发展导向、任务举措

和政策措施,是各地区和市场主体的工作依据,此前印发的文件不需要再延续。加之,针对特色小镇这个新生事物,此前印发的部分文件是探索性试验性的,一些措施不再适用。据此,按照新文件覆盖旧文件原则,予以废止。

表 27-1　同时废止的各有关部门和单位印发的特色小镇文件

	印发时间	文件名称
1	2016 年 7 月	《住房城乡建设部　国家发展改革委　财政部关于开展特色小镇培育工作的通知》
2	2016 年 10 月	《国家发展改革委关于加快美丽特色小(城)镇建设的指导意见》
3	2016 年 10 月	《住房城乡建设部关于公布第一批中国特色小镇名单的通知》
4	2016 年 12 月	《国家发展改革委　国家开发银行　中国光大银行　中国企业联合会　中国企业家协会　中国城镇化促进会关于实施“千企千镇工程”　推进美丽特色小(城)镇建设的通知》
5	2017 年 1 月	《国家发展改革委　国家开发银行关于开发性金融支持特色小(城)镇建设　促进脱贫攻坚的意见》
6	2017 年 5 月	《体育总局办公厅关于推动运动休闲特色小镇建设工作的通知》
7	2017 年 6 月	《农业部市场与经济信息司关于组织开展农业特色互联网小镇建设试点工作的通知》
8	2017 年 7 月	《国家林业局办公室关于开展森林特色小镇建设试点工作的通知》
9	2017 年 7 月	《住房城乡建设部关于保持和彰显特色小镇特色若干问题的通知》
10	2017 年 8 月	《住房城乡建设部关于公布第二批全国特色小镇名单的通知》
11	2017 年 8 月	《体育总局办公厅关于公布第一批运动休闲特色小镇试点项目名单的通知》
12	2017 年 12 月	《国家发展改革委　国土资源部　环境保护部　住房城乡建设部关于规范推进特色小镇和特色小城镇建设的若干意见》
13	2018 年 8 月	《国家林业和草原局关于公布首批国家森林小镇建设试点名单的通知》
14	2018 年 8 月	《国家发展改革委办公厅关于建立特色小镇和特色小城镇高质量发展机制的通知》
15	2018 年 11 月	《体育总局办公厅关于推进运动休闲特色小镇健康发展的通知》
16	2019 年 3 月	《体育总局办公厅关于印发〈运动休闲特色小镇试点项目建设工作指南〉的通知》

三是全国特色小镇发展质量得到有效提升。各省份清单内的1600个左右特色小镇,共吸纳就业人数440万人左右、近几年累计完成投资3.5万亿元左右、年缴纳税收2800亿元左右;每个特色小镇累计完成投资平均约21亿元,吸纳就业人数平均约2700人,年缴纳税收平均约1.7亿元。已经涌现出一批精品特色小镇,国家发展改革委先后推广了来自16个精品特色小镇的"第一轮全国特色小镇典型经验"、来自20个精品特色小镇的"第二轮全国特色小镇典型经验"。

(三) 还有一些问题尚未得到彻底解决

一是部分省份特色小镇清单尚未完成建立。一些省份特色小镇清单尚未正式建立和对外公布。此外,在已公布清单的省份中,也有个别省份存在数量过多、标准不严等问题。

二是部分省份对清单外"特色小镇"清理不到位。部分省份仍存在行政建制镇错误命名的虚假"特色小镇"、单纯房地产开发等项目自我冠名的"某某小镇"、停留在纸面上并未开工建设的虚拟"特色小镇"。

三是个别特色小镇存在触碰红线现象。个别特色小镇在生态、用地、债务等方面,存在触碰底线红线的违规现象。这是国家三令五申禁止触碰的高压线,必须引起地方各级政府高度重视。同时,也很容易引起媒体炒作,对全国特色小镇工作秩序、对地方整体工作,造成不利影响。

四是部分特色小镇的特色产业不强。部分特色小镇对主导产业的论证不到位,产业特色不明显、规模小、链条短、技术差,缺少领军企业,实际发展状况与规划预期存在明显差距,未来难以形成集聚效应和特色产业集群。加之,由于特色小镇数量依然偏多,地方各级政府支持不够聚焦,也不利于特色产业的培育发展。

五是特色小镇工作舆论环境有待改善。近年来,不少新闻媒体报道了一些好案例,发挥了很好的示范带动效应,有利于各方面对标先进、学习典型、借鉴经验。如,人民日报社记者对"第一轮全国特色小镇典型经验"做了系列宣传。同时,也有一些媒体缺乏充分调查,错误地把某些文旅、商业、农业等项目"张冠李戴"到特色小镇头上,甚至有一些自媒体把陈旧网文粗加工、"炒冷饭",导致特色小镇被"污名化"现象频发。这种混淆概念、偏离事实的做法，造成了市场信号混乱。

三、对照落实特色小镇建设的规范要求

各地区在特色小镇空间布局、质量效益、管理方式、底线约束等方面，要严格落实国办文件和十部门导则的各项要求。

（一）空间布局

一是区位条件。立足产业基础，在拥有相对发达块状经济或相对稀缺资源的区位进行布局。立足区位优势，以优化发展原有产业集聚区为主、以培育发展新兴区域为辅，重点布局在城市群、都市圈等优势区域或其他有条件区域，重点关注市郊区域、城市新区及交通沿线、景区周边等区位。二是建设边界。边界清晰、集中连片、空间相对独立、四至范围精确，生产生活生态空间保持合理比例。三是空间功能。在聚力发展主导产业的基础上，推进生产生活生态"三生融合"、产业社区文化旅游"四位一体"。叠加现代社区功能，提供优质公共服务、物业服务和商业服务。叠加文化功能，挖掘工业文化等产业衍生文化，建设展示整体图景和文化魅力的公共空间。叠加旅游功能，寓景观于产业场景，增加景观节点和开敞空间。四是风貌形态。体现建筑外观风格特色化和整体性，控制适宜的建筑体量和高度。推进多维度全域增绿，建设"口袋公园"及小微绿地。塑造色彩体系，加强屋顶、墙体等公共空间美化亮化。

（二）质量效益

一是投入强度。聚焦产业细分门类，选择一个最有基础、最具潜力的门类作为主导产业，打造形成具有核心竞争力的特色产业。做强做精特色产业集群，培育竞争优势强的领航企业，确保投资具备一定强度。二是质效水平。聚焦高端产业和产业高端环节，提升产业价值链和产品附加值。坚持经济发展就业导向，扩大就业容量、提高就业质量。三是创新活力。聚焦创新创业，培育新产业新业态新商业模式。健全研发设计、成果孵化、金融导入、场景应用相结合的创新创业服务体系。公共设施基本实现智能化。四是绿色低碳。按照碳达峰碳中和要求，协同推进经济高质量发展和生态环

境高水平保护。推动能源清洁低碳安全高效利用,引导非化石能源消费和分布式能源发展,有条件的可开展屋顶分布式光伏开发。促进工业、建筑、交通等领域低碳转型,遏制“两高”项目盲目发展,大力发展绿色建筑。

（三）建设方式

一是企业主体。坚持市场化运作,培育专业性的特色小镇投资运营主体,引导大中小微企业联动发展。更好发挥政府作用,根据需要引导平台公司参与,建设市政公用设施和产业配套设施,开展综合体项目整体立项。二是多元投入。建立以工商资本及金融资本为主、以政府有效投资为辅的投融资模式。现金流健康的经营性项目、具备一定市场化运作条件的准公益性项目,主要通过特色小镇投资运营主体自有资金先期投入,其中符合条件项目可通过申请注册发行企业债券、鼓励引导银行业金融机构特别是开发性政策性金融机构参与等方式予以中长期融资支持。公益性项目主要通过各级财政资金予以投入,其中符合条件项目可按规定分别纳入中央预算内投资、地方政府专项债券支持范围。

（四）底线约束

一是合规用地。严格落实永久基本农田、生态保护红线、城镇开发边界,遏制耕地“非农化”、防止“非粮化”。坚持土地有偿使用,按宗地确定土地用途,经营性建设用地必须通过招标拍卖挂牌等方式确定土地使用者,不得设置排他性竞买条件。二是生态环保。严禁违法违规占用以国家公园为主体的自然保护地,严禁挖湖造景。严防污染物偷排和超标排放,因地制宜配备污水、垃圾、固废、危废、医废收集处理等环境基础设施。三是债务防控。严控地方政府债务风险,县级政府法定债务风险预警地区不得通过政府举债建设,不得以地方政府回购承诺或信用担保等方式增加地方政府隐性债务。综合考虑地方现有财力、资金筹措和还款来源,稳妥把握公共设施开工建设节奏。四是房住不炒。特色小镇建设用地主要用于发展特色产业,其中住宅用地主要用于满足特色小镇内就业人员自住需求和职住平衡要求。五是安全生产。维护人民生命财产安全,督促企业按照行业安全生产规程标准,建立安全风险预防控制体系。

（五）量化指标

提出了13项具体指标，既立足高标准、严要求、质量第一、效益优先，体现了确保投入强度够、质效水平高、创新活力足、低碳效应强的导向，又立足地方实践，体现了实事求是的导向。一是在建设边界方面，特色小镇规划用地面积下限原则上不少于1平方公里、规划用地面积上限原则上不多于5平方公里，规划用地中建设用地面积原则上不少于1/2平方公里。二是在风貌形态方面，绿化覆盖率原则上不低于30%。三是在投入强度方面，特色产业投资占总投资比例原则上不低于60%，建设期内建设用地亩均累计投资额原则上不低于200万元/亩。四是在质效水平方面，全员劳动生产率原则上不低于20万元/人，单个特色小镇吸纳就业人数原则上不少于2000人，建设用地亩均缴纳税收额原则上不低于10万元/年，文化旅游类特色小镇接待游客人数原则上不少于50万人次/年。五是在创新活力方面，"三新"经济增加值占生产总值比重原则上不低于20%，先进制造、科技创新、创意设计、数字经济类特色小镇研发经费投入强度原则上不低于2.5%。六是在房住不炒方面，建设用地中住宅用地占比原则上不超过30%、鼓励控制在25%以下。

提出建设用地面积的下限，既是保障特色小镇多元功能的必要条件，也是清理虚假"特色小镇"的重要依据。一是"三生融合""四位一体"的多元功能，需要一定规模的建设用地作为支撑，否则难以实现。目前，每个特色小镇已使用建设用地面积都超过了1/2平方公里，平均值约0.9平方公里。二是存在一些将用地几十亩甚至仅有几亩的单体项目命名为"特色小镇"的现象，违背了概念内涵，产生了误导和不良影响。

提出住宅用地占比的上限，是严控房地产化倾向的必要措施。目前，绝大部分特色小镇的住宅用地占比低于30%，参考2019年全国城镇的建设用地中住宅用地占比约38%的数值，按照从严从紧原则将特色小镇的住宅用地占比设置为不超过30%，是比较合理的选择。30%的数值是最高值，而不是平均值，为防止个别方面反向操作，将30%作为追求目标，同时提出了鼓励控制在25%以下。

四、找准做强特色小镇的主导产业

特色小镇建设的核心要义在于找准做强主导产业。全国特色小镇主要有9种类型,各地区优势产业的门类和空间分布各不相同,要宜工则工、宜商则商、宜游则游,制造业发达地区可着重发展先进制造类特色小镇,先进要素集聚地区可着重发展科技创新、创意设计、数字经济及金融服务类特色小镇,拥有相应资源禀赋地区可着重发展商贸流通、文化旅游、体育运动及三产融合类特色小镇。

(一) 先进制造类特色小镇

着眼推动产业基础高级化和产业链现代化,促进装备制造、轻工纺织等传统产业高端化、智能化、绿色化发展,培育生物、新材料、新能源、航空航天等新兴产业,加强先进适用技术应用和设备更新,发展工业旅游和科技旅游。着眼降低投产成本、提高产品质量,健全智能标准生产、检验检测认证、职业技能培训等产业配套设施。如,福建省宁德市锂电新能源特色小镇,以新能源为主导产业,入驻锂电项目81个,规模以上工业企业20余家;陕西省西咸新区西工大翱翔特色小镇,以人工智能为主导产业,入驻无人机等企业和研究院20多家,累计投资80亿元,吸纳就业5000人。

(二) 科技创新类特色小镇

着眼促进关键共性技术研发与转化,引入科研院所、高等院校分支机构和职业学校,发展"前校后厂"等产学研融合创新联合体,打造行业科研成果熟化工程化工艺化基地和创业孵化器。建设技术研发转化和产品创制试制空间,提供专业通用仪器设备和模拟应用场景。如,浙江省德清县地理信息特色小镇,以地理信息为主导产业,入驻企业200多家,累计投资40多亿元,年缴纳税收8亿元,发明专利300项;浙江省杭州市梦想特色小镇,以创新创意为主导产业,入驻企业4000家,累计投资30亿元,年缴纳税收4亿元,发明专利30项;四川省成都市"三医"研发特色小镇,以医学、医药、医疗研发为主导产业,入驻研发项目60多个,在研医药医械800多种。

(三) 创意设计类特色小镇

着眼发挥创意设计对相关产业发展的先导作用,开发传统文化与现代时尚相融合的轻工纺织产品创意设计服务，提供装备制造产品外观、结构、功能等设计服务，创新建筑、园林、装饰等设计服务供给，助力于新产品开发。注重引进工艺美术大师、时尚设计师等创意设计人才，布局建设工业设计中心。如，北京市张家湾设计特色小镇，以创意为主导产业，入驻企业100多家；广东省深圳市大浪时尚特色小镇，以时尚设计为主导产业，入驻企业400多家，年缴纳税收4亿元，发明专利300多项。

（四）数字经济类特色小镇

着眼推动数字产业化，引导互联网、关键软件等数字产业提质增效，促进人工智能、大数据、云计算、物联网等数字产业发展壮大，为智能制造、数字商务、智慧市政、智能交通、智慧能源、智慧社区、智慧楼宇等应用场景提供技术支撑和测试空间。建设集约化数据中心、智能计算中心等新型基础设施。如，江苏省南京市未来网络特色小镇，以网络通信为主导产业，入驻企业500多家，年缴纳税收2亿多元；福建省长乐市东湖数字特色小镇，建设虚拟现实等前沿科技展馆，吸纳就业1万多人。

（五）金融服务类特色小镇

着眼拓宽融资渠道、活跃地方经济，发展天使投资、创业投资、私募基金、信托服务、财富管理等金融服务，引导中小银行和地方银行分支机构入驻或延伸服务，打造金融资本与实体经济集中对接地。建设项目路演展示平台和人才公寓等公共服务设施。如，浙江省杭州市玉皇山南基金特色小镇，以股权投资基金为主导产业，入驻基金机构160家，管理资产规模1万多亿元，年缴纳税收10多亿元；四川省成都市天府基金特色小镇，以股权投资基金为主导产业，入驻基金机构400多家，管理资产规模4000多亿元。

（六）商贸流通类特色小镇

着眼畅通生产消费连接、降低物流成本，发展批发零售、物流配送、仓储集散等服务，引导商贸流通企业入驻并组织化品牌化发展，引导电商平台完善硬件设施及软件系统，提高商品集散能力和物流吞吐量。加强公共配送中心建设和批发市场、农贸市场改造升级。如，浙江省海宁市皮革时尚特色小镇，以皮革商贸流通为主导产业，年营业收入300多亿元，年缴纳税收15

亿元。

（七）文化旅游类特色小镇

着眼以文塑旅、以旅彰文,创新发展新闻出版、动漫、演艺、会展、研学等业态,培育红色旅游、文化遗产旅游、自然遗产旅游、海滨旅游、房车露营等服务,打造富有文化底蕴的旅游景区、街区、度假区。合理植入公共图书馆、文化馆、博物馆,完善游客服务中心、旅游道路、旅游厕所等配套设施。如,天津市小站稻耕文化特色小镇,以军事文化为主导产业,每年举办稻米节和军事嘉年华等活动300多场,年接待游客100余万人次;江苏省苏州市苏绣特色小镇,以苏绣旅游及制作为主导产业,吸纳就业1万多人,累计投资7亿元,年缴纳税收1亿元,年接待游客100余万人次。

（八）体育运动类特色小镇

着眼提高人民身体素质和健康水平,发展球类、冰雪、水上、山地户外、汽车摩托车、马拉松、自行车、武术等项目,培育体育竞赛表演、健身休闲、场馆服务、教育培训等业态,举办赛事、承接驻训,打造体育消费集聚区和运动员培养训练竞赛基地。科学配置全民健身中心、公共体育场、体育公园、健身步道、社会足球场地和户外运动公共服务设施。如,山东省日照市奥林匹克水上运动特色小镇,以水上运动为主导产业,入驻企业20多家,举办40多项省级以上赛事,每年承接2000多名运动员驻训。

（九）三产融合类特色小镇

着眼丰富乡村经济业态、促进产加销贯通和农文旅融合,集中发展农产品加工业和农业生产性服务业,壮大休闲农业、乡村旅游、民宿经济、农耕体验等业态。建设农产品电商服务站点和仓储保鲜、冷链物流设施,搭建农村产权交易公共平台。如,安徽省合肥市三瓜公社特色小镇,以“互联网+乡村旅游”为主导产业,入驻企业90多家,吸纳就业2000多人,年接待游客600余万人次。

五、全面施行特色小镇建设的清单管理

各地区要统筹加强特色小镇建设发展的全环节管控,建立全生命期管

理机制。

（一）高质量编制特色小镇建设方案

市县级政府应结合当地经济社会发展规划及国土空间规划，组织会同有关方面编制单个特色小镇建设方案，明确特色产业、四至范围、功能分区、投资运营主体、重点项目、建设方式、投融资模式、盈利模式等事项。对方案的科学性、可行性、合规性进行把关，组织相关领域专家进行研究论证，必要时以公布方案草案、组织听证会等方式听取意见。

（二）全面施行“一张清单管到底”

全国特色小镇只有各省份清单，不存在国务院有关部门或行业协会、市县级政府、市场主体的清单，这是国办文件的明确要求。省级发展改革委要牢牢抓住清单管理这个“牛鼻子”，按照严定标准、统一管理原则，建立本省份特色小镇清单。人均 GDP 少于 1 万美元省份的清单内特色小镇原则上不多于 50 个，鼓励控制在 30 个以内。未纳入清单的，各单位各机构不得自行冠名“特色小镇”或自行开工建设。

（三）持续开展清单动态跟踪调整

省级发展改革部门要做好存量特色小镇管理，对此前已建设或命名的特色小镇进行全面审核，将符合要求的纳入清单，不符合的进行清理或更名。加强增量特色小镇管理，对市县级政府动态报送的每个特色小镇建设方案进行及时审核，将通过审核的纳入清单。对清单内特色小镇进行定期评估，实行有进有退、优胜劣汰。每年年底前公布清单，并报送国家发展改革委纳入全国特色小镇信息库。国家发展改革委对各省份清单实行“窗口指导”，加强监督、引导和督促调整。

（四）确保清单内特色小镇严守底线

省级发展改革委要组织市县级政府加强监测监督监管，确保清单内特色小镇不突破合规用地底线、生态环保底线、债务防控底线、房住不炒底线、安全生产底线。对违反“五条底线”的行为要限期整改，对性质严重的要抓紧清理，发现一起、处理一起，做到“零容忍”。

（五）坚决清理清单外“特色小镇”

地方各级政府要切实做好清单外“特色小镇”清理除名工作，对行政建制镇错误命名的虚假“特色小镇”、单纯房地产开发等项目自我冠名的“某某小镇”、停留在纸面上并未开工建设的虚拟“特色小镇”,以及不符合十部门导则要求的特色小镇,进行清理更名、撤除宣传内容。各级发展改革部门在开展项目审批(核准、备案)等工作时,要加强对项目名称的把关指导,防止各省份特色小镇清单外项目命名为“特色小镇”,规范使用特色小镇全称,防止简称为小镇。

(六)合力营造健康良好舆论氛围

地方各级政府要鼓励媒体宣传特色小镇建设的成功经验,树立正面先进典型;引导媒体客观公正报道,防止混淆概念、偏离事实、炒作噱头。国家发展改革委将持续公布《全国特色小镇情况通报》,实行正面激励与负面纠偏“两手抓”,既推广好经验、好做法,也通报虚假虚拟“特色小镇”警示案例,必要时进行约谈。

附　件

1. 国家发展改革委关于印发《2021 年新型城镇化和城乡融合发展重点任务》的通知

（2021 年 4 月 8 日）

中央和国家机关有关部门、直属机构，各省、自治区、直辖市及计划单列市、新疆生产建设兵团发展改革委，全国工商联，中国国家铁路集团有限公司、国家开发银行、中国农业发展银行：

经城镇化工作暨城乡融合发展工作部际联席会议第二次会议审议通过，现将《2021 年新型城镇化和城乡融合发展重点任务》印发你们，请认真贯彻执行。

2021 年新型城镇化和城乡融合发展重点任务

2021 年是中国共产党成立 100 周年，是“十四五”规划开局之年，是我国现代化建设进程中具有特殊重要性的一年。为贯彻落实党的十九届五中全会精神，推动落实国家“十四五”规划《纲要》有关重要部署，现提出 2021 年新型城镇化和城乡融合发展重点任务。

一、总体要求

以习近平新时代中国特色社会主义思想为指导,全面贯彻党的十九大和十九届二中、三中、四中、五中全会精神,坚持稳中求进工作总基调,立足新发展阶段、贯彻新发展理念、构建新发展格局,统筹发展和安全,深入实施以人为核心的新型城镇化战略,促进农业转移人口有序有效融入城市,增强城市群和都市圈承载能力,转变超大特大城市发展方式,提升城市建设与治理现代化水平,推进以县城为重要载体的城镇化建设,加快推进城乡融合发展,为"十四五"开好局起好步提供有力支撑。

二、促进农业转移人口有序有效融入城市

协同推进户籍制度改革和城镇基本公共服务常住人口全覆盖,提高农业转移人口市民化质量。

(一)有序放开放宽城市落户限制。各类城市要根据资源环境承载能力和经济社会发展实际需求,合理确定落户条件,坚持存量优先原则,推动进城就业生活5年以上和举家迁徙的农业转移人口、在城镇稳定就业生活的新生代农民工、农村学生升学和参军进城的人口等重点人群便捷落户。城区常住人口300万以下城市落实全面取消落户限制政策,实行积分落户政策的城市确保社保缴纳年限和居住年限分数占主要比例。城市落户政策要对租购房者同等对待,允许租房常住人口在公共户口落户。城市要整体谋划、周密设计,统筹做好放开放宽落户、人才引进和房地产调控工作。推动具备条件的城市群和都市圈内社保缴纳年限和居住年限累计互认。(公安部、发展改革委等负责)

(二)推动城镇基本公共服务覆盖未落户常住人口。鼓励在人口集中流入城市扩大义务教育阶段公办学校学位供给,优化事业编制调配、增加教师编制数量。支持有条件地区将未落户常住人口纳入普惠性学前教育保障范围。简化社保转移接续程序。完成养老保险全国统筹信息系统建设。推进普通门诊费用跨省直接结算。(发展改革委、中央编办、财政部、教育部、

人力资源社会保障部、卫生健康委、医保局等负责）

（三）提升农业转移人口技能素质。高质量推进补贴性培训，完成职业技能提升行动方案确定的5000万人次目标。面向农业转移人口特别是新生代农民工，深化实施农民工“春潮行动”“求学圆梦行动”、新生代农民工职业技能提升行动，支持企业开展新型学徒制培训并按规定给予培训补贴。结合疫情防控形势，适时加大农民工稳就业职业技能培训计划力度。结合促进农民工返乡就业创业和承接产业转移，开展针对性创业技能培训。扩大职业院校面向农业转移人口的招生规模。（人力资源社会保障部、教育部等负责）

（四）健全配套政策体系。继续安排中央财政市民化奖励资金。健全城镇建设用地增加规模与吸纳农业转移人口落户数量挂钩机制。依法维护进城落户农民承包地、宅基地、集体资产等权益，支持探索农村“三权”依法自愿有偿退出机制。根据第七次全国人口普查结果，发布县及县以上城镇常住人口数据，研究建立各城市城区常住人口数据统计发布机制，结合大数据技术推进常态化统计发布。（财政部、自然资源部、农业农村部、统计局等负责）

三、提升城市群和都市圈承载能力

增强中心城市对周边地区辐射带动能力，培育发展现代化都市圈，增强城市群人口经济承载能力，形成都市圈引领城市群、城市群带动区域高质量发展的空间动力系统。

（五）健全城市群一体化发展机制。制定京津冀协同发展、粤港澳大湾区建设、长三角一体化发展“十四五”实施方案。扎实实施成渝地区双城经济圈建设规划纲要。研究编制长江中游、北部湾、关中平原等跨省区城市群实施方案，有序引导省内城市群发展。健全城市群多层次协调机制和成本共担利益共享机制，提高一体化发展水平。（发展改革委等负责）

（六）培育发展现代化都市圈。支持福州、成都、西安等都市圈编制实施发展规划，支持其他有条件中心城市在省级政府指导下牵头编制都市圈发展规划。充分利用既有铁路开行市域(郊)列车,科学有序发展市域(郊)铁路,打通城际“断头路”。推进生态环境共防共治,构建城市间绿色隔离和生态廊道。建立都市圈常态化协商协调机制,探索建立重大突发事件联动响应机制。(发展改革委、生态环境部、交通运输部、国铁集团等负责)

(七)建设轨道上的城市群和都市圈。加快规划建设京津冀、长三角、粤港澳大湾区等重点城市群城际铁路,支持其他有条件城市群合理规划建设城际轨道交通。优化综合交通枢纽布局,建设一体化综合客运枢纽和衔接高效的综合货运枢纽,促进各类交通方式无缝接驳、便捷换乘。推广交通“一卡通”、二维码“一码畅行”。(发展改革委、交通运输部、国铁集团等负责)

四、促进大中小城市和小城镇协调发展

统筹城市布局的规模经济效益和生态健康安全需要,促进城市合理分工、协调联动,优化城镇规模结构。

(八)促进超大特大城市优化发展。推动开发建设方式从规模扩张向内涵提升转变。有序疏解中心城区一般性制造业、区域性物流基地、专业市场等功能和设施,以及过度集中的医疗和高等教育等公共服务资源,合理降低开发强度和人口密度。提升市政交通、生态环保和社区等治理能力,有效破解“大城市病”。在中心城区周边科学发展郊区卫星城,促进多中心、组团式发展,实现产城融合和职住平衡。系统评估排查风险隐患,提高风险防控能力。(发展改革委、自然资源部、住房城乡建设部、公安部、生态环境部、应急管理部等负责)

(九)推进县城补短板强弱项。加快补齐县城公共服务设施、环境基础设施、市政公用设施、产业配套设施短板弱项。加强项目谋划设计,分类设计公益性、准公益性和经营性项目,加快项目前期工作。在债务风险可控前提下,加大中央预算内投资和地方政府专项债券等财政性资金统筹支持力度,有序发行县城新型城镇化建设专项企业债券。健全政银企对接长效机制,协调引导有实力的大型企业承担相关建设任务,吸引开发性政策性和商

业性金融机构中长期信贷资金积极投入，利用现有国外优惠贷款渠道予以投入。发挥120个县城建设示范地区带动作用，支持在有条件县城建设一批产业转型升级示范园区。结合新型城镇化建设，健全易地扶贫搬迁大型安置区公共设施。（发展改革委、财政部、人民银行、国资委、自然资源部、住房城乡建设部、开发银行、农业发展银行等负责）

（十）强化边境地区城镇功能。全面增强边境城镇承载人口、连接城乡、支撑国防的能力。开展兴边富民行动中心城镇建设试点，改善基础设施和公共服务，提高引产聚人能力。建设沿边抵边公路，发展一批抵边新村和新生抵边城镇，引导边民向沿边抵边公路、边民互市贸易点、抵边聚居点等适度集中。（发展改革委、交通运输部、自然资源部、住房城乡建设部、卫生健康委等负责）

（十一）促进特色小镇规范健康发展。推动《国务院办公厅转发国家发展改革委关于促进特色小镇规范健康发展意见的通知》全面落实落地。统一实行清单管理，以各省份为单元全面建立特色小镇清单，开展动态调整、优胜劣汰。制发特色小镇发展导则，引导树立控制数量、提高质量导向，强化正面引导和分类指导。统筹典型引路和负面警示，推广新一轮特色小镇建设典型经验，加强监督监管、整改违规行为。（发展改革委、财政部、自然资源部、生态环境部、住房城乡建设部、市场监管总局等负责）

五、加快建设现代化城市

顺应城市发展新理念新趋势，建设宜居、创新、智慧、绿色、人文、韧性城市，推进城市现代化试点示范，使城市成为人民高品质生活的空间。

（十二）着力解决大城市住房突出问题。坚持房子是用来住的、不是用来炒的定位，因地制宜、多策并举，稳定地价、房价和预期，促进房地产市场平稳健康发展。加快培育发展住房租赁市场，有效盘活存量住房资源，有力有序扩大租赁住房供给，完善长租房政策，合理调控租金水平。以人口流入多、房价高的城市为重点，扩大保障性租赁住房供给，着力解决困难群体和农业转移人口、新就业大学生等新市民住房问题。单列租赁住房用地计划，探索利用农村集体建设用地和企事业单位自有闲置土地建设租赁住房,支持将非住宅房屋改建为保障性租赁住房。(住房城乡建设部、自然资源部、发展改革委、财政部等负责)

(十三)建设新型智慧城市。推进市政公用设施智能化升级,改造交通、公安和水电气热等重点领域终端系统。建设"城市数据大脑"等数字化智慧化管理平台,推动数据整合共享,提升城市运行管理和应急处置能力。全面推行城市运行"一网通管",拓展丰富智慧城市应用场景。(发展改革委、工业和信息化部、住房城乡建设部、自然资源部等负责)

(十四)建设低碳绿色城市。全面推进生活垃圾分类,加快建设生活垃圾焚烧处理设施,完善医疗废弃物和危险废弃物处置设施。提升污水管网收集能力,推行污水资源化利用,推进污泥无害化处置。加强城市大气质量达标管理,推进细颗粒物($PM_{2.5}$)和臭氧(O_3)协同控制。推动重点城市群消除城区黑臭水体和劣Ⅴ类水体断面。开展爱国卫生运动,推广文明健康生活习惯,加强背街小巷等环境卫生死角整治。控制城市温室气体排放,推动能源清洁低碳安全高效利用,深入推进工业、建筑、交通等领域绿色低碳转型。(发展改革委、住房城乡建设部、生态环境部、卫生健康委等负责)

(十五)增强城市发展韧性。完善公立医院传染病救治设施,改善疾控基础条件,加强业务用房建设和必要设备配置,补齐县城公共卫生防控救治短板。提高平疫结合能力,确保改建新建的大型公共设施具备短期内改造为方舱医院的条件。统筹推进城市内涝治理和海绵城市建设,改造河道、堤防、水库等防洪设施,重点治理严重易涝积水区段。健全重要应急物资收储调配机制、基本生活用品保障机制。(发展改革委、卫生健康委、住房城乡建设部、水利部、自然资源部、应急管理部、体育总局等负责)

(十六)优化城市交通服务体系。深入建设公交都市,开展绿色出行创建行动,完善定制公交、自行车道和步行道。完善以配建停车场为主、公共停车场为辅、路侧停车位为补充的停车设施体系,健全住宅小区和公共停车场充电设施,开展创新筹资方式支持停车场建设试点。(住房城乡建设部、交通运输部、发展改革委等负责)

(十七)实施城市更新行动。在老城区推进以老旧小区、老旧厂区、老旧街区、城中村等“三区一村”改造为主要内容的城市更新行动。加快推进老旧小区改造,2021 年新开工改造 5.3 万个,有条件的可同步开展建筑节能改造。在城市群、都市圈和大城市等经济发展优势地区,探索老旧厂区和大型老旧街区改造。因地制宜将一批城中村改造为城市社区或其他空间。(住房城乡建设部、发展改革委、自然资源部、商务部、卫生健康委等负责)

六、提升城市治理水平

树立全生命期管理理念,完善治理结构、创新治理方式,推动城市治理体系和治理能力现代化。

(十八)优化城市空间治理。编制完成省市县三级国土空间规划,统筹划定生态保护红线、永久基本农田、城镇开发边界三条控制线。促进城镇建设用地集约高效利用,全面推行增量投放与存量盘活利用相挂钩。适当扩大住宅用地供应比例,提高工业用地利用效率,有序增加蓝绿生态空间。探索推行混合产业用地供给、分层开发、立体开发和以公共交通为导向的开发(TOD)等模式。稳慎把握省会城市管辖范围和市辖区规模调整。落实适用、经济、绿色、美观的新时期建筑方针,严格限制建设 500 米以上超高层建筑,严禁建设“丑陋建筑”。划定历史文化保护线,加强文物保护利用。(自然资源部、民政部、住房城乡建设部、文化和旅游部、文物局等负责)

(十九)加强基层社会治理。根据常住人口规模优化街道社区设置和管辖范围。建设现代社区,以社区综合服务设施为依托,对接社区居民需求、提供便捷优质服务。引导社区社会组织、社会工作服务机构、社区志愿者、驻地企业单位等共同参与社区治理。支持老旧小区引入市场化物业服务或推行社区托管、社会组织代管等方式,提高物业服务质量和标准化水平。(民政部、住房城乡建设部、市场监管总局等负责)

七、加快推进城乡融合发展

以县域为基本单元推进城乡融合发展,坚持以工补农、以城带乡,推进城乡要素双向自由流动和公共资源合理配置,以11个国家城乡融合发展试验区为突破口,推动体制机制改革和政策举措落实落地。

(二十)促进人才入乡就业创业。鼓励各地制定人才加入乡村制度细则,允许入乡就业创业人员在原籍地或就业创业地落户并享有相关权益,探索以投资入股、合作等多种方式吸收人才入乡。建立科研人员入乡兼职和离岗创业制度,探索其在涉农企业技术入股、兼职兼薪机制。深入推行科技特派员制度。完善农民工返乡就业创业服务体系。引导工商资本入乡发展,培育一批城乡融合典型项目。(发展改革委、中央统战部、中央农办、农业农村部、科技部、人力资源社会保障部、全国工商联等负责)

(二十一)深化改革农村土地制度。积极探索实施农村集体经营性建设用地入市制度,出台稳妥有序推进农村集体经营性建设用地入市的指导意见。推动深化农村宅基地制度改革试点地区率先健全宅基地分配、流转、抵押、退出、使用、收益、审批、监管等制度。鼓励农村集体经济组织及其成员采取自营、出租、入股、合作等方式,盘活农村闲置宅基地和地上房屋。(自然资源部、发展改革委、中央农办、农业农村部等负责)

(二十二)推动公共设施向乡村延伸。统筹规划水气热等市政公用设施,推动向城市郊区乡村和规模较大中心镇延伸。推进城乡道路客运一体化发展,推进公路客运站改建迁建和功能提升。支持城郊承接城市专业市场和物流基地疏解,在县乡村合理布局冷链物流设施、配送投递设施和农贸市场网络,畅通农产品进城和工业品入乡通道。推进义务教育优质均衡发展和城乡一体化,促进义务教育教师"县管校聘"管理改革。实施医师区域注册,推进医师多机构执业,积极发展医疗联合体。依托国家城乡融合发展试验区等开展县域内城乡融合发展试点示范。(发展改革委、中央农办、农业农村部、住房城乡建设部、自然资源部、教育部、卫生健康委、商务部等负责)

八、组织实施

(二十三)压实地方责任。省级发展改革委要牵头会同省级各有关部门，做好组织调度和任务分解，加大资金和用地等要素保障支持力度。市县级政府要切实推动任务落实、政策落地、项目见效，确保取得实质性进展和成效。

（二十四）强化部际协同。国家发展改革委依托城镇化工作暨城乡融合发展工作部际联席会议制度，会同各有关部门加强统筹协调和指导督促。各有关部门要细化制定具体措施，并组织调动本系统力量扎实推进。

2. 国家发展改革委关于加快开展县城补短板强弱项工作的通知

（2020年5月29日）

各省、自治区、直辖市及计划单列市、新疆生产建设兵团发展改革委：

县城是我国推进工业化城镇化的重要空间、城镇体系的重要一环、城乡融合发展的关键纽带。改革开放特别是党的十八大以来，县城建设日新月异，但新冠肺炎疫情暴露出县城公共卫生、人居环境、公共服务、市政设施、产业配套等方面仍存在不少短板弱项，综合承载能力和治理能力仍然较弱，对经济发展和农业转移人口就近城镇化的支撑作用不足，与满足人民美好生活需要还有较大差距。为加快推进县城补短板强弱项工作，现通知如下：

一、总体要求

以习近平新时代中国特色社会主义思想为指导，认真贯彻党中央、国务院关于统筹推进疫情防控和经济社会发展的重大决策部署，落实政府工作报告要求，抓紧补上疫情暴露出的县城短板弱项，大力提升县城公共设施和服务能力，促进公共服务设施提标扩面、环境卫生设施提级扩能、市政公用设施提挡升级、产业培育设施提质增效，适应农民日益增加的到县城就业安家需求，扩大有效投资、释放消费潜力、拓展市场纵深，为坚定实施扩大内需战略和新型城镇化战略提供重要支撑。

二、主要任务

(一)明确目标区域。各地区要统筹配置城镇化补短板强弱项工作的公共资源,重点投向县城(县政府驻地镇或街道及其实际建设连接到的居委会所辖区域)新型城镇化建设,并在布局建设各类公共设施时,注重做好与邻近地级市城区同类设施的衔接配套。兼顾县级市城区(市政府驻地实际建设连接到的居委会所辖区域及其他区域),以及镇区常住人口10万以上的非县级政府驻地特大镇,将其一并纳入目标区域。

(二)明晰建设领域。各地区要瞄准市场不能有效配置资源、需要政府支持引导的公共领域,聚力推进17项建设任务。围绕公共服务设施提标扩面,优化医疗卫生设施、教育设施、养老托育设施、文旅体育设施、社会福利设施和社区综合服务设施。围绕环境卫生设施提级扩能,完善垃圾无害化资源化处理设施、污水集中处理设施和县城公共厕所。围绕市政公用设施提挡升级,推进市政交通设施、市政管网设施、配送投递设施、老旧小区更新改造和县城智慧化改造。围绕产业培育设施提质增效,完善产业平台配套设施、冷链物流设施和农贸市场。

实施上述建设任务要区分轻重缓急,要响应疫情防控需求,优先支持公共卫生防控救治设施、医疗废物集中处置设施建设。抓紧落实《公共卫生防控救治能力建设方案》,加强公立医疗卫生机构建设,提高平战结合能力。抓紧落实《医疗废物集中处置设施能力建设实施方案》,健全医疗废物收集转运处置体系,推动现有处置能力提质扩容,防止疾病传播。

(三)界定项目范畴。各地区要坚持"缺什么补什么",立足本地实际和发展急需,参照县城补短板强弱项项目范畴(附件1),因地制宜研究确定本地项目范畴。加快确定一批弥补本地突出短板、契合群众迫切需要的项目,以及一批公共性平台性程度较高、惠及较多群众及市场主体的项目,特别是能够尽快见效并形成实物工作量的项目。

(四)加强项目谋划。各地区要综合考虑资金保障情况、财务平衡及收益状况,分阶段、有步骤地滚动谋划设计不同性质的固定资产投资项目,成熟一批、实施一批。着眼保障县城经济社会正常运行,加快谋划一批完善县城基本功能、无偿满足公共需要的公益性项目,以及有一定收益但难以商业化合规融资的公益性项目。着眼释放政府投资乘数效应,科学谋划一批具备一定市场化运作条件的准公益性项目;探索通过盘活存量资产、挖掘土地潜在价值等方式,推动公益性、准公益性与其他有经济效益的建设内容合理搭配,谋划一批现金流健康的经营性项目。

(五)严把项目标准。各地区要坚持"项目跟着规划走",综合考虑县城地域特征、人口规模和发展潜力等因素,依据经济社会发展规划及国土空间规划,合理确定项目区位布局和规模体量。坚持合规开展项目建设,严格执行有关国家标准和行业标准,以及有关部门印发的规范性文件。

三、要素保障

(六)加大财政资金支持。各地区要坚持"资金跟着项目走",落实政府投资重点支持"两新一重"建设的要求,针对县城公益性固定资产投资项目,设计多元化的财政性资金投入保障机制。县城公益性项目主要通过地方政府财政资金予以投入,符合条件的县城公益性项目可通过中央预算内投资予以适当支持。对其中有一定收益但难以商业化合规融资、确需举债的县城公益性项目,除上述资金支持渠道外,还可通过安排地方政府专项债券、抗疫特别国债予以支持。

(七)吸引社会资本投入。各地区要针对县城准公益性及经营性固定资产投资项目,设计市场化的金融资本与工商资本联动投入机制。对符合条件的大中型准公益性及经营性项目,可通过健全政银企对接机制,利用开发性政策性商业性金融或国家城乡融合发展基金予以融资支持。对符合条件的县城智慧化改造、产业平台配套设施建设等领域项目,可通过新型城镇化建设专项企业债券予以融资支持。规范有序推广 PPP 模式,带动民间投资参与投入的积极性。

(八)加强建设用地支撑。各地区要坚持"要素跟着项目走",优化新增建设用地计划指标和城乡建设用地增减挂钩指标分配,保障县城补短板强弱项项目的合理用地需求。注重盘活存量建设用地和低效土地,优先用于县城补短板强弱项项目。积极组织农村集体经营性建设用地直接入市,分类推进就地入市或异地调整入市。

四、组织实施

(九)分区分类推进。依据《全国主体功能区规划》及各省级主体功能区规划,立足各地区发展基础和要素条件,建立分区分类的支持引导机制。优先支持东部地区基础较好县城建设,率先实现城镇化高质量发展。有序支持中西部和东北城镇化地区县城(含边境地区重点县城)建设,加快增强人口经济承载能力。合理引导中西部和东北农产品主产区、重点生态功能区县城建设,提高对农业农村发展和生态环境保护的保障能力。

(十)强化示范带动。以发展基础扎实、财政实力较强、政府债务率较低为基本要求,在湖北、长江三角洲区域、粤港澳大湾区和其他东中部都市圈地区,兼顾西部和东北地区,选择120个县及县级市开展县城新型城镇化建设示范工作(附件2)。切实加大中央财政性资金等政策支持力度,支持其围绕县城补短板强弱项项目范畴,启动建设示范性项目,创新资金投入方式与运营模式。总结提炼典型经验,以现场会、典型案例推介等方式加以推广。

(十一)压实地方责任。省级发展改革委要周密组织、加强指导,科学制定本省份落实方案,指导县城新型城镇化建设示范地区制定示范方案,明确建设任务、要素保障和组织实施等事项,并加强项目检查督导。各市县要加快开展项目谋划与储备,注重加强关联项目之间的协同配套,做好项目审批核准备案和规划、用地、环评等前期工作,并将符合条件项目动态录入国家重大建设项目库,扎实推进项目建设实施,确保项目合规落地见效。

(十二)严格防范风险。各市县要尽力而为、量力而行,严防地方政府债务风险,审慎论证项目可行性,优选项目、精准补短板、不留后遗症。严防

“大水漫灌”,确保精准投资、提高投资效益。严防“半拉子工程”,确保项目资金来源可靠、规模充足。严防“大拆大建”,优先采取改扩建方式,必要时采取新建迁建方式。严防“贪大求洋”,落实适用、经济、绿色、美观的新时期建筑方针。

附件 1　县城补短板强弱项项目范畴

建设任务	项目范畴
一、推进公共服务设施提标扩面	
1. 健全医疗卫生设施	推进县城与邻近地级市城区、省会城市医疗卫生设施统筹布局和衔接配合。推进县级综合医院(含中医院)提标改造,以门急诊、住院、医技科室为重点增加业务用房并配备必要设备,增强传染病科室诊疗能力、重症监护室(ICU)救治能力,增加重要医疗物资储备,预留应急空间、强化平战结合。推进县级疾控中心标准化建设,配齐疾病监测预警、实验室检测、标本采集、现场处置等设施设备。完善县级妇幼卫生健康服务机构,补齐业务用房面积缺口。改造或新建大型公共设施时,应使之具备短期内改建为“方舱医院”或应急避难场所的条件,满足救灾应急需要。发展紧密型县域医疗卫生共同体。
2. 完善教育设施	按照县城常住人口规模配置教育资源。新建或改扩建公办幼儿园,引导社会力量建设普惠性幼儿园。按照义务教育学校基本办学标准,改善教学设施和生活设施,实现校舍和场所标准化。推动普通高中加强校园校舍设施建设,扩大培养能力、提高教育质量。扩大职业教育资源供给。
3. 改善养老托育设施	大幅提高养老服务质量,扩充护理型床位,配置消防设施和辅助设施。加快建设县级特困人员供养服务设施(敬老院)。引导社会力量发展普惠养老。在家庭照护为主、托育补充前提下,大力推动婴幼儿照护服务发展,引导社会力量建设一批综合性托育服务机构和社区托育服务设施。
4. 发展文旅体育设施	改造商业步行街、地方特色街区及配套设施,加强老建筑活化利用,因地制宜发展新型文旅商业消费聚集区。根据需要改扩建或新建县级公共图书馆、文化馆、博物馆,完善公共文化场所功能,建设智慧广电平台。在重要旅游景区所在县和有条件发展全域旅游的县,完善游客服务中心、旅游道路和旅游厕所等配套设施,建设城市公园。建设全民健身中心、公共体育场、体育公园、全民健身步道和社会足球场地。
5. 完善社会福利设施	加强困境儿童保障,健全儿童收养体系,提升儿童福利设施和未成年人救助保护设施水平。建设残疾人康复和托养设施,因地制宜配建残疾人综合服务设施。完善公益性殡葬服务,支持建设公共殡仪馆和公益性骨灰安放设施。

续表

建设任务	项目范畴
6. 建设社区综合服务设施	因地制宜布局社区综合服务设施,逐步实现城镇居民全覆盖。统筹卫生、就业、社保、文体、退役军人服务、儿童关爱保护等基本和非基本公共服务项目以及维稳、信访等管理职能,推进家政等便民服务进社区,打造综合性多功能的美好生活服务站。
二、推进环境卫生设施提级扩能	
7. 完善垃圾无害化资源化处理设施	全面推进生活垃圾分类,逐步建立分类投放、分类收集、分类运输、分类无害化资源化处理的生活垃圾处理系统。完善生活垃圾收运体系,配备分类清运、密封性好、压缩式收运车辆,改造垃圾房和转运站。加快建设生活垃圾焚烧终端处理设施,逐步减少原生垃圾直接填埋。建立餐厨垃圾和建筑垃圾等回收及再生利用体系。加快建设医疗废物集中处置设施,完善医疗废物收转运设施。因地制宜建设危险废物处理设施。在有条件县城建设规范的回收网点和分拣中心,重点对废弃电器电子产品、报废汽车、废纸等进行回收利用。
8. 健全污水集中处理设施	按照“厂网配套、泥水并重”要求,建设污水集中处理设施。提高管网收集能力,积极推进管网“雨污分流”,实施混错接、漏接、老化和破损管网更新修复。因地制宜确定污水处理厂出水水质标准,结合实际对现有污水处理厂进行扩容提标改造。在缺水地区和水环境敏感地区推进污水资源化利用。加快建设污泥无害化资源化处理设施,减少污泥进入垃圾填埋场填埋量。
9. 改善县城公共厕所	重点在旧城区、人流密集区和主次干路等区域,配建补建固定公共厕所或移动式公共厕所,利用节能环保技术配置除臭设施。改造老旧公共厕所,分批进行拆除还建或改建。新区建设和商业开发要严格按标准配建公共厕所。合理增加无障碍厕位和第三卫生间,方便残疾人和儿童等使用。
三、推进市政公用设施提挡升级	
10. 优化市政交通设施	推进县城与邻近地级市城区交通设施互联互通,鼓励对公路等设施进行升级改造,增强对外交通保障能力。布局建设公共停车场和配建停车场,鼓励建设立体停车库,缓解医院、学校、大中型商场和办公区等人流密集区“停车难”问题。推进客运站改扩建或迁建新建,拓展客运站“运游”“运邮”功能。按照“窄马路、密路网”方式,完善机动车道、非机动车道和人行道“三行系统”,优化公交站点布设,改善群众出行条件。
11. 完善市政管网设施	实行“从源头到龙头”的全流程公共供水保障,扩大供水管网覆盖范围,更新改造供水水质不能稳定达标的水厂和老旧破损的供水管网。完善燃气储气设施和燃气管网,加快建设液化天然气、液化石油气局域供气网络。发展热电联产集中供热及清洁能源集中供热,推进燃煤锅炉集中改造。构建源头减排、雨水蓄排、排涝除险的排水防涝系统。在有条件县城推进路面电网和通信网架空线入地。

续表

建设任务	项目范畴
12. 发展配送投递设施	建设统一分拨中转的公共配送中心，鼓励发展共同配送等新模式，满足小微企业和群众日常物流分拨配送需要。支持社会力量面向家庭用户和单位职工等受众群体，布设不同类型的智能快件箱，提供便捷安全的"最后一百米"服务。
13. 推进县城智慧化改造	加快建设新型基础设施，推进5G网络向县城延伸覆盖，提升县城光纤宽带接入速率，建设深度覆盖的物联网。搭建城市信息模型（CIM）基础平台，部署智能交通、智能电网、智能水务等感知终端，推进市政公用设施智能化。整合市场监管、环境监管、应急管理、治安防控等事项，推行"政务服务一网通办""云上政务"，推进社会治理精细化。整合教育、医疗、养老、就业、社保等信息数据系统，建设统一的基本公共服务平台，推进公共服务供给便捷化。
14. 更新改造老旧小区	改善小区居住条件，完善小区水电气路信等配套基础设施和养老托育、停车、便民市场等公共服务设施，有条件的可加装电梯。加强对小区及周边闲置土地、房屋、地下室等存量资源的统筹利用。鼓励探索以社区乃至街区为单元进行改造的商业模式，吸引社会资本参与有一定盈利的改造项目。
四、推进产业培育设施提质增效	
15. 完善产业平台配套设施	培育县城内生增长动力和"造血"能力，引导县域特色经济和农村二三产业在县城集聚发展，促进农业转移人口就近城镇化。完善产业园区和特色小镇等产业集聚区配套设施，健全检验检测认证中心，提高产品质量标准；优化技术研发转化中心，提供共性技术公用研发设备；建设智能标准厂房，提供共用生产空间，降低企业成本、提高生产效率；建设便企政务服务中心，提供"最多跑一次"的一站式服务；结合公共资源交易平台建设农村产权交易中心，盘活农村闲置资源资产。加大产业转型升级示范区建设力度，在有条件县城建设一批产业转型升级示范园区。
16. 健全冷链物流设施	结合实际在县城及周边建设冷库，配建理货和分拣等冷链配送设施，保障农副产品全程冷鲜冷冻保存和运输。在有条件县城建设面向城市消费的生鲜食品低温加工处理中心，推广"生鲜电商+冷链宅配""中央厨房+食材冷链配送"等新模式。引导社会力量在大中型商场超市建设冷链物流前置仓，解决冷链物流"最后一公里"问题。
17. 提升农贸市场水平	因地制宜推进农贸市场改造或迁建新建，合理扩大规模和服务半径，改善交易棚厅等经营条件。在批发型农贸市场配置检测检疫设备，确保进场农副产品质量安全。完善零售型农贸市场和社区菜市场环保设施，解决卫生"脏乱差"问题。支持社会力量改造建设畜禽定点屠宰加工厂。

附件 2　县城建设示范名单

区域	省份(24 个)	县及县级市(120 个)
东部(58 个)	浙江	桐庐县、宁海县、海盐县、武义县、长兴县、岱山县、缙云县、诸暨市、乐清市、温岭市
	江苏	盱眙县、宝应县、沛县、东海县、沭阳县、建湖县、泗阳县、海门市、泰兴市、溧阳市
	广东	惠东县、博罗县、新兴县、佛冈县、东源县、海丰县、龙门县、饶平县、阳春市、台山市
	福建	霞浦县、闽侯县、永泰县、永春县、德化县、上杭县、长汀县、福清市、福安市、晋江市
	山东	郓城县、齐河县、桓台县、宁阳县、广饶县、海阳市、诸城市、龙口市、滕州市、新泰市
	河北	固安县、正定县、景县、魏县、迁安市
	海南	澄迈县、琼海市、万宁市
中部(31 个)	湖北	阳新县、红安县、大悟县、南漳县、监利县、仙桃市、潜江市、天门市、赤壁市、宜都市
	安徽	当涂县、庐江县、蒙城县、灵璧县、天长市
	河南	兰考县、鄢陵县、新安县、南乐县、新郑市
	湖南	湘潭县、攸县、澧县、浏阳市、宁乡市
	江西	南昌县、奉新县、吉安县
	山西	清徐县、阳城县、孝义市
西部(21 个)	四川	金堂县、乐至县、大英县、江安县、绵竹市
	重庆	垫江县、忠县、彭水县
	陕西	富平县、三原县、岐山县
	贵州	金沙县、清镇市
	云南	大理市、腾冲市
	广西	横县、东兴市
	内蒙古	宁城县、满洲里市
	甘肃	榆中县、敦煌市

续表

区域	省份（24个）	县及县级市（120个）
东北（10个）	吉林	前郭县、珲春市、公主岭市、梅河口市
	辽宁	桓仁县、黑山县、盘山县
	黑龙江	五常市、肇东市、穆棱市

3. 国家发展改革委等七单位关于信贷支持县城补短板强弱项的通知

（2020年8月14日）

各省、自治区、直辖市及计划单列市、新疆生产建设兵团发展改革委，国家开发银行、中国农业发展银行、中国工商银行、中国农业银行、中国建设银行、中国光大银行各分行：

为深入贯彻落实习近平总书记关于新型城镇化建设特别是县城建设的重要指示精神，贯彻落实《政府工作报告》关于加强新型城镇化等“两新一重”建设的部署，按照《国家发展改革委关于加快开展县城补短板强弱项工作的通知》要求，加大信贷支持力度、吸引社会资本投入，现通知如下：

一、总体要求

以习近平新时代中国特色社会主义思想为指导，深入贯彻落实党中央、国务院关于统筹推进疫情防控和经济社会发展的重大决策部署，以适应农民日益增加的到县城就业安家需求为目标，以县城大中型固定资产投资项目为标的，按市场化原则建立健全政银企对接长效机制，发挥开发性政策性金融“当先导”功能和逆周期调节作用,调动商业性金融和工商资本积极性,下沉大银行服务重心,以融资促进投资、以投资提振消费,大力提升县城公共设施和服务能力,为实施扩大内需战略和新型城镇化战略提供支撑。

二、支持领域

聚焦县城及县级市城区,特别是120个县城新型城镇化建设示范地区,兼顾镇区常住人口10万以上的非县级政府驻地特大镇、2015年以来“县改区”“市改区”形成的地级及以上城市市辖区,重点对以下领域建设项目提供信贷支持。

(一)县城产业平台公共配套设施。支持区位布局合理、要素集聚度高的产业平台(主要是中国开发区审核公告目录内的产业园区、各省份特色小镇创建名单内的特色小镇)公共配套设施建设项目,包括但不限于建设智能标准生产设施、技术研发转化设施、检验检测认证设施、职业技能培训设施、仓储集散回收设施和文化旅游体育设施等。支持产业转型升级示范区内重点园区、县城产业转型升级示范园区公共配套设施建设项目。

(二)县城新型基础设施。支持新一代信息基础设施建设项目,包括建设5G网络、物联网、车联网和骨干网扩容等。支持市政公用设施数字化改造项目,包括改造交通、公安和水电气热等领域终端系统等。支持大数据设施建设项目,包括建设集约化数据中心、供应链数字化平台和产业数字化平台等。支持网络安全防护体系建设项目。

(三)县城其他基础设施。支持环境卫生设施建设项目,包括建设垃圾无害化资源化处理设施和污水集中处理设施等。支持市政公用设施建设项目,包括改造建设公共停车场和公路客运站等交通设施、水气热等管网设施以及改造老旧小区。支持商贸流通设施建设项目,包括改造建设配送投递设施、冷链物流设施和农贸市场等。支持商业步行街和特色街区等消费集聚区公共配套设施建设项目,以及游客集散中心、体育公园等。

三、信贷条件

（四）建设项目条件。项目符合县城补短板强弱项的政策导向，依规履行固定资产投资项目审批（核准、备案）、用地、环评等前期工作。项目具有稳定的经营性现金流或其他可靠的偿债资金来源，未来经营收入或借款人其他收入可覆盖贷款本息。项目资本金不低于国家规定的最低比例标准，资本金来源符合国家有关规定，并同比例或先于贷款到位。项目符合所申请贷款银行的其他贷款条件。

（五）借款人条件。借款人为经市场监管部门核准登记、实行独立核算的企业法人，经事业单位登记管理机关核准登记的公益二类或经营类事业法人，以及国家规定可作为借款人的其他经济组织。借款人具有承担新型城镇化建设项目投资运营的相关资质和能力，具备财务可持续能力，具有良好信用状况。借款人符合所申请贷款银行的其他准入条件。

四、配套政策

（六）安排专项信贷额度。六家银行总行每年分别安排一定规模的信贷额度，专项用于支持县城补短板强弱项项目。制定专项信贷支持细则，细化提出目标任务、信贷条件、信贷政策和组织实施方式。适时研究优化绩效考核评价体系，对支持县城补短板强弱项项目较多的省级分行给予奖励。

（七）实行优惠信贷政策。六家银行参考贷款市场报价利率（LPR），对县城补短板强弱项项目贷款执行优惠利率。按照项目实际需要，给予原则上不超过20年的中长期贷款。综合运用借款人不动产抵押、动产质押以及在建项目资产抵押、收费权质押等担保方式。开辟绿色办贷通道，优先开展尽职调查、优先进行审查审批、优先安排贷款投放。对借款人综合实力较强、贷款需求较大、投资回报周期较长的项目，发挥六家银行业务互促、优势互补的效用，通过银团贷款方式予以协同支持。

（八）加强财政性资金支持。对符合条件的项目，可通过直接投资、资本金注入、投资补助、贷款贴息等方式，优先安排财政性资金或地方政府专项债券,以促进项目的经营性现金流与贷款条件相匹配。各地区通过提高地方政府专项债券作为项目资本金比例等方式,加强与六家银行信贷投放的配套衔接。有条件市县可成立政策性风险补偿基金或担保公司,为借款人融资提供增信服务。

五、组织实施

(九)加强协同协作。国家发展改革委与六家银行总行建立定期会商机制,协调解决信贷支持县城补短板强弱项的重大问题。省级发展改革委组织各市县报送有贷款需求的项目,梳理形成初步项目清单并推介至六家银行省级分行,由其开展尽职调查并反馈符合基本办贷条件项目清单后,每季度末报送国家发展改革委。国家发展改革委协调分送六家银行总行,由其按审批权限自行或推动省级分行进行审查审批并发放贷款。建立定期调度机制,六家银行总行每季度末将信贷支持情况及项目清单报送国家发展改革委。

(十)推进落实落地。省级发展改革委要严把政策关,优选项目、精准投资,加强对项目实施的跟踪督促。六家银行省级分行要强化项目尽职调查、信贷投放等关键环节管理,严禁新增地方政府隐性债务;监督项目贷款使用情况,确保贷款专款专用。各市县要加强项目谋划设计,科学论证项目可行性,推广公益性与有经济效益的建设内容合理搭配实现资金平衡的运作模式;加强项目储备,加快项目审批(核准、备案)、用地、环评、选址、施工许可、征地拆迁等前期工作,成熟一批、实施一批;严把项目标准,规范开工建设、不留后遗症。

4. 国家发展改革委办公厅关于印发县城建设专项企业债券发行指引的通知

(2020年8月12日)

各省、自治区、直辖市及计划单列市、新疆生产建设兵团发展改革委:

为加快推进县城补短板强弱项工作,积极发挥企业债券融资在县城建设方面的积极作用，现将我委制定的《县城建设专项企业债券发行指引》印发给你们，请认真贯彻执行。

县城建设专项企业债券发行指引

为加快推进县城补短板强弱项工作，推进县城公共服务设施提标扩面、环境卫生设施提级扩能、市政公用设施提档升级、产业培育设施提质增效，适应农民日益增加的到县城就业安家需求，充分发挥企业债券融资对县城新型城镇化建设的积极作用，根据《证券法》《公司法》等法律法规，制定本指引。

一、适用范围和支持重点

县城新型城镇化建设专项企业债券由市场化运营的公司法人主体发行，募集资金用于符合《国家发展改革委关于加快开展县城补短板强弱项工作的通知》（发改规划〔2020〕831 号）、市场化自主经营、具有稳定持续经营性现金流的单体项目或综合性项目。适用范围为县城及县级市城区内的，兼顾镇区常住人口 10 万以上的非县级政府驻地特大镇、2015 年以来“县改区”“市改区”形成的地级及以上城市市辖区的项目。主要支持以下领域：

（一）县城产业平台公共配套设施。支持区位布局合理、要素集聚度高的产业平台（主要是中国开发区审核公告目录内的产业园区、各省份特色小镇创建名单内的特色小镇）公共配套设施建设项目，包括但不限于建设智能标准生产设施、技术研发转化设施、检验检测认证设施、职业技能培训设施、仓储集散回收设施和文化旅游体育设施等。支持产业转型升级示范区内重点园区、县城产业转型升级示范园区公共配套设施建设项目。

（二）县城新型基础设施。支持新一代信息基础设施建设项目，包括建设 5G 网络、物联网、车联网和骨干网扩容等。支持市政公用设施数字化改造项目，包括改造交通、公安和水电气热等领域终端系统等。支持大数据设施建设项目,包括建设集约化数据中心、供应链数字化平台和产业数字化平台等。支持网络安全防护体系建设项目。

(三)县城其他基础设施。支持环境卫生设施建设项目,包括建设垃圾无害化资源化处理设施和污水集中处理设施等。支持市政公用设施建设项目,包括改造建设公共停车场和公路客运站等交通设施、水气热等管网设施。支持商贸流通设施建设项目,包括改造建设配送投递设施、冷链物流设施和农贸市场等。支持有一定收益的老旧小区改造项目。支持新型文旅商业消费聚集区公共配套设施建设项目。

二、发行条件

(一)本专项企业债券发行人应具备健全且运行良好的组织机构,具有合理的资产负债结构和正常的现金流量,最近三年平均可分配利润足以支付债券一年的利息。

(二)本专项企业债券以募投项目未来经营收入作为主要偿债来源。其中,项目收费标准由政府部门定价的,地方政府价格主管部门应及时制定完善项目收费价格政策。

(三)发行人应根据项目资金回流具体情况,科学合理设计债券发行方案,可灵活设置债券期限、选择权及还本付息方式。

(四)鼓励银行机构通过"债贷组合"方式,进行债券和贷款统筹管理。

(五)省级发展改革委应就募投项目出具是否适用于本指引的专项意见。

三、支持政策

(一)在偿债保障措施完善的前提下,允许使用不超过50%的债券募集资金用于补充营运资金。用于项目建设部分的募集资金,可偿还前期已直接用于募投项目建设的银行贷款。

(二)支持县城特别是县城新型城镇化建设示范地区内主体信用评级

优良的企业,以自身信用发行本专项企业债券。

(三)对已安排中央预算内投资和地方政府专项债券等资金的项目,优先支持项目实施主体发行企业债券,以支持募投项目所需资金的足额到位。

(四)省级发展改革委在制定本省份县城补短板强弱项落实方案以及指导县城新型城镇化建设示范地区制定示范方案时,应统筹考虑项目资金、土地保障方式,加大本专项企业债券融资支持力度,协调新增建设用地计划指标和城乡建设用地增减挂钩指标分配,满足项目合理用地需求,保障项目落地实施。

(五)市县级发展改革委加强项目谋划设计与储备,加快做好项目审批(核准、备案),推动有关部门和项目单位加快推进用地、环评、选址、施工许可、征地拆迁等前期工作。

四、附则

(一)本指引由国家发展改革委负责解释。

(二)本指引自发布之日起施行。

5. 国家发展改革委办公厅关于推进县城产业平台公共配套设施补短板强弱项的通知

(2020 年 7 月 26 日)

各省、自治区、直辖市及计划单列市、新疆生产建设兵团发展改革委:

县城产业平台是承接农业转移人口就近城镇化的主要空间和发展县域经济的主要载体。改革开放特别是党的十八大以来,县城产业平台建设取得显著成效,但由于相关公共配套设施不完善不健全,制约了吸引要素向县城流动集聚、农民到县城就业安家等作用的充分发挥。为落实《国家发展改革委关于加快开展县城补短板强弱项工作的通知》,补齐县城产业平台

公共配套设施短板弱项,现通知如下:

一、总体要求

以习近平新时代中国特色社会主义思想为指导,深入贯彻落实党中央、国务院关于统筹推进疫情防控和经济社会发展的重大决策部署,落实《政府工作报告》部署,以适应农民日益增加的到县城就业安家需求为目标,以增强县城内生增长动力和"造血能力"为重点,以市场不能有效配置资源、需要政府支持引导的县城产业平台公共配套设施建设为抓手,立足实际、因地制宜,提升县城产业平台承载产业发展和就业创业能力,引导劳动密集型产业、县域特色经济及农村二三产业在县城集聚发展,发挥吸纳进城农民就近打工的重要作用,为坚定实施扩大内需战略和新型城镇化战略提供有力支撑。

二、主要任务

(一)明确县城产业平台范畴。各地区要以区位布局合理、要素集聚度高、产业特色鲜明为基本门槛,科学界定支持发展的县城产业平台范畴。明确产业平台区位,主要发展县城及县级市城区内的产业平台,兼顾镇区常住人口10万以上的非县级政府驻地特大镇、2015年以来"县改区""市改区"形成的地级及以上城市市辖区。明确产业平台类型,主要发展中国开发区审核公告目录内的产业园区、各省级特色小镇创建名单内的特色小镇。

(二)完善智能标准生产设施。各地区要围绕降低产业平台投产成本、缩短企业产品上市周期,完善共享型的智能化标准化生产场所及设备。建设符合主导产业生产需求的标准厂房,打造承重、挑高、室内环境质量达标的生产场所,接入光纤宽带和物联网终端设备。配备数控机床等产业通用基础制造装备,配置高效率的设备运维软件系统。在有条件产业平台建设可快速转产转线的柔性生产线,更好适应市场需求。健全文化旅游产业等服务业配套设施。

（三）健全技术研发转化设施。各地区要瞄准产业平台主导产业所需共性技术，整合各类技术创新资源，健全开放式的技术研发转化空间及设施。建设共性技术研发平台，配备专业通用仪器设备。健全科研成果中试基地，完善产品创制试制设施和模拟应用场景，打造服务于科研成果熟化、工程化、工艺化的有效载体。发展创业孵化空间，提供产品方案研究、商业模式设计、项目路演展示、投资融资对接等服务。探索建设知识产权服务平台，提供高价值专利布局、专利信息分析及法律咨询等服务。

（四）完善检验检测认证设施。各地区要着眼提升产业平台产品质量和品牌竞争力，提升检验检测及质量认证服务能力。鼓励建设检验检测公共服务平台，配备产品质量测试和性能评定等设备。引入国际国内权威认证机构共建质量认证服务平台，发挥强制性认证“保底线”作用和自愿性认证“拉高线”作用。支持社会力量提供检验检测认证服务，积极发展民营或混合所有制检验检测认证机构，加大政府购买服务力度。

（五）建设职业技能培训设施。各地区要围绕支撑产业平台转型升级、保持就业稳定、提升就业质量和缓解结构性就业矛盾，建设有针对性实效性的职业技能培训设施。支持规模以上企业建立职业技能培训机构，面向产业平台内企业承担职业技能提升和转岗转业培训任务。推动职业院校和技工学校建设惠及面广、适用性强的培训基地，提升培训设施设备水平，鼓励与企业共建实训中心。引导利用闲置场地改造建设公共实训基地。

（六）健全仓储集散回收设施。各地区要着眼完善产业平台供应链体系，建设规模适用的公共仓储集散回收设施。完善仓储空间及设施，鼓励配备智能立体仓库、自动分拣系统、自动导引运输车和库存管理系统。完善集散回收空间及设施，服务于产品分拨运输和工业废弃物回收。完善电子商务硬件设施及软件系统，建设便于线上线下推介展示交易的直播或体验等公用空间。

（七）建设便企政务服务设施。各地区要围绕降低产业平台制度性成本，建设便捷高效的一站式便企政务服务设施。下沉行政审批重心，植入自然资源、生态环境、市场监管、税务、人力资源社会保障等部门行政审批权限，融入农村产权流转交易和抵押融资等更多服务事项。完善政策服务功能,强化财政补贴、税费减免、融资对接、宣传推广等政策指导扶持。健全劳务对接功能,建立与劳动力输出地的紧密对接合作机制,为企业招工用工提供便利。

三、组织实施

(八)夯实要素保障。坚持“资金跟着项目走”“土地要素跟着项目走”,加强对县城产业平台公共配套设施建设项目的要素保障。对公益性项目,主要依靠地方政府财政资金、地方政府专项债券及抗疫特别国债予以投入,符合条件的可通过中央财政性资金予以支持。对符合条件的大中型经营性项目,通过县城新型城镇化建设专项企业债券、开发性政策性商业性金融和国家城乡融合发展基金予以融资支持。省级发展改革委要加强与自然资源部门的协调配合,优化新增建设用地计划指标和城乡建设用地增减挂钩指标的分配,保障项目用地需求。

(九)加强示范带动。省级发展改革委在指导120个县城新型城镇化建设示范地区制定示范方案时,要将县城产业平台公共配套设施建设作为重要内容,明确具体建设项目和要素保障方式,并尽快开工建设。国家发展改革委加大中央财政性资金和县城新型城镇化建设专项企业债券等政策支持力度,支持示范性项目建设,支持产业转型升级示范区重点园区和县城产业转型升级示范园区项目建设,并以现场会等方式推广好经验好做法。

(十)推进落实落地。省级发展改革委在制定本省份县城补短板强弱项落实方案时,要明确县城产业平台公共配套设施的建设内容、要素保障和推进时序。各市县要加强项目谋划设计和储备,加快推进项目审批(核准、备案)、用地、环评、选址、施工许可、征地拆迁等前期工作,成熟一批、实施一批;要尽力而为、量力而行,审慎论证项目可行性,优选项目、精准补短板、不留后遗症,确保精准投资、提高投资效益,严防地方政府债务风险,严防“大拆大建”“贪大求洋”。

6. 国家发展改革委办公厅关于建立县城建设直接联系点机制的通知

（2020年9月15日）

河北、江苏、浙江、福建、山东、河南、湖北、湖南、广东、四川省发展改革委：

为深入贯彻落实习近平总书记重要指示精神，落实《政府工作报告》提出的政府投资重点支持新型城镇化等“两新一重”建设、大力提升县城公共设施和服务能力等部署，密切跟踪县城建设进展、深入分析困难问题、研究完善政策举措，现建立县城建设直接联系点机制。有关事项通知如下：

一、县城建设直接联系点具体名单

综合考虑各地区发展基础、政策保障和工作进展，在《国家发展改革委关于加快开展县城补短板强弱项工作的通知》确定的120个县城建设示范地区中，选择河北省固安县、江苏省溧阳市、浙江省乐清市、福建省闽侯县、山东省诸城市、河南省兰考县、湖北省阳新县、湖南省浏阳市、广东省博罗县、四川省金堂县，作为县城建设直接联系点。

二、县城建设直接联系点主要工作

（一）高质量推进建设任务。在科学研判本地城镇化发展趋势特别是产业发展和人口流动情况的基础上，围绕市场不能有效配置资源、需要政府支持引导的县城建设4大领域17项建设任务，全面梳理本地短板弱项，区分轻重缓急，科学研究确定阶段性建设目标和重点建设任务，明确推进机制、资金来源、用地保障和政府债务风险防控机制，努力打造县城建设排头兵。

(二)探索创新建设方式。分类谋划公益性、准公益性、经营性的示范项目,加快项目审批(核准、备案)、用地、环评、选址、施工许可、征地拆迁等前期工作,设计多元化的资金投入保障机制。对公益性项目加强财政资金支持,对准公益性项目加强地方政府专项债券等资金支持。注重引入社会资本谋划现金流健康的经营性项目,加强县城新型城镇化建设专项企业债券、长周期低成本政策性贷款等资金支持。

(三)及时总结有效经验。加强对示范项目谋划实施的跟踪分析,及时总结行之有效的先进经验和可行模式,分析遇到的困难问题及原因,研究提出政策建议。

三、县城建设直接联系点保障机制

国家发展改革委将密切跟踪、"解剖麻雀",持续总结提炼可复制可推广的典型经验,条件成熟时在全国范围内推广;发现并分析薄弱环节,及时制定针对性改革举措和政策措施。有关省级发展改革委要加强指导,建立常态化沟通交流工作机制,协调解决县城建设直接联系点遇到的困难问题,注重在省内先行推广好经验好做法。

7. 国务院办公厅转发国家发展改革委关于促进特色小镇规范健康发展意见的通知

(2020 年 9 月 16 日)

各省、自治区、直辖市人民政府,国务院各部委、各直属机构:

国家发展改革委《关于促进特色小镇规范健康发展的意见》已经国务院同意,现转发给你们,请认真贯彻执行。

关于促进特色小镇规范健康发展的意见

特色小镇作为一种微型产业集聚区，具有细分高端的鲜明产业特色、产城人文融合的多元功能特征、集约高效的空间利用特点，在推动经济转型升级和新型城镇化建设中具有重要作用。近年来，各地特色小镇建设取得一定成效，涌现出一批产业特而强、功能聚而合、形态小而美、机制新而活的精品特色小镇，但也出现了部分特色小镇概念混淆、内涵不清、主导产业薄弱等问题。为加强对特色小镇发展的顶层设计、激励约束和规范管理，现提出以下意见：

一、总体要求

（一）指导思想。以习近平新时代中国特色社会主义思想为指导，全面贯彻党的十九大和十九届二中、三中、四中全会精神，坚持稳中求进工作总基调，坚持新发展理念，以准确把握特色小镇发展定位为前提，以培育发展主导产业为重点，促进产城人文融合，突出企业主体地位，健全激励约束机制和规范管理机制，有力有序有效推进特色小镇高质量发展，为扎实做好“六稳”工作、全面落实“六保”任务提供抓手，为坚定实施扩大内需战略和新型城镇化战略提供支撑。

（二）基本原则。

——遵循规律、质量第一。立足不同地区经济发展阶段和客观实际，遵循经济规律、城镇化规律和城乡融合发展趋势，不下指标、不搞平衡，控制数量、提高质量，防止一哄而上、一哄而散。

——因地制宜、突出特色。依托不同地区区位条件、资源禀赋、产业基础和比较优势，适合什么发展什么，合理谋划并做精做强特色小镇主导产业，防止重复建设、千镇一面。

——市场主导、政府引导。厘清政府与市场的关系，引导市场主体扩大有效投资，创新投资运营管理方式，更好发挥政府公共设施配套和政策引导等作用,防止政府大包大揽。

——统一管理、奖优惩劣。把握发展与规范的关系,实行正面激励与负面纠偏"两手抓",实行部门指导、省负总责、市县落实,强化统筹协调和政策协同,防止政出多门。

二、主要任务

(三)准确把握发展定位。准确理解特色小镇概念,以微型产业集聚区为空间单元进行培育发展,不得将行政建制镇和传统产业园区命名为特色小镇。准确把握特色小镇区位布局,主要在城市群、都市圈、城市周边等优势区位或其他有条件区域进行培育发展。准确把握特色小镇发展内涵,发挥要素成本低、生态环境好、体制机制活等优势,打造经济高质量发展的新平台、新型城镇化建设的新空间、城乡融合发展的新支点、传统文化传承保护的新载体。

(四)聚力发展主导产业。聚焦行业细分门类,科学定位特色小镇主导产业,提高主导产业质量效益,切实增强产业核心竞争力。错位发展先进制造类特色小镇,信息、科创、金融、教育、商贸、文化旅游、森林、体育、康养等现代服务类特色小镇,以及农业田园类特色小镇,打造行业"单项冠军"。聚焦高端产业和产业高端环节,吸引先进要素集聚发展,助推产业基础高级化和产业链现代化。

(五)促进产城人文融合。推进特色小镇多元功能聚合,打造宜业宜居宜游的新型空间。叠加现代社区功能,结合教育、医疗、养老整体布局提供优质公共服务,完善社区服务、商业服务和交通站点,建设15分钟便捷生活圈。叠加文化功能,挖掘工业文化等产业衍生文化,促进优秀传统文化与现代生活相互交融,建设展示小镇建设整体图景和文化魅力的公共空间。叠加旅游功能,加强遗产遗迹保护,因地制宜开展绿化亮化美化,打造彰显地域特征的特色建筑,保护修复生态环境。

(六)突出企业主体地位。推进特色小镇市场化运作,以企业投入为主、以政府有效精准投资为辅,依法合规建立多元主体参与的特色小镇投资运营模式。培育一批特色小镇投资运营优质企业,鼓励有条件有经验的大中型企业独立或牵头发展特色小镇,实行全生命周期的投资建设运营管理,探索可持续的投融资模式和盈利模式,带动中小微企业联动发展。

(七)促进创业带动就业。因地制宜培育特色小镇创新创业生态,提高就业吸纳能力。结合主导产业加强创业就业技能培训服务,提高创业者和劳动者技能素质。发展创业孵化器等众创空间,强化场地安排、要素对接等服务功能。鼓励中小银行和地方银行分支机构入驻特色小镇或延伸服务,创新科技金融产品和服务模式。引导入驻企业与电商平台深化合作,拓宽新工艺新产品新模式的商业渠道。

(八)完善产业配套设施。着眼特色小镇主导产业发展所需,健全公共性、平台性产业配套设施,惠及更多市场主体。完善智能标准生产设施,提供标准厂房和通用基础制造装备,降低投产成本、缩短产品上市周期。健全技术研发转化设施,发展共性技术研发平台和科研成果中试基地。健全仓储集散回收设施,完善电子商务硬件设施及软件系统。

(九)开展改革探索试验。根据特色小镇多数位于城乡接合部的区位特点,推动其先行承接城乡融合发展等相关改革试验,努力探索微型产业集聚区高质量发展的经验和路径。深化"放管服"改革,因地制宜建设便企政务服务设施,有效承接下放的涉企行政审批事项,完善政务服务功能,优化营商环境。允许特色小镇稳妥探索综合体项目整体立项、子项目灵活布局的可行做法。开展供地用地方式改革,鼓励建设用地多功能复合利用,盘活存量建设用地和低效土地,稳妥探索农村集体经营性建设用地直接入市交易。探索投融资机制改革,谋划与新型城镇化建设项目相匹配、财务可持续的投融资模式。

三、规范管理

(十)实行清单管理。各省级人民政府要根据本意见,按照严定标准、严控数量、统一管理、动态调整原则,明确本省份特色小镇清单,择优予以倾斜支持。对此前已命名的特色小镇,经审核符合条件的可纳入清单,不符合条件的要及时清理或更名。国务院有关部门和行业协会不命名、不评比特色小镇。国家发展改革委要会同有关部门建立全国特色小镇信息库,加强对各省份特色小镇清单的指导监督和动态管理。

(十一)强化底线约束。地方各级人民政府要加强规划管理,严格节约集约利用土地,单个特色小镇规划面积原则上控制在1—5平方公里(文化旅游、体育、农业田园类特色小镇规划面积上限可适当提高),保持生产生活生态空间合理比例,保持四至范围清晰、空间相对独立,严守生态保护红线、永久基本农田、城镇开发边界三条控制线。严格控制高耗能、高污染、高排放企业入驻,同步规划建设污水、垃圾处理等市政基础设施和环境卫生设施。严防地方政府债务风险,县级政府债务风险预警地区原则上不得通过政府举债建设特色小镇。严控特色小镇房地产化倾向,在充分论证人口规模基础上合理控制住宅用地在建设用地中所占比重。严守安全生产底线,加强安全生产监管和重大灾害治理,维护人民生命财产安全。

(十二)加强激励引导。国务院有关部门要组织制定特色小镇发展导则,在规划布局、主导产业发展、产城人文融合和公共设施建设等方面提出普适性操作性指引,引导培育一批示范性特色小镇,总结提炼典型经验,发挥引领带动作用。建立政银企对接长效机制,支持符合条件的特色小镇投资运营企业发行企业债券,鼓励开发性、政策性和商业性金融机构在债务风险可控前提下增加中长期融资支持。加大中央预算内投资对特色小镇建设的支持力度。支持发行地方政府专项债券用于特色小镇有一定收益的产业配套设施、公共服务设施、市政公用设施等项目建设。鼓励地方通过安排相关资金、新增建设用地计划指标等方式,对特色小镇发展予以支持引导。

(十三)及时纠偏纠错。地方各级人民政府要对违法违规的特色小镇予以及时整改或淘汰。对主导产业薄弱的,要加强指导引导,长期不见效的要督促整改。对违法违规占地用地、破坏生态环境的,要及时制止并限期整改。对投资主体缺失、无法进行有效建设运营的,以及以“特色小镇”之名单纯进行大规模房地产开发的,要坚决淘汰除名。

四、组织实施

（十四）压实地方责任。各省级人民政府要强化主体责任，统筹制定本省份特色小镇管理制度、政策措施和检查评估机制，做好组织调度和监测监管。市县级人民政府要深化认识、把握节奏、强化落实、久久为功，结合本地实际制定细化可操作的工作措施，并科学编制特色小镇规划。

（十五）加强部门指导。依托城镇化工作暨城乡融合发展工作部际联席会议制度，国家发展改革委要会同财政部、自然资源部、住房城乡建设部、农业农村部、体育总局、国家林草局等有关部门和单位强化协同协作，统筹开展特色小镇监测督导、典型示范和规范纠偏等工作，督促有关地区及时处置特色小镇建设过程中的违法违规行为，对工作不力的地区进行通报，切实促进特色小镇规范健康发展。

8. 国家发展改革委等十部门关于印发全国特色小镇规范健康发展导则的通知

（2021 年 9 月 27 日）

各省、自治区、直辖市及计划单列市、新疆生产建设兵团发展改革委、自然资源主管部门、生态环境厅（局）、科技厅（局）、工业和信息化厅（局）、商务主管部门、文化和旅游厅（局）、农业农村厅（局、委）、体育行政部门、市场监管局（厅、委）：

为深入贯彻落实习近平总书记重要批示指示精神，按照《国务院办公厅转发国家发展改革委关于促进特色小镇规范健康发展意见的通知》（国办发〔2020〕33 号）要求，经城镇化工作暨城乡融合发展工作部际联席会议第三次会议审议通过，现印发全国特色小镇规范健康发展导则，请认真贯彻执行。

全国特色小镇规范健康发展导则

近年来各地区特色小镇建设取得一定成效,涌现出一批精品特色小镇,促进了经济转型升级和新型城镇化建设,但也出现了部分特色小镇概念混淆、内涵不清、主导产业薄弱等问题。为加强对特色小镇发展的指导引导、规范管理和激励约束,结合各地区各有关部门实践探索,现围绕特色小镇发展定位、空间布局、质量效益、管理方式和底线约束等方面,提出普适性操作性的基本指引。

一、发展定位

准确把握特色小镇发展定位,明确概念内涵、功能作用和主导产业,将之作为发展特色小镇的基础和前提。

(一)概念内涵。特色小镇是现代经济发展到一定阶段产生的新型产业布局形态,是规划用地面积一般为几平方公里的微型产业集聚区,既非行政建制镇、也非传统产业园区。特色小镇重在培育发展主导产业,吸引人才、技术、资金等先进要素集聚,具有细分高端的鲜明产业特色、产城人文融合的多元功能特征、集约高效的空间利用特点,是产业特而强、功能聚而合、形态小而美、机制新而活的新型发展空间。

(二)功能作用。特色小镇是经济高质量发展的新平台,依托小尺度空间集聚细分产业和企业,促进土地利用效率提升、生产力布局优化和产业转型升级;是新型城镇化建设的新载体,疏解大城市中心城区非核心功能,吸纳农业转移人口进城就业生活,促进农业转移人口市民化和就近城镇化;是城乡融合发展的新支点,承接城市要素转移,支撑城乡产业协同发展。

(三)产业主导。特色小镇应秉持少而精、少而专方向,在确实具备客观实际基础条件的前提下确立主导产业,宜工则工、宜商则商、宜农则农、宜游则游,找准优势、凸显特色,切不可重复建设、千镇一面,切不可凭空硬造、走样变形,切不可一哄而上、贪多求全。制造业发达地区可着重发展先进制造类特色小镇，先进要素集聚地区可着重发展科技创新、创意设计、数字经济及金融服务类特色小镇，拥有相应资源禀赋地区可着重发展商贸流通、文化旅游、体育运动及三产融合类特色小镇。

二、空间布局

遵循经济规律、城镇化规律和城乡融合发展趋势，因地制宜、实事求是，合理谋划设计特色小镇空间布局。

（四）区位条件。特色小镇布局应依据国土空间规划，立足不同地区区位优势、产业基础和比较优势，在拥有相对发达块状经济或相对稀缺资源的区位进行布局。科学严谨论证布局选址可行性，以优化发展原有产业集聚区为主、以培育发展新兴区域为辅，重点布局在城市群、都市圈等优势区域或其他有条件区域，重点关注市郊区域、城市新区及交通沿线、景区周边等区位。

（五）建设边界。特色小镇应边界清晰、集中连片、空间相对独立、四至范围精确，生产生活生态空间保持合理比例。在严格节约集约利用土地的同时，特色小镇规划用地面积下限原则上不少于 1 平方公里，其中建设用地面积原则上不少于 1/2 平方公里，保障生产生活所需空间和多元功能需要；规划用地面积上限原则上不多于 5 平方公里，保障打造形成一刻钟便民生活圈需要，文化旅游、体育运动及三产融合等类型特色小镇规划用地面积上限可适当提高。鼓励盘活存量和低效建设用地，强化老旧厂区和老旧街区等存量片区改造。

（六）空间功能。特色小镇应在聚力发展主导产业的基础上，推进生产生活生态“三生融合”、产业社区文化旅游“四位一体”，打造优质服务圈和繁荣商业圈。叠加现代社区功能，提高物业服务质量，结合教育医疗养老育幼资源整体布局提供优质公共服务，完善商贸流通和家政等商业服务。叠加文化功能，挖掘工业文化等产业衍生文化，建设展示整体图景和文化魅力的公共空间，赋予独特文化内核及印记，推动文化资源社会化利用。叠加旅游功能，促进产业与旅游相结合，寓景观于产业场景，增加景观节点和开敞空间,实现实用功能与审美功能相统一。

(七)风貌形态。特色小镇建设应体现风貌整体性、空间立体性、平面协调性。尊重原有自然格局,促进地形地貌、传统风貌与现代美学相融合。推进多维度全域增绿,建设"口袋公园"及小微绿地,绿化覆盖率原则上不低于30%,有条件的可依托既有水系营造蓝绿交织的空间形态。体现建筑外观风格特色化和整体性,控制适宜的建筑体量和高度。注重塑造色彩体系,加强屋顶、墙体、道路等公共空间美化亮化。

三、质量效益

坚持质量第一、效益优先,确保特色小镇投入强度够、质效水平高、创新活力足、低碳效应强。

(八)投入强度。特色小镇应聚焦产业细分门类,结合产业发展现状,选择一个最有基础、最具潜力的门类作为主导产业,打造形成具有核心竞争力的特色产业。做强做精特色产业集群,特色产业投资占总投资比例原则上不低于60%,培育竞争优势强的领航企业。确保投资具备一定强度,建设期内建设用地亩均累计投资额原则上不低于200万元/亩,有条件地区可进一步提高,避免将一般项目组团甚至单体项目命名为"特色小镇"。

(九)质效水平。特色小镇应聚焦高端产业和产业高端环节,提升产业价值链和产品附加值,全员劳动生产率原则上不低于20万元/人。坚持经济发展就业导向,扩大就业容量、提高就业质量,单个特色小镇吸纳就业人数原则上不少于2000人。建设用地亩均缴纳税收额原则上不低于10万元/年,有条件地区可进一步提高。文化旅游类特色小镇接待游客人数原则上不少于50万人次/年。

(十)创新活力。特色小镇应聚焦创新创业,培育新产业新业态新商业模式,"三新"经济增加值占生产总值比重原则上不低于20%。先进制造、科技创新、创意设计、数字经济类特色小镇研发经费投入强度原则上不低于2.5%。健全研发设计、成果孵化、金融导入、场景应用相结合的创新创业服务体系。推动公共设施和建筑等物联网应用,公共设施基本实现智能化。

（十一）绿色低碳。特色小镇应按照碳达峰碳中和要求，协同推进经济高质量发展和生态环境高水平保护。推动能源清洁低碳安全高效利用，引导非化石能源消费和分布式能源发展，有条件的可开展屋顶分布式光伏开发，推行清洁取暖和合同能源管理。促进工业、建筑、交通等领域低碳转型，坚决遏制“两高”项目盲目发展，大力发展绿色建筑，推广装配式建筑、节能门窗和绿色建材，推进绿色施工。加强再生水利用。

四、管理方式

坚持高标准、严要求，统筹加强特色小镇建设发展的全环节管控，建立特色小镇全生命期管理机制。

（十二）方案编制。市县级人民政府应根据本导则要求，结合当地经济社会发展规划及国土空间规划，组织会同有关方面编制单个特色小镇建设方案，明确特色产业、四至范围、功能分区、投资运营主体、重点项目、建设方式、投融资模式、盈利模式等事项，落实国土空间规划确定的地块用途、容积率等管控要求。对方案的科学性可行性合规性进行把关，组织相关领域专家进行研究论证，必要时以公布方案草案、组织听证会等方式听取意见。

（十三）清单管理。省级发展改革部门应会同有关部门，按照严定标准、统一管理原则，建立本省份特色小镇清单。纳入清单的应具备本导则提出的基础条件，建设完成后应达到本导则明确的各项指标要求。坚持严控数量、提高质量，人均 GDP 少于 1 万美元省份的清单内特色小镇原则上不多于 50 个，鼓励控制在 30 个以内。每年年底前公布清单，并报送国家发展改革委纳入全国特色小镇信息库。国家发展改革委对各省份特色小镇清单实行“窗口指导”，加强监督、引导和督促调整。未纳入各省份特色小镇清单的，各单位各机构不得自行冠名“特色小镇”或自行开工建设。

（十四）动态调整。省级发展改革部门应会同有关方面，切实做好存量特色小镇管理，对此前国务院各有关部门或行业协会、地方各级人民政府、市场主体已建设或命名的特色小镇进行全面审核，将符合本导则要求及本省份管理细则的特色小镇纳入清单,不符合的进行清理或更名。加强增量特色小镇管理,对市县级人民政府动态报送的每个特色小镇建设方案进行及时审核,将通过审核的特色小镇纳入清单。对清单内特色小镇进行定期评估,实行有进有退、优胜劣汰。

(十五)建设方式。坚持市场化运作、突出企业主体地位,鼓励通过政策激励引导、盘活存量资产、挖掘土地潜在价值等方式,培育专业性的特色小镇投资运营主体,引导大中小微企业联动发展。更好发挥政府作用,根据需要引导平台公司参与,加快项目审批(核准、备案)、用地、环评、施工许可等前期工作,依规开展土地综合整治,布局管网、交通等市政公用设施和产业配套设施,开展综合体项目整体立项、建设用地多功能复合利用等探索试验。

(十六)投融资模式。建立以工商资本及金融资本为主、以政府有效精准投资为辅的投融资模式。现金流健康的经营性项目、具备一定市场化运作条件的准公益性项目,主要通过特色小镇投资运营主体自有资金先期投入,其中符合条件项目可通过申请注册发行企业债券、鼓励引导银行业金融机构特别是开发性政策性金融机构参与等方式予以中长期融资支持。公益性项目主要通过各级财政资金予以投入,其中符合条件项目可按规定分别纳入中央预算内投资、地方政府专项债券支持范围。

五、底线约束

加强对特色小镇建设的动态监管,有效防范各类潜在风险,确保不突破各项红线底线。

(十七)合规用地底线。严格落实永久基本农田、生态保护红线、城镇开发边界,不得改变国土空间规划确定的空间管控内容,遏制耕地"非农化"、防止"非粮化"。坚持土地有偿使用,按宗地确定土地用途,经营性建设用地必须通过招标拍卖挂牌等方式确定土地使用者,不得设置排他性竞买条件。

(十八)生态环保底线。严格落实区域生态环境分区管控方案和生态环境准入清单要求。加强山水林田湖草系统治理修复监管,保护重要自然生态系统、自然遗迹、自然景观和生物多样性,严禁违法违规占用以国家公园为主体的自然保护地,严禁挖湖造景。严防污染物偷排和超标排放,防控噪声和扬尘污染,因地制宜配备污水、垃圾、固废、危废、医废收集处理等环境基础设施。

(十九)债务防控底线。严控地方政府债务风险,县级政府法定债务风险预警地区不得通过政府举债建设,不得以地方政府回购承诺或信用担保等方式增加地方政府隐性债务。综合考虑地方现有财力、资金筹措和还款来源,稳妥把握公共设施开工建设节奏。

(二十)房住不炒底线。严防房地产化倾向,特色小镇建设用地主要用于发展特色产业,其中住宅用地主要用于满足特色小镇内就业人员自住需求和职住平衡要求。除原有传统民居外,特色小镇建设用地中住宅用地占比原则上不超过30%,鼓励控制在25%以下。结合所在市县商品住房库存消化周期,合理确定住宅用地供应时序。

(二十一)安全生产底线。严格维护人民生命财产安全,健全规划、选址、建设、运维全过程安全风险管控制度。建立企业全员安全生产责任制度,压实企业安全生产主体责任。督促企业按照行业安全生产规程标准,建立安全风险预防控制体系。

(二十二)监测监督管理。地方各级人民政府应加强动态监管,对违反以上五条底线的行为要限期整改,对性质严重的要抓紧清理;对行政建制镇错误命名的虚假"特色小镇"、单纯房地产开发等项目自我冠名的"某某小镇",以及停留在纸面上、并未开工建设的虚拟"特色小镇",要立即除名。各级发展改革部门在开展项目审批(核准、备案)等工作时,应加强对项目名称的把关指导,规范使用特色小镇全称、防止简称为小镇,防止各省份特色小镇清单外项目命名为"特色小镇"。

国办发〔2020〕33号文件和本导则,是全国特色小镇发展的基本遵循。各省份可以此为依据,制定本省份特色小镇管理细则。本导则发布之日起,此前国务院各有关部门和单位印发的特色小镇文件同时废止。

附件　主要类型特色小镇建设规范性要求

主要类型	规范性要求
1. 先进制造类	着眼推动产业基础高级化和产业链现代化，促进装备制造、轻工纺织等传统产业高端化智能化绿色化发展，培育生物、新材料、新能源、航空航天等新兴产业，加强先进适用技术应用和设备更新，推动产品增品种、提品质、创品牌，发展工业旅游和科技旅游。着眼降低投产成本、提高产品质量，健全智能标准生产、检验检测认证、职业技能培训等产业配套设施。
2. 科技创新类	着眼促进关键共性技术研发转化，整合各类技术创新资源及教育资源，引入科研院所、高等院校分支机构和职业学校，发展“前校后厂”等产学研融合创新联合体，打造行业科研成果熟化工程化工艺化基地、产教融合基地和创业孵化器。建设技术研发转化和产品创制试制空间，提供专业通用仪器设备和模拟应用场景。
3. 创意设计类	着眼发挥创意设计对相关产业发展的先导作用，开发传统文化与现代时尚相融合的轻工纺织产品创意设计服务，提供装备制造产品外观、结构、功能等设计服务，创新建筑、园林、装饰等设计服务供给，打造助力于新产品开发的创意设计服务基地。注重引进工艺美术大师、时尚设计师等创意设计人才，布局建设工业设计中心。
4. 数字经济类	着眼推动数字产业化，引导互联网、关键软件等数字产业提质增效，促进人工智能、大数据、云计算、物联网等数字产业发展壮大，为智能制造、数字商务、智慧市政、智能交通、智慧能源、智慧社区、智慧楼宇等应用场景提供技术支撑和测试空间。建设集约化数据中心、智能计算中心等新型基础设施。
5. 金融服务类	着眼拓宽融资渠道、活跃地方经济，发展天使投资、创业投资、私募基金、信托服务、财富管理等金融服务，扩大直接融资特别是股权融资规模，引导中小银行和地方银行分支机构入驻或延伸服务，引进高端金融人才，打造金融资本与实体经济集中对接地。建设项目路演展示平台和人才公寓等公共服务设施。
6. 商贸流通类	着眼畅通生产消费连接、降低物流成本，发展批发零售、物流配送、仓储集散等服务，引导商贸流通企业入驻并组织化品牌化发展，引导电商平台完善硬件设施及软件系统，结合实际建设边境口岸贸易、海外营销及物流服务网络，提高商品集散能力和物流吞吐量。加强公共配送中心建设和批发市场、农贸市场改造升级。
7. 文化旅游类	着眼以文塑旅、以旅彰文，创新发展新闻出版、动漫、演艺、会展、研学等业态，培育红色旅游、文化遗产旅游、自然遗产旅游、海滨旅游、房车露营等服务，打造富有文化底蕴的旅游景区、街区、度假区。合理植入公共图书馆、文化馆、博物馆，完善游客服务中心、旅游道路、旅游厕所等配套设施。

续表

主要类型	规范性要求
8. 体育运动类	着眼提高人民身体素质和健康水平，发展球类、冰雪、水上、山地户外、汽车摩托车、马拉松、自行车、武术等项目，培育体育竞赛表演、健身休闲、场馆服务、教育培训等业态，举办赛事、承接驻训，打造体育消费集聚区和运动员培养训练竞赛基地。科学配置全民健身中心、公共体育场、体育公园、健身步道、社会足球场地和户外运动公共服务设施。
9. 三产融合类	着眼丰富乡村经济业态、促进产加销贯通和农文旅融合，集中发展农产品加工业和农业生产性服务业，壮大休闲农业、乡村旅游、民宿经济、农耕体验等业态，加强智慧农业建设和农业科技孵化推广。建设农产品电商服务站点和仓储保鲜、冷链物流设施，搭建农村产权交易公共平台。

9. 国家发展改革委办公厅关于国家城乡融合发展试验区实施方案的复函

（2021 年 2 月 3 日）

吉林省、江苏省、浙江省、福建省、江西省、山东省、河南省、广东省、重庆市、四川省、陕西省发展改革委：

你们报送国家城乡融合发展试验区（各片区）实施方案的请示收悉。依据《中共中央　国务院关于建立健全城乡融合发展体制机制和政策体系的意见》《中华人民共和国土地管理法》、国家发展改革委等十八单位《关于开展国家城乡融合发展试验区工作的通知》（以下简称《通知》）等有关规定和要求，现函复如下：

一、原则同意浙江嘉湖片区、福建福州东部片区、广东广清接合片区、江苏宁锡常接合片区、山东济青局部片区、河南许昌、江西鹰潭、四川成都西部片区、重庆西部片区、陕西西咸接合片区、吉林长吉接合片区等 11 个试验区方案。各有关省份要分别尽快印发方案，并认真做好各项组织实施工作。

二、方案实施要以习近平新时代中国特色社会主义思想为指导,全面贯彻党的十九大和十九届二中、三中、四中、五中全会精神,坚持稳中求进工作总基调,立足新发展阶段、贯彻新发展理念、构建新发展格局,以城带乡、以工补农,以缩小城乡发展差距和居民生活水平差距为目标,以协调推进乡村振兴战略和新型城镇化战略为抓手,以促进城乡生产要素双向自由流动和公共资源合理配置为关键,在确保封闭运行、守住底线、防范风险的前提下,聚焦《通知》明确的各自试验任务进行改革探索,为全国提供城乡融合发展样本和可复制、可推广、利修法的典型经验。在此基础上,可围绕《通知》明确的其他试验任务进行自发探索,但不得超出《通知》规定的 11 项试验任务范围。

三、各有关省份要高度重视、加强领导、周密组织、明确分工,积极支持试验区探索创新,推动解决试验区遇到的困难问题,在省级权限范围内加强改革授权,加强省级财政转移支付、预算内投资和地方政府专项债券等资金保障,加强新增建设用地计划指标和城乡建设用地增减挂钩指标供给,适时以地方性法规等方式固化改革成果,有力有序有效推进方案实施。各省级发展改革委要加强统筹协调、指导引导、监测评估和常态化沟通,注重总结提炼好经验好做法并在本省份先行推广,及时报送国家发展改革委。试验区内各市、县、区要强化改革试验的主体责任,将试验任务落实到事、责任到人,建立考核评价、激励约束、容错纠错等工作机制。

四、国家发展改革委将会同各有关部门,依托城镇化工作暨城乡融合发展工作部际联席会议制度,按照鼓励探索、包容审慎原则,统筹协调试验区重大事项,充分发挥试验区示范带动作用。营造有利于改革试验的制度环境和政策环境,通过有效路径和程序进行重要事项改革授权,支持重大项目纳入国家相关规划,对符合条件项目加强中央预算内投资、企业债券和政策性信贷等资金保障,协调加强建设用地供给,根据需要加强重要政策支撑。总结推广典型经验,条件成熟时上升为全国性制度安排和政策设计。建立监测评估考核机制,实行年度评估、奖惩并举、有进有退、动态调整。

10. 国家发展改革委关于同意南京都市圈发展规划的复函

江苏省、安徽省发展改革委：

你们《关于报请批复〈南京都市圈发展规划〉的请示》（苏发改规划发〔2020〕1007号）收悉。按照经国务院同意的《国家发展改革委关于培育发展现代化都市圈的指导意见》有关要求，经商城镇化工作暨城乡融合发展工作部际联席会议有关成员单位，现函复如下：

一、原则同意《南京都市圈发展规划》（以下简称《规划》），请及时发布并认真组织实施。

二、《规划》实施要以习近平新时代中国特色社会主义思想为指导，全面贯彻党的十九大和十九届二中、三中、四中、五中全会精神，坚持稳中求进工作总基调，立足新发展阶段，贯彻新发展理念，构建新发展格局，以推动高质量发展为主题，以深化供给侧结构性改革为主线，以改革创新为根本动力，以提升都市圈整体实力和竞争力为目标，以促进中心城市与周边城市同城化发展为主攻方向，以健全同城化发展机制为突破口，着力推动基础设施一体高效、创新体系协同共建、产业专业化分工协作、公共服务共建共享、生态环境共保共治、城乡融合发展，把南京都市圈建设成为具有全国影响力的现代化都市圈，助力长三角世界级城市群发展，为服务全国现代化建设大局作出更大贡献。

三、请江苏、安徽两省共同推进规划实施，指导推动政策会商和项目对接，解决规划实施中的突出问题，适时开展规划实施情况评估，及时总结经验做法。南京市及都市圈其他城市是南京都市圈建设的责任主体，要切实加强对规划实施的组织领导，完善都市圈党政联席会议机制，共同编制专项规划，科学制定年度计划，谋划推进合作事项，推动各项任务落到实处。

《规划》涉及的重大事项、重大政策和重大项目按规定程序报批。

四、我委将会同城镇化工作暨城乡融合发展工作部际联席会议有关成员单位加强对《规划》实施的指导,在有关规划编制、体制机制创新、重大项目建设等方面给予积极支持,为《规划》实施创造良好环境。

国家发展改革委

2021年2月2日

11. 国家发展改革委关于同意福州都市圈发展规划的复函

福建省发展改革委:

你委《关于报请批复〈福州都市圈发展规划〉的请示》(闽发改规划〔2021〕132号)收悉。按照经国务院同意的《国家发展改革委关于培育发展现代化都市圈的指导意见》要求,经商城镇化工作暨城乡融合发展工作部际联席会议成员单位及其他有关单位,现函复如下:

一、原则同意《福州都市圈发展规划》(以下简称《规划》),请及时发布并认真组织实施。

二、《规划》实施要以习近平新时代中国特色社会主义思想为指导,深入贯彻党的十九大和十九届二中、三中、四中、五中全会精神,全面学习落实习近平总书记对福建工作的重要讲话和指示批示精神,立足新发展阶段、贯彻新发展理念、构建新发展格局,坚持以人民为中心,以推动福州与周边城市协调联动、提升都市圈整体发展水平为方向,以基础设施、产业与创新、公共服务、生态环保等领域协同为重点,建设具有重要影响力的现代化都市圈,实现共建共治共享、同城化同家园,有力支撑福建全方位推动高质量发展。

三、请福建省统筹做好规划实施指导工作,推动解决规划实施中的突出问题，适时开展规划实施情况评估，及时总结经验做法。福州市及都市圈其他城市是福州都市圈建设的责任主体，要切实加强对规划实施的组织领导，建立健全都市圈发展协调推进机制，共同编制专项规划，科学制定年度计划，谋划推进合作事项，推动各项任务落到实处。《规划》涉及的重大事项、重大政策和重大项目按规定程序报批。

四、我委将会同城镇化工作暨城乡融合发展工作部际联席会议有关成员单位加强对《规划》实施的指导，在有关规划编制、体制机制创新、重大项目建设等方面给予积极支持，为《规划》实施创造良好环境。

国家发展改革委

2021 年 5 月 26 日

12. 国家发展改革委关于同意成都都市圈发展规划的复函

四川省发展改革委：

你委《关于报请批复〈成都都市圈发展规划（送审稿）〉的请示》（川发改〔2021〕347 号）收悉。按照党中央、国务院印发实施的《成渝地区双城经济圈建设规划纲要》及经国务院同意的《国家发展改革委关于培育发展现代化都市圈的指导意见》要求，经商城镇化工作暨城乡融合发展工作部际联席会议成员单位及其他有关单位，现函复如下：

一、原则同意《成都都市圈发展规划（送审稿）》（以下简称《规划》），请认真组织实施。

二、《规划》实施要以习近平新时代中国特色社会主义思想为指导，深入贯彻党的十九大和十九届二中、三中、四中、五中、六中全会精神，坚持稳中求进工作总基调，立足新发展阶段，完整、准确、全面贯彻新发展理念，服务和融入新发展格局，以推动高质量发展为主题，以深化供给侧结构性改革为主线,以改革创新为根本动力,落实成渝地区双城经济圈建设总体部署,充分发挥成都辐射带动作用和德阳、眉山、资阳优势,推动一体化、同城化发展,全面推进基础设施互联互通、现代产业协作共兴、对外开放协同共进、公共服务便利共享、生态环境共保共治,加快建设具有全国影响力的现代化都市圈,为推动成渝地区双城经济圈建设提供强劲动力和坚实支撑。

三、请四川省统筹做好规划实施指导工作,健全都市圈发展协调推进机制,推动解决规划实施中的突出问题,适时开展规划实施情况评估,及时总结经验做法。成都市及都市圈其他城市是成都都市圈建设的责任主体,要协同推进规划实施,共同编制专项规划,联合制定年度计划,推动各项目标任务落到实处。《规划》涉及的重大事项、重大政策和重大项目按规定程序报批。

四、我委将会同城镇化工作暨城乡融合发展工作部际联席会议有关成员单位加强对《规划》实施的指导,在有关规划编制、体制机制创新、重大项目建设等方面给予积极支持,为《规划》实施创造良好环境。

国家发展改革委

2021 年 11 月 18 日